LE RENDEZ-VOUS
MANQUÉ

ANNIE JOURDAN

LE RENDEZ-VOUS MANQUÉ

*Napoléon Bonaparte – Germaine de Staël
Une guerre d'influence
au cœur de l'Empire*

Flammarion
au fil de l'histoire

De la même auteure

Remous révolutionnaires : République batave, armée française (éd. avec Joep Leerssen), Amsterdam, 1996.
Robespierre, Figure-Réputation (éd.), Amsterdam, 1996.
Les Monuments de la Révolution. Une histoire de représentation, Honoré Champion, 1997.
L'Empire de Napoléon, Champs Flammarion, 2004.
Mythes et légendes de Napoléon, Privat, 2004.
La Révolution, une exception française ?, Flammarion, 2006.
Napoléon, le monde et les Anglais (avec Jean-Paul Bertaud et Alan Forest), Autrement, 2006.
La Révolution batave entre la France et les États-Unis, Rennes, 2008.
Louis Bonaparte, roi de Hollande (éd.), Nouveau Monde Éditions, 2010.
Nouvelle histoire de la révolution, Flammarion, 2018.
La Révolution française. Une histoire à repenser, Champs Flammarion, 2021.
Napoléon. Héros, Imperator, mécène, Flammarion, 2021.

© Éditions Flammarion, Paris, 2023.
ISBN : 978-2-0802-4484-0

Préface

« L'existence des femmes en société est encore incertaine sous beaucoup de rapports. Le désir de plaire excite leur esprit ; la raison leur conseille l'obscurité ; et tout est arbitraire dans leurs succès comme dans leurs revers... Leur destinée ressemble, à quelques égards, à celle des affranchis chez les empereurs ; si elles veulent acquérir de l'ascendant, on leur fait un crime d'un pouvoir que les lois ne leur ont pas donné ; si elles restent esclaves, on opprime leur destinée [1] *».*

Parmi les opposants à l'Empire sur lesquels ne planaient que de vagues soupçons, aucun ne fut aussi sévèrement traité que la fille de Jacques Necker, ci-devant ministre de Louis XVI. De 1803 à 1812, elle fut bannie de Paris, confinée à quarante lieues de la capitale et, finalement, condamnée à ne plus quitter le château familial de Coppet, situé en Suisse.

Tout avait pourtant bien commencé. Très vite, Germaine de Staël s'était amourachée du général Bonaparte, le vainqueur d'Italie et n'avait épargné aucun effort pour

---
1. Mme de Staël, *De la littérature*, GF Flammarion, 1991, p. 332.

Le rendez-vous manqué

le séduire. Que s'est-il donc passé pour que la relation ait si mal tourné ?

La vie de Mme de Staël illustre à elle seule le sort des femmes à la fin du XVIIIe siècle et le combat qu'elles devaient mener pour acquérir une place dans l'espace public. Qui plus est, cette vie se déploie dans un contexte aussi brûlant que passionnant. À peine Germaine est-elle mariée qu'éclate la Révolution française et que se succèdent à un rythme effréné péripéties, dangers, menaces, mais aussi promesses d'un monde meilleur. La jeune femme en vivra intensément tous les épisodes, jusqu'à ce qu'un certain jour de novembre 1799 accède au pouvoir le général Bonaparte. Ce dernier se maintiendra quinze ans au timon de l'État, avant de devoir céder la place à Louis XVIII. L'époque était donc propice à bien des aventures, des expériences, des réflexions, des publications et des confrontations. Mme de Staël, qui occupa une place de choix dans le monde des lettres du début du XIXe siècle, tant et si bien que Sainte-Beuve la baptisa « l'impératrice de la pensée », en fut au centre, plus longuement encore que Napoléon.

Qu'en est-il de Napoléon lui-même ? Comment interpréter l'étrange conduite de l'empereur des Français envers une femme qui l'admirait et qui aurait souhaité être appréciée de lui ? La journée particulière du 3 janvier 1798 où ils vivent un premier face-à-face, donne le ton à ce qui va devenir un affrontement sans fin.

Ce qui suit revient sur cette journée et sur les interprétations qui en ont été proposées par les contemporains, avant de retracer la vie mouvementée de madame de Staël [1], avec

---

[1]. J'ajoute des éléments inédits sur la vie de Mme de Staël pour deux raisons : la publication intégrale de sa correspondance (dernier volume paru en 2017) permet de corriger ou d'enrichir les écrits antérieurs, tandis que les témoignages invoqués n'étant pas forcément ceux des

Préface

ses passions, ses amours et ses amitiés. Cette femme libre a su séduire bien des hommes éminents et a eu pour amis des personnalités non moins importantes. Elle fascinait ! D'où la question inévitable, à laquelle sont consacrés les deux derniers chapitres : pourquoi Napoléon est-il resté insensible à son charme et a-t-il préféré lui faire la guerre ?

---

biographies précédentes, apportent eux aussi des nuances dans l'interprétation. La même chose vaut pour Napoléon : une version plus complète et moins épurée de la *Correspondance générale* par Fayard et la Fondation Napoléon vient tout juste d'être publiée.

Introduction

Le rendez-vous manqué

En ce 3 janvier 1798, madame de Staël s'affaire comme jamais. Branle-bas de combat, rue du Bac ! Les domestiques sont tous réquisitionnés. Olive Uginet, la fidèle femme de chambre, se presse aux côtés de sa maîtresse et l'aide à s'habiller et à se coiffer. Le choix est cornélien ! Que revêtir pour séduire le Héros tout juste rentré d'Italie ? Quelle toilette arborer pour plaire à Bonaparte ? Robe de satin ; de velours ; de taffetas ; de percale ou de crêpe ? Voile de mousseline ou de dentelle, ou châle de cachemire ? Quelles couleurs combiner ? Contrastées, vives ou unies ? Et la coiffe ? Bonnet, toque, chapeau ou turban, à moins de laisser les cheveux épars, juste ornés d'un œil de poudre ? Et qu'en est-il du maquillage ? N'a-t-elle pas mis trop de rouge ? Elle a tendance à en abuser, alors qu'elle a le teint déjà bien coloré.

Un regard dans le miroir, Germaine soupire. À 32 ans, pourquoi a-t-elle perdu la fraîcheur de sa jeunesse [1] ? Et pourquoi n'a-t-elle pas la grâce sensuelle de madame Tallien ou la noble élégance des dames du faubourg Saint

---

1. Sur ses frustrations à propos de son physique et sur sa coquetterie, « Mon Journal », *Cahiers staëliens*, 1980, n° 28, p. 54-83.

Germain ? Ses atouts, elle le sait, ce sont de grands yeux noirs très expressifs, des mains et des bras d'une éclatante blancheur, une superbe gorge ivoirée, de longs cheveux bouclés couleur ébène, mais cela ne fait pas d'elle une beauté, selon les critères de l'époque – où règnent en maître la blancheur, la blondeur, la sveltesse. Avec son mètre soixante-cinq, elle n'est pas très grande et, surtout, pas très mince. Son embonpoint naissant ne l'avantage pas. Qui plus est, elle a hérité de son père un visage aux traits prononcés [1].

La description que donne d'elle son passeport est plus concise : « Âgée de vingt-neuf ans, native de Paris, taille de cinq pieds, un pouce [1,65 m], cheveux et sourcils noirs, yeux idem, nez bien fait, bouche moyenne, menton rond, visage ovale et uni. » À première vue, donc, rien qui ne choque le regard, et pourtant, de mauvaises langues la jugent « courtaude » ; d'autres, pires encore, parlent de « noiraude ». Il en est également pour moquer son côté genevois – provincial, évidemment ; ses manières peu gracieuses et sa gaucherie.

Des serpents sifflent tout autour d'elle, ce sont ses ennemis. Et des ennemis, elle en a à foison. Car, si son indéniable supériorité est un esprit incomparable, il ne lui fait pas que des amis ! C'est qu'il peut être mordant. Elle excelle ainsi dans les épigrammes. Mais surtout, elle fait montre d'une sincérité outrée. Trop souvent, elle dévoile

---

[1]. Durant son premier voyage en Allemagne, plusieurs personnes constatent ainsi qu'elle ressemble à son père. Ce serait avant tout dans le bas du visage. Selon Charles de Rémusat, ses lèvres épaisses lui donnaient justement une expression sensuelle. Selon les critères actuels, Germaine aurait sans doute été trouvée séduisante. Cité par M. Winock, *Madame de Staël*, Fayard, 2015, p. 537.

Le rendez-vous manqué

leurs quatre ou cinq vérités à ceux qui ne veulent pas les entendre [1].

N'en déplaise à ses détracteurs qui amplifient ses défauts physiques pour déprécier ses hautes qualités intellectuelles, les conquêtes ne lui font pas défaut. Elle a appris à être coquette, et ce, malgré sa dévote de mère qui goûte peu les « agaceries » féminines et critique l'impétuosité de sa fille et ses aventures. Peu importe ! À partir de 1786, et après son mariage avec le baron Eric Magnus de Staël-Holstein, Germaine s'est rapidement émancipée de la morale maternelle. Elle se veut une femme libre.

Depuis les légendaires victoires françaises d'Italie de 1796-1797, un homme l'obsède : Bonaparte, celui que célèbre la France tout entière sous le surnom de *héros italique* [2]. C'est lui qu'elle voudrait conquérir ! C'est avec lui qu'elle se verrait bien unie pour le restant de sa vie ! Qu'importe qu'à cette date, elle soit mariée ! La Révolution n'a-t-elle pas introduit le divorce ? Qu'importe que Bonaparte lui-même soit l'heureux époux de Joséphine de Beauharnais et qu'il paraisse très amoureux de sa femme ! Elle compte pour rien, celle-là ! Pas plus que ne compte Eric Magnus. Ce qu'elle pense vraiment de la sensuelle Créole, Germaine ne craint pas non plus de le communiquer en ces termes :

> Quand on parle et agit comme Joséphine, on devrait être non la femme, mais la femme de charge d'un héros. La belle conversation qu'ils font à eux deux ! Elle répond chiffons quand il lui parle bataille [3].

---

1. Pour plus de détails, voir les biographies de Michel Winock et de Ghislain de Diesbach. **2.** Héros italique, car vainqueur de l'Italie. **3.** Fabre de l'Aude, *Histoire secrète du Directoire*, Paris, 1852, II, p. 141.

Le rendez-vous manqué

Germaine se fait fort de parvenir à son but et de convaincre son Héros qu'ils sont faits l'un pour l'autre. De tels esprits supérieurs ne sont-ils pas destinés à s'entendre et à unir leur destinée en vue des plus hauts desseins ?

En ce début janvier 1798, le ministre des Relations extérieures, Charles-Maurice de Talleyrand Périgord lui donne l'occasion d'arriver à ses fins : il organise un grand bal suivi d'un souper où le Tout-Paris est invité, en l'honneur de Joséphine, et non de madame de Staël. Peu importe, l'essentiel, c'est que Bonaparte prenne le temps de l'écouter et de la connaître.

Elle l'a certes déjà rencontré, le 6 décembre précédent, chez ce même Talleyrand, mais le vainqueur de l'Italie l'avait poliment esquivée après une insignifiante salutation et préféré discuter avec Bougainville, le célèbre explorateur. Elle l'a aperçu le 10 décembre lors de la réception du Directoire en l'honneur du retour du héros, où Talleyrand célébrait le « libérateur de l'Italie », le « pacificateur du continent », le lecteur du « sublime Ossian », le grand homme qui, tel Cincinnatus, troque son épée contre la charrue [1]. Mais elle n'a pas eu l'occasion de l'approcher.

Le 16 décembre, lors d'un autre dîner chez Talleyrand, elle a eu la chance d'être assise entre Bonaparte et l'abbé Sieyès. Mais le Héros n'a marmonné que quelques mots à la suite de l'éloge que fit Sieyès de son père Necker et a préféré adresser la parole à son autre voisine, la charmante madame de Condorcet : « Madame, je n'aime pas que les femmes se mêlent de politique ! » Ce à quoi la grande Sophie [2] rétorqua : « Vous avez raison, général, mais dans

---

1. Emmanuel de Waresquiel, *Talleyrand, le prince immobile*, Fayard, 2003, p. 238-240. 2. C'est le sobriquet que donnait Julie Talma à Mme de Condorcet. Mme de Staël, *Dix ans d'exil*, note p. 253.

un pays où on leur coupe la tête, il est naturel qu'elles aient envie de savoir pourquoi. »

Sans doute Germaine fut-elle quelque peu jalouse de la spirituelle répartie de sa voisine, qui cloua Bonaparte sur place. À son encontre, le Héros n'adressa que quelques paroles obligeantes, avant de passer à autre chose et à un autre interlocuteur.

Cela ne lui suffit pas. Cela ne lui suffit plus. Elle doit jouer le tout pour le tout et parvenir à lui parler plus longuement, afin de l'enchanter, de l'éblouir. Quelques rebuffades ne sont pas pour la décourager. Elle connaît aussi bien ses limites que ses atouts.

Germaine a quelque chose de Shéhérazade : elle sait séduire par le verbe. Sirène aussi, dont la voix enchanteresse ensorcelle ceux qui l'écoutent ! Tous s'accordent à l'avouer – jusqu'à ses ennemis qui la craignent et refusent qu'une femme, aussi spirituelle soit-elle, reçoive chez elle les représentants des partis les plus divers, et les influence ou les dirige. Ses ennemis, c'est-à-dire tous ceux qui la voient comme une intrigante, portant ses amants aux ministères et monopolisant la politique par leur truchement et à son profit personnel ! Tous ceux enfin qui la qualifient d'homme-femme ou de femme-homme, quand ils ne la décrivent pas comme une hermaphrodite [1].

Une conversation aigre-douce

Talleyrand n'a pas ménagé ses efforts pour que la fête en l'honneur de Joséphine soit digne du héros d'Italie,

---

[1]. Je renvoie aux biographies de Michel Winock et de Ghislain de Diesbach pour nombre d'exemples d'invectives et d'insultes à l'endroit de Germaine de Staël.

Le rendez-vous manqué

celui dont toute la France célèbre les brillantes victoires et le traité de Campo Formio, lequel annonce la pacification générale et met provisoirement fin aux conflits en vigueur depuis avril 1792. Il n'a pas non plus lésiné sur les coûts : 13 000 livres environ, ce qui n'est pas une mince somme à l'époque [1]. La soirée s'amorce bien. L'affluence est princière ; les femmes sont d'une élégance rare ; les décors somptueux ; les mets raffinés. Le ministre porte un toast à la « citoyenne qui porte le nom le plus cher à la gloire ! » ; et les toasts s'enchaînent pour célébrer le guerrier, le vainqueur, le pacificateur, et celle qui possède son cœur.

Pendant ce temps, Germaine de Staël aborde l'écrivain dramaturge, Antoine-Vincent Arnault, un proche du général et un de ses grands admirateurs, ce qui mènera l'écrivain jusqu'en Égypte. Il participera à la célèbre expédition. Germaine le prie de l'introduire auprès du héros italique. Suit alors une scène très connue, différemment racontée selon les témoins, voire contestée par d'autres, mais qui n'en fait pas moins de cette journée un événement très particulier. Non seulement la journée a bel et bien eu lieu, mais elle est entrée dans la légende. Et c'est sur ses datations et déroulement précis que diffèrent les témoignages. Pour les uns, la rencontre légendaire se situerait le 6 ou le 12 décembre 1797. Lucien Bonaparte, quant à lui, la date du 18 Brumaire. D'autres enfin contestent qu'elle se soit ainsi déroulée. Mais aucun témoignage ne réfute qu'elle ait eu lieu. La version la plus crédible est celle qui suit, celle de l'écrivain Arnault qui connaissait aussi bien Mme de Staël que Bonaparte.

---

[1]. Toutes les informations sur Talleyrand qui précèdent et qui suivent proviennent de : Waresquiel, *Talleyrand*.

Le rendez-vous manqué

Arnault hésite tout d'abord à satisfaire Germaine, car le général lui a tout juste avoué qu'il craignait « l'esprit dominateur de cette dame ». Mais ladite dame insiste et Arnault est contraint de s'exécuter. On résiste difficilement à la baronne de Staël, la célèbre fille de monsieur Necker ! Celle-ci accable d'abord de « compliments assez emphatiques » Bonaparte, qui y répond « par des propos assez froids mais très polis ». En dépit « de la contrariété qui se manifeste dans ses traits et dans son accent », Germaine ne se décourage pas et poursuit la conversation « en lui faisant entendre qu'il est pour elle le premier des hommes ». Puis elle s'enquiert : « Général, quelle est la femme que vous aimeriez le plus ? » Et Bonaparte de répondre : « La mienne ». La discussion se poursuit :

– C'est tout simple, mais quelle est celle que vous estimeriez le plus ?
– Celle qui sait le mieux s'occuper de son ménage.
– Je le conçois encore. Mais enfin, quelle serait pour vous la première des femmes ?
– Celle qui fait le plus d'enfants, Madame. »

Ceci dit, le Héros se retire aussitôt, « en la laissant au milieu d'un cercle plus égayé qu'elle de cette boutade ». Interloquée, madame de Staël se tourne vers Arnault : « Votre grand homme est un homme bien singulier ! » L'écrivain ne lui avoue sûrement pas ce que Bonaparte lui avait confié avant que ne s'amorce la discussion : c'est qu'il est persuadé qu'elle se rapproche de lui moins pour l'admirer que pour le dominer. Aussi se serait-il hâté « d'écarter par une ruade cette indiscrète amazone ». Et Arnault de conclure : « la manie de madame de Staël était de gouverner tout le monde et celle de Bonaparte de n'être gouverné par personne... [1] » La journée se termine donc moins bien que prévu, mais donne le ton à ce que seront au cours des années à venir les joutes entre deux ténors de l'époque.

Des témoignages contrastés

Fabre de l'Aude, député au Conseil des Cinq-Cents, futur sénateur et pair de France a lui aussi laissé un témoignage sur cette scène qui fut très vite connue du Tout-Paris et en donne une description quelque peu différente, et surtout plus longue. D'abord, il décrit l'entrée en scène de la célèbre baronne. Si on l'en croit, et malgré les efforts qu'elle n'avait pas ménagés depuis la matinée :

> Jamais il n'y eut femme de plus mauvais goût avec des prétentions à une parure plus élégante. Elle portait sur sa tête un univers complet de chiffons, qu'elle appelait toque [2] ; sa robe, mal taillée, était d'une étoffe voyante, bariolée de couleurs tranchantes et qui s'assortissait mal avec sa peau noire, grainée et huileuse, mais en revanche, elle avait provision d'esprit. Une chaise se trouva vide près d'elle ; Bonaparte, je ne sais pourquoi, fut s'y asseoir.

Suit alors selon l'auteur la scène suivante :
« Ah, général ! Vous à mes pieds !

– C'est un hommage que mon sexe doit au vôtre.

---

1. Arnault V.A., *Souvenirs d'un sexagénaire*, Paris, Dufey, 4 vol., 1833, vol. 4, p. 26-27. **2.** Il semblerait pourtant qu'elle n'ait arboré l'épais turban qu'après son voyage en Italie de 1805 et la découverte à Bologne de la Sibylle de Cumes du Dominiquin, qui lui inspirera le personnage de Corinne. On prendra donc les déclarations de Fabre avec des pincettes. Fabre de l'Aude, *Histoire secrète du Directoire*, Paris, 1852, vol. III, p. 327-333.

Le rendez-vous manqué

– Cette générosité en diminue la valeur. Il est vrai que la victoire a seule pour vous des attraits, vous l'avez fixée, et pourtant...
– Elle est femme.
– Vous achevez mal ma phrase. Un homme marié doit-il parler comme vous le faites ? [...]
– Les mille qualités de ma femme sont là pour me le rappeler.
– Votre femme est charmante !
– Son éloge a plus de prix passant par votre bouche.
– Oh ! Vous tenez peu à mon opinion. Vous supposez que je n'ai pas d'idées arrêtées. Cependant...
– Madame, n'amenez pas les grâces dans le domaine de la politique ! »

Ce badinage, recomposé *a posteriori* par un homme, guère indulgent pour Mme de Staël, confirme le peu de sympathie qu'affiche Bonaparte à l'endroit de son admiratrice. Le dialogue se poursuit sur un autre terrain :
« – L'alchimie morale est une erreur comme l'autre. L'idéologie conduit à des abîmes...
– ... que le génie éclaire de son flambeau !
– Sans empêcher qu'on y tombe. Le tort du siècle est peut-être de se perdre en de vaines spéculations. La vie est positive, nos pensées doivent l'être.
– Ainsi, vous ne rêvez jamais ?
– Quelquefois, quand je dors. Et jamais éveillé.
– Alors, vous êtes toujours sur vos gardes ?
– C'est mon devoir.
– Ce ne sera jamais un plaisir.
– Il y en a beaucoup à déjouer certaines intrigues.
– Général, quelle est selon vous la première des femmes ?
– La plus féconde ! »

Le rendez-vous manqué

Et Bonaparte de s'esquiver, tandis que, déroutée, Germaine commente : « Cet homme est un sot ! [...] Il me prend pour une ogresse ; il est, lui, un ours, un tigre. » Fabre confond ici, semble-t-il, plusieurs anecdotes, datant les attaques contre l'idéologie de cette rencontre de 1798, alors que les historiens la situent plutôt entre 1800 et 1802. Il est peu vraisemblable par ailleurs qu'il ait fidèlement retenu toutes les étapes de cette conversation et plus probable qu'il affabule quelque peu pour amuser ses lecteurs. Fabre rappelle également que madame de Staël l'avait déjà abordé, alors que Bonaparte était en Italie et lui avait communiqué à quel point il lui serait « doux de pouvoir lui exprimer la haute opinion que j'ai pour son caractère. Il n'a rien de la physionomie moderne. C'est un héros antique, transporté, on ne sait comment, parmi nous ». Voilà qui aurait pu bien disposer le héros en question, s'il n'eut été moins défiant :

> Je me méfie toujours des femmes qui font de l'admiration hors de leur ménage et qui intriguent du matin au soir. Tout ce que j'apprends de celle-là me la fait voir comme une coureuse de salons... qui veut être quelque chose [1].

Talleyrand encourageait Bonaparte à penser dans ce sens. Parmi les amis de Germaine, le ci-devant évêque d'Autun n'était ni le plus fidèle ni le plus fiable. Une fois devenu ministre par son entremise, il fut le premier à se détacher de sa bienfaitrice et à médire d'elle. Ainsi que l'écrit en 1803 madame Cazenove d'Arlens, une amie suisse de Germaine, « le ministre a pour "la Célèbre [2]" une

---

[1]. Fabre de l'Aude, I, p. 368. [2]. Rosalie, la cousine de Benjamin Constant surnommait Germaine « la Célèbre » ou la « Très Célèbre », ou bien encore « la Terrible et Célèbre ». Constance d'Arlens était une cousine de Benjamin, proche de Rosalie de Constant. Son journal est

Le rendez-vous manqué

haine égale à la reconnaissance qu'il lui doit... et il aime la savoir loin de Paris ». Le ministre affirmait entre autres choses qu'il ne fallait confier aucun secret à la célèbre baronne, sous peine de le voir aussitôt étalé sur la place publique. Ce qui faisait dire à madame de Staël qu'en cas de problèmes, il valait mieux « avoir recours non à ceux que j'ai obligés, mais à ceux qui m'ont déjà servie ». En d'autres termes, il fallait « plus compter sur le souvenir des services rendus que sur celui des services reçus [1] ». Elle en fera régulièrement l'expérience.

Madame d'Abrantès, née Laure Fermon et épouse du général Junot, alias duc d'Abrantès, laquelle a beaucoup fréquenté les salons et la cour impériale et publié des écrits tout à la fois historiques et anecdotiques [2], conteste les propos colportés au sujet de cette légendaire rencontre et se flatte de déconstruire une version jugée éculée. Elle écrit :

« Madame de Staël qui voulait à tout prix en être remarquée s'approcha de Bonaparte et lui fit cette question qui depuis a tant couru, que les enfants savent par cœur, ainsi que la réponse. Et pourtant, la chose n'est pas vraie. À cette date, Bonaparte n'avait aucune raison pour parler si brutalement à une femme qu'il savait être une amie de monsieur de Talleyrand [3]... Madame de Staël s'approcha de lui au moment où il donnait le bras à l'ambassadeur turc. Elle le connaissait déjà d'ailleurs et n'avait pas besoin,

---

même adressé à celle-ci. *Journal de Mme Constance Cazenove d'Arlens*, Paris, Picard, 1903, p. 16. **1.** Lady Blennerhasselt, *Madame de Staël et son temps*, vol. II, p. 367. **2.** Dont *Histoire des salons de Paris* en six volumes, parallèlement à ses *Mémoires*. **3.** La véritable rupture entre Talleyrand et madame de Staël date du début du Consulat. Vraisemblablement des 6 au 7 janvier 1800, quand il refuse une de ses invitations par crainte de déplaire à Bonaparte. Madame d'Abrantès, *Histoire des salons*, vol. VI, p. 106-120.

comme on le voit dans la foule de biographies, d'entrer en matière par une question aussi bête que celle qu'on lui prête... Elle lui parla longtemps et il lui répondit toujours poliment, mais avec un laconisme singulièrement affecté. Je crois qu'il craignait ses remarques. Madame de Staël, extrêmement vive et passionnée, demandait vingt choses à la fois et lui ne pouvait comprendre une conversation faite ainsi ». Ses réponses étaient donc brèves et tranchées. Il demeurait défiant.

Lady Blennerhassett, comtesse de Leyden, qui a consacré trois gros volumes à *Madame de Staël et son temps* rejoint en un sens la duchesse d'Abrantès, quand elle conclut son enquête sur cette journée singulière, par les propos suivants : plus vraisemblablement, madame de Staël aurait demandé à Bonaparte, s'il « était vrai qu'il n'aimait pas les femmes », et il aurait simplement rétorqué « j'aime la mienne ». L'auteur se demande même si c'est avec madame de Staël que Bonaparte a eu cet échange de mots. D'après elle, ce serait une rumeur déformée : la véritable interlocutrice du général aurait été Sophie Gay, la mère de la future Delphine de Girardin. Elle n'en décrit pas moins le dîner chez Talleyrand, évoqué plus haut, où Mme de Staël se trouve assise entre Bonaparte et Sieyès, lequel aurait mené la conversation et fait l'éloge de Necker. Bonaparte lui aussi aurait prononcé quelques mots obligeants sur son père et sur elle, « mais en homme qui ne s'occupe guère des individus dont il ne peut tirer parti [1] ». Ce dîner semble avoir été celui du 16 décembre 1797.

Dans ses mémoires, Lucien Bonaparte se souvient à son tour de la scène qui confronta les deux célébrités de l'époque, mais avec le recul, il se trompe de date, en la situant au 18

---

[1]. Lady Blennerhasselt, vol. II, p. 371-373.

Brumaire. Or, le 18 brumaire an VIII, date légendaire s'il en est, est un trompe-l'œil : ce jour-là, il ne s'est rien passé, sinon qu'ont été disposés les pions à mettre en branle le lendemain, où eut véritablement lieu le coup d'État qui permit à Bonaparte de s'emparer du pouvoir. Au cours de cette même soirée du 18, Germaine de Staël arrivait tout juste à Paris avec dans ses bagages un jeune Suisse ambitieux : Benjamin Constant. Qui plus est, tous, Talleyrand et Bonaparte y compris, avaient d'autres chats à fouetter et aucun dîner d'importance n'eut lieu en ce jour précis.

Souvenirs de l'intéressée

Les *Considérations sur la Révolution française* de Madame de Staël reviennent elles aussi sur ces années et sur ses premières impressions, reconnaissant bon gré mal gré l'admiration que provoquaient sur elle les prouesses accomplies par le jeune général corse en Italie.

> On disait qu'il aimait beaucoup sa femme, dont le caractère était plein de douceur ; on assurait qu'il était sensible aux beautés d'Ossian ; on se plaisait à lui croire toutes les qualités généreuses qui donnent un beau relief aux facultés extraordinaires... Chaque fois que je l'entendais parler, j'étais frappée par sa supériorité... [1].

Ces propos confirment la fascination qu'exerça Bonaparte sur la femme de lettres, dès la fin de la campagne d'Italie. Fascination dont nous verrons qu'elle dura plus longtemps qu'elle ne veut bien le reconnaître dans les *Considérations*. Car, une fois brossé ce premier portrait élogieux, elle le nuance tout aussitôt :

---

[1]. *Considérations sur la Révolution française*, Tallandier, 1983, p. 336-341.

Le rendez-vous manqué

> Loin de me rassurer en voyant Bonaparte plus souvent, il m'intimidait toujours davantage. Je sentais confusément qu'aucune émotion de cœur ne pouvait agir sur lui... il ne hait pas plus qu'il n'aime ; il n'y a que lui pour lui... Son caractère ne peut être défini par les mots dont nous avons coutume de nous servir. Il n'est ni bon, ni violent, ni doux, ni cruel, à la façon des individus à nous connus [1].

Tolstoï ou Nietzsche n'aurait pas dit mieux. Un homme au-delà du Bien et du Mal !

Au lieu d'évoquer elle aussi la journée du 3 janvier 1798 et les folles attentes qu'elle en concevait [2], madame de Staël préfère décrire une entrevue, plus valorisante pour elle, avec le preux général, qui a sans doute eu lieu à la même époque, puisqu'ils y ont parlé de la Suisse et de l'intervention française qui s'y préparait depuis fin décembre 1797. Ce jour-là, elle a enfin un tête-à-tête d'une heure avec Bonaparte qui porte presque exclusivement sur cette intervention. Germaine s'en inquiète, car le château familial se trouve à Coppet, en Suisse. Que va-t-il advenir de son père ? Risque-t-il d'être traité comme un émigré ? Et que va-t-il advenir des droits féodaux ? C'est là ce qui constitue une grande part de la fortune familiale. Or, la France introduit leur abolition dans tous les pays qu'elle « libère », ce qui signera à court terme la ruine des Necker. Déjà, leurs biens situés en France ont été confisqués par la Convention et les deux millions prêtés au trésor national sous Louis XVI, n'ont pas été restitués [3]. Soucieuse, Germaine invite donc Bonaparte à laisser les Suisses accomplir

---

1. *Ibid.*, p. 338. **2.** Un fragment des *Dix années d'exil* évoquait cette journée, mais il fut supprimé. *Dix années d'exil*, 10/18, 1966, p. 252. **3.** Il sera radié de la liste des émigrés en juillet 1798 seulement, ce qui lui permettra de récupérer ses biens situés en France. Mais les deux millions ne seront restitués que bien plus tard, on le verra.

Le rendez-vous manqué

eux-mêmes leur révolution, s'ils le jugent utile, et insiste sur les libertés ancestrales dont ils jouissent et sur les drames que risque de provoquer une intervention étrangère dans un pays neutre depuis la nuit des temps.

Mais, toujours bien renseignée sur ce qui se passe au sein du gouvernement, elle sait fort bien qu'une expédition se prépare pour l'Égypte et que le Directoire n'a pas les moyens de la financer. De là serait née l'idée d'envahir la Suisse et de s'emparer du trésor de Berne pour payer ladite expédition. Bonaparte en serait à la fois le responsable et le bénéficiaire. Étant donné leurs intérêts diamétralement opposés, les deux protagonistes ne pouvaient s'entendre, et si madame de Staël rapporte cette discussion dans les *Considérations*, c'est bien pour prouver tout autre chose. Notamment le cynisme de Bonaparte à l'égard des principes républicains :

> « L'amour-propre et l'imagination, reprit le général, font tenir à l'avantage de participer au gouvernement de son pays, et c'est une injustice que d'en exclure une portion des citoyens ».
>
> « Rien n'est plus vrai en principe, lui dis-je, général ; mais il est également vrai que c'est par ses propres efforts qu'il faut obtenir la liberté, et non en appelant comme auxiliaire une puissance nécessairement dominante ».
>
> Le mot de *principe* a depuis paru très suspect au général Bonaparte, mais alors il lui convenait de s'en servir, et il me l'objecta. J'insistai de nouveau sur le bonheur et la beauté de l'Helvétie, sur le repos dont elle jouissait depuis plusieurs siècles.
>
> « Oui, sans doute, interrompit Bonaparte, mais il faut aux hommes des *droits politiques* ; *oui*, répéta-t-il comme une chose apprise, *oui, des droits politiques* » ; et changeant de conversation, parce qu'il ne voulait plus rien entendre

sur ce sujet, il me parla de son goût pour la retraite, pour la campagne, pour les beaux-arts, et se donna la peine de se montrer à moi sous des rapports analogues au genre d'imagination qu'il me supposait [1] ».

Dans son ouvrage, Germaine évite de revenir sur le persiflage, dont elle aurait été l'objet durant la soirée où elle avait tant espéré séduire son héros, mais souligne que, fin décembre 1797- début janvier 1798, Bonaparte savait faire usage de la rhétorique révolutionnaire pour motiver des objectifs plus obtus. Dès ce moment, Mme de Staël doit reconnaître que converser avec lui est une tâche ardue et avouer avoir été plus d'une fois réduite au silence par une force qu'elle ne comprenait pas. C'est aussi ce que quelque temps plus tard, elle confie à Lucien Bonaparte :

> Que voulez-vous, Lucien ? Je deviens bête devant votre frère, à force d'avoir envie de lui plaire. Je ne sais plus et je veux lui parler, je cherche, je modifie mes tours de phrase, je veux le forcer à s'occuper de moi, enfin je me trouve et je deviens en effet bête comme une oie.

Inutile de dire que ce désarroi ne déplaisait pas au Héros, qui se félicitait que « son génie étonné tremble devant le mien [...] et c'est cela que je trouve bien ! [2] »

Une femme célèbre

La question qui se pose est évidemment de savoir pourquoi Bonaparte était si peu enclin à sympathiser avec madame de Staël. Après tout, elle était à Paris « une puissance réelle, toujours fort écoutée du Directoire, où elle

---

1. *Considérations*, p. 343. **2.** Théodore Iung, *Lucien Bonaparte et ses mémoires*, 3 vol., Paris, 1882-1883, vol. 2, p. 235.

Le rendez-vous manqué

comptait deux partisans déclarés, Barras et La Revellière-Lépeaux ». Fin 1797, alors même que Bonaparte est accueilli en héros de la France, Germaine de Staël avait déjà à son acquis plusieurs publications remarquées, même si toutes n'avaient pas été éditées en un grand nombre d'exemplaires ou pas éditées du tout [1]. Il semblerait même qu'en 1798, Bonaparte se soit fait parvenir en Égypte son traité sur *l'influence des passions sur le bonheur des individus et des nations*. Et il semblerait qu'il l'ait lu, ou pour le moins, feuilleté « avec le pouce », ainsi qu'il en avait coutume. Necker l'avait appris et écrivait à sa fille : « Ainsi te voilà en gloire aux bords du Nil ! [2] »

Qui plus est, le salon de la baronne de Staël attirait les grands noms des partis les plus divers et les membres du corps diplomatique de l'Europe tout entière. Elle-même jouissait d'une célébrité certaine. Grâce à son influence et à celle de Marie-Joseph Chénier, Talleyrand avait donc été radié de la liste des émigrés dès 1795 et obtenu un ministère important en 1797.

L'histoire veut encore, et Fabre de l'Aude le suggère, que Bonaparte ait reçu plusieurs lettres de la célèbre dame, alors qu'il était en Italie. C'est aussi ce que prétend Bourrienne, son secrétaire – et ce que prétendra Napoléon à Sainte Hélène :

---

[1]. En 1788, elle avait publié *Lettres sur les ouvrages et le caractère de Jean-Jacques Rousseau* ; en 1790, *Jane Grey* ; en 1794, *Zulma, fragments d'un ouvrage* ; en 1795, *Réflexions sur la paix adressées à M. Pitt et aux Français* ; et, en 1796, *De l'influence des passions sur le bonheur des individus et des nations*. Elle n'avait pas osé publier en revanche ses ouvrages qui portaient sur l'actualité politique : *Réflexions sur la paix intérieure* et *Des circonstances actuelles qui peuvent terminer la Révolution et des principes qui doivent refonder la république en France*.
[2]. Comte d'Haussonville, *Mme de Staël et M. Necker d'après leur correspondance inédite*, Paris, 1925, p. 88.

Le rendez-vous manqué

Elle lui adressa des lettres pleines d'enthousiasme. Bonaparte m'en lisait quelques fragments, puis il riait et me disait : « Concevez-vous rien, Bourrienne, à toutes ces extravagances ? Cette femme-là est folle [1]. »

Dès lors, Germaine aurait écrit qu'ils avaient été créés l'un pour l'autre – c'est ce qu'affirme Bourrienne – et que « la nature semblait avoir destiné une âme de feu comme la sienne à l'adoration d'un héros tel que lui ». Bonaparte aurait brûlé ces lettres et ironisé sur ce qu'une femme bel esprit, « une faiseuse de sentiment » ose se comparer à la douce et tendre Joséphine ! D'autres témoins assurent qu'à partir de 1798, Germaine assiégeait la maison du Héros, rue Chantereine, de même que les ministères, pour le voir et lui parler. Bonaparte ne savait plus que faire et ne goûtait point du tout ce qu'il appelait « ses minauderies et gracieusetés sans fin ».

Plus vraisemblablement, ce sont les rumeurs malignes, colportées par la presse au sujet de la fille de Necker, et, dont Bonaparte avait nécessairement connaissance, qui l'influencèrent avant même son retour à Paris. Journaux jacobins et journaux royalistes ne tarissaient pas d'insultes, de satires et de médisances sur cette femme hors-du-commun. Qualifiée tantôt de Sapho, de Sémiramis, de Circé ou d'Aspasie, elle était décrite comme très libertine ; très laide ; très intrigante ; très hommasse. Fin juillet 1797, un folliculaire la croquait ainsi : « Une étrangère laide comme le péché mortel, intrigante comme une orléaniste, hardie comme un page et sensible comme un jacobin ». L'écrivain royaliste, Sénac de Meilhan, ajoute son grain de sel au miroir déformant, quand il persifle :

---

[1]. Bourrienne, *Mémoires*, Paris, 1839, vol. 6, p. 146-148.

Le rendez-vous manqué

L'ivresse des talents s'est emparée d'elle et elle s'est fait une habitude de l'enthousiasme. Elle a prétendu à tous les succès, s'est livrée à tous les sentiments. Elle a la naïveté du génie. Elle doit plutôt surprendre que plaire. Ses manières sont un fracas qui étourdit, sa conversation semble un assaut, un combat à outrance ; c'est plutôt une femme rare qu'une femme aimable [1].

Ces méchancetés et médisances, Bonaparte en avait sans doute eu connaissance, d'autant qu'elles ne datent pas non plus du Directoire. Dès les débuts de la Révolution, Rivarol l'avait transformée en égérie des Feuillants et caricaturée en grande mangeuse d'hommes. Il traitait madame de Staël de « virago » et condamnait ses intrigues et sa manie de fronder les gouvernements, tandis que, tels les royalistes intransigeants, il voyait en Necker « le premier bourreau du malheureux roi », le responsable de ses maux. C'était là le lourd tribut à payer à sa postérité.

Enfin, cette « virago » serait trop laide. La remarque est récurrente dans la bouche de Bonaparte. Il n'apprécie pas du tout ce qui distingue justement la célèbre baronne, et l'on verra plus loin les charmants épithètes dont il n'hésite pas à la couvrir.

Mais il y a pis ! Bonaparte déteste les femmes d'esprit, les bas bleus, les femmes écrivains. Il dira même qu'il n'aime « pas plus les femmes qui se font hommes que les hommes efféminés » et c'est à Germaine qu'il pense dans ce contexte :

> Chacun son rôle dans ce monde ! Qu'est-ce que ce vagabondage d'imagination ? Qu'en reste-t-il ? rien. Tout

---

[1]. Winock, p. 146. Pour Sénac de Meilhan, S. Balayé, « Ennemis et contradicteurs de Mme de Staël », *Cahiers staëliens*, n° 53, 2002, p. 23-52.

Le rendez-vous manqué

cela, c'est de la métaphysique de sentiment, du désordre d'esprit. Je ne peux souffrir cette femme-là, d'abord parce que je n'aime pas les femmes qui se jettent à ma tête et dieu sait combien elle m'a fait de cajoleries [1].

Il est vrai que l'admiration affichée pour Bonaparte était quelque peu outrée. Les éloges de Germaine alors vont jusqu'à l'ivresse ; son imagination s'enflamme, constate Lavalette, aide de camp de Bonaparte, de séjour à Paris à l'époque du coup d'État du 18 Fructidor [2]. Et cela, elle a tendance à l'oublier quand, deux décennies plus tard, déçue par son héros, elle rédige ses *Considérations*.

La correspondance avec son père témoigne sans équivoque de leur admiration commune pour les exploits du jeune général Buonaparte, ainsi qu'on orthographiait son nom au début de la campagne d'Italie. Tous deux le qualifient de « héros » à longueur de pages. Necker ne demeure pas en reste, quoiqu'un peu moins longtemps que sa fille, qui ne se départit pas de sa fascination et de son enthousiasme, même après le coup d'État du 18-Brumaire [3].

Reste qu'en ce début 1798, la fille de Necker s'est entichée de Bonaparte et que l'attirance est tout sauf réciproque. Cette journée qui devait mener à une victoire incontestée s'est soldée par un échec cuisant. Échec qui ira crescendo ! Aucun témoignage écrit ne subsiste pour illustrer le désappointement qu'elle a dû ressentir. Mais elle ne se donne pas pour battue et durant des années, elle demeure persuadée que Bonaparte va finir par lui avouer son admiration et reconnaître son génie.

---

1. *Mémoires de Bourrienne*, vol. VI, p. 216. **2.** Le 18 fructidor an V – le 4 septembre 1797 – devant les rumeurs de conspiration et l'opposition véhémente des deux conseils, le directoire exécutif choisit de dissoudre le corps législatif. **3.** D'Haussonville, *Madame de Staël et Monsieur Necker*, p. 72-110.

Le rendez-vous manqué

Lors d'un dîner avec des amis, et en présence de Benjamin Constant, qui est alors son amant, elle en est encore à se demander :

Comment est-il possible que je ne sois pas née pour être la femme de Bonaparte ? [1]

Au fil des déceptions et des ruades, sans doute s'interroge-t-elle avant tout sur ce qui a pu provoquer l'irritation de Bonaparte à son égard et en impute-t-elle l'origine à ses ennemis et à tous ceux qui la calomnient auprès de lui.

Un jeune militaire charmant

Bonaparte n'était pas aussi brutal avec tous ses admirateurs et admiratrices. Madame de Chastenay, une proche de Fouché et de la noblesse libérale, auteure elle-même d'écrits historiques et philosophiques, témoigne ainsi d'un entretien qu'elle eut avec lui en 1795 et qui dura pas moins de quatre heures. Ce dont elle se souvient, c'est d'échanges cordiaux avec un homme qui avait beaucoup plus d'esprit qu'elle ne l'avait pensé au premier abord, parce qu'en public, il s'exprimait en monosyllabes. Mais une fois en tête à tête, il fut moins laconique et aborda plus longuement divers sujets.

Bonaparte me parla des poèmes d'Ossian, qui lui inspiraient l'enthousiasme. Je connaissais le nom du barde calédonien, je ne connaissais pas ses chants. Bonaparte me proposa de m'en apporter un recueil [...]. Je me suis toujours souvenue que dans cette conversation le roman avait

---

1. Wilhelm von Humboldt, *Journal parisien 1797-1799*, Actes Sud, 2001, p. 267.

Le rendez-vous manqué

eu sa place. Bonaparte me dit que le tragique du dénouement de *Paul et Virginie* était la grande cause de l'intérêt qu'excitait leur histoire [...]. Nous parlâmes du bonheur. Il me dit que, pour l'homme, il devait consister dans le plus grand développement possible de ses facultés. Je ne savais pas alors que Condillac l'eût dit, et cette idée me parut éblouissante [...]. La connaissance faite se cultiva deux ou trois jours. On s'était fort émerveillé de ce que j'avais fait parler le général [1].

Madame de Chastenay se souvient encore des années plus tard de la vive impression qu'elle ressentit alors : « la supériorité de l'homme que je venais de voir avait ébranlé mon esprit. Mais les événements subséquents lui ont sans doute donné une tout autre importance et m'ont presque inspiré de la fierté ». Ce qui est certain, c'est qu'elle, elle parvint à apprivoiser le prétendu misanthrope.

Il n'est toutefois pas anodin que la scène se déroule avant même la campagne d'Italie, à une époque où Bonaparte est tout au plus « le général Vendémiaire [2] ». Il séjournait à Châtillon, auprès de la famille de Marmont, futur général et maréchal d'Empire. À cette époque, Marmont professait déjà un culte fait d'admiration et de dévouement pour Bonaparte : « l'opinion qu'il avait de son génie et de sa supériorité passait tout ce que la magie de la puissance a pu depuis en faire concevoir ». Mais, à cette date, il était un des seuls. Dès lors, tous deux ont choisi le camp républicain, même si madame de Chastenay ne découvre dans les paroles de Bonaparte « aucune maxime

---

1. *Mémoires de Madame de Chastenay*, Plon, 1896, p. 203-206. **2.** La Convention thermidorienne avait confié au jeune général Buonaparte sa défense contre les sections parisiennes révoltées. Lors de la journée du 13 Vendémiaire an IV. Il dispersa à coups de canon les insurgés.

ni aucune foi républicaines ». Il était encore tel que l'ont décrit les mémorialistes : « maigre et pâle ». Son physique frappait alors les contemporains. En 1797, Talleyrand est séduit à son tour :

> Au premier abord, Bonaparte me parut avoir une figure charmante ; vingt batailles gagnées vont si bien à la jeunesse, à un beau regard, à de la pâleur et à une sorte d'épuisement.

C'est aussi cette impression que recueille Germaine quand elle le voit pour la première fois : « Sa figure, alors maigre et pâle, est assez agréable... ». Et dans tout ce qu'il dit ou fait, elle décèle donc une supériorité indéniable, de même que ce qu'elle nomme « le tact des circonstances ». Mais c'est justement cet examen incessant auquel elle le soumet dès les débuts, qui irrite et éloigne Bonaparte. Il se sent observé, disséqué, analysé par l'importune et lui répond par un vague sourire et un regard inexpressif, propres à « dérouter quiconque voudrait observer les signes extérieurs de sa pensée ».

Il était difficile à madame de Staël de concevoir une antipathie aussi brutale, d'autant plus que, depuis sa naissance en 1766, elle avait l'habitude d'être fort bien traitée et dévotement admirée. De là, sans doute, le fait que, pas plus que Bonaparte, elle ne se remette en cause. Sur ce point précis, Germaine et Napoléon font la paire !

— I —

« L'amour est l'histoire de la vie des femmes[1] »

---

1. Et d'ajouter : « C'est un épisode dans celle des hommes ! »
Germaine de Staël, *De l'influence des passions*.

« La seule gloire
d'une femme sur terre »

Depuis son enfance, Anne Louise Germaine Necker côtoie en effet les intellectuels de l'époque. Sa mère, Suzanne née Curchod, une belle femme aux yeux bleus et aux traits fins, a créé un salon où elle accueille tous les vendredis les grandes figures de la philosophie des Lumières. Diderot, Raynal, d'Alembert, Thomas, Marmontel, Grimm, Gibbon le fréquentent et s'extasient devant les progrès fulgurants de celle qu'on appelle Louise, surnommée dès lors Minette. À onze ans, la petite fille a lu tous les livres ; elle a fait l'apprentissage de l'art de la conversation ; elle a réfléchi sur toutes sortes de sujets, pas forcément de son âge ; elle joue du théâtre ; fait de la musique ; et compose de la poésie. Dès lors, elle écrit des nouvelles, des poèmes, des scénettes. Et tous d'applaudir devant un tel génie, une telle intelligence !

La belle enfant si admirée et si choyée de tous, en grandissant, devient de plus en plus brune – certains diront donc « noiraude ». Elle n'a pas la finesse de traits de sa mère, mais ressemble plutôt à son père, le célèbre ministre des Finances de Louis XVI, dont elle est très proche. Minette est fort préoccupée de son physique. La faute en revient en partie à Necker, qui aurait eu le malheur de lui dire « qu'ayant peu d'agréments extérieurs, elle ne pouvait songer qu'à un genre de succès grave et solide [1] ».

Son amour-propre piqué, elle souhaite lui donner un démenti et devient de plus en plus coquette. Son meilleur ami Mathieu de Montmorency parle même de « coquetterie peu mesurée » et Gouverneur Morris, un homme d'affaires américain, futur ambassadeur des États-Unis en France, qui fréquente les salons de l'époque, en constate régulièrement les effets. On lui reproche alors de penser un peu trop à sa figure et à son apparence.

Dans son journal intime, elle s'explique. C'est qu'elle a été « moins mal » qu'elle ne l'est actuellement, alors qu'elle n'a que dix-neuf ans. Dès lors, elle regrette la fraîcheur de son enfance, perdue sans doute à tout jamais. De là ces regards longs et répétés devant le miroir, ce ne serait pas de la vanité, mais le désir de « se rassurer ». Après tout, « c'est ce qui peut la faire aimer dont une femme s'occupe. Elle ne se voit que sous ce point de vue ». À la veille de son mariage avec M. de Staël, elle se voudrait belle. Être belle pour son amant, son époux. De là aussi cette coquetterie. Être adorée de l'univers et tout sacrifier à un seul objet ! Ce serait là son vœu le plus cher.

> Quel délice d'avoir pour époux celui dont le pas, dont la voix ferait tressaillir mon cœur, quelle suite d'émotions, quel charme dans ses devoirs, quelle pureté de n'avoir jamais un sentiment coupable, quel intérêt dans la vie, quels transports en voyant lever le soleil qui commencerait le jour que je passerais avec ce que j'aime ! Ah ! ne suis-je

---

[1]. Comtesse d'Andlau, « Mathieu de Montmorency et Mme de Staël », *Cahiers staëliens*, 1972, p. 4-17. Ici p. 8.

« *L'amour est l'histoire de la vie des femmes* »

pas barbare envers moi-même en arrêtant mon cœur sur ces tableaux ? [1]

Barbare, elle l'était en somme et ces tableaux euphoriques ne seront pas les siens. D'autant moins que son futur mari, qu'elle rencontre en cet été 1785, est loin de répondre à ces aspirations. Certes, monsieur de Staël-Holstein, de l'ambassade de Suède a pour lui son titre de baron et son physique plutôt agréable ; la charge d'ambassadeur lui a été promise et il doit résider à Paris pour le reste de sa vie – à supposer que le roi de Suède ne change pas d'avis. Il aura des revenus confortables, et, surtout, il est protestant tout comme la famille Necker. Minette l'a donc récemment rencontré et estime que « c'est un homme parfaitement honnête, incapable de dire ni de faire une sottise, mais stérile et sans ressort. Il ne peut me rendre malheureuse que parce qu'il n'ajoutera pas au bonheur et non parce qu'il le troublera ». Qui plus est, il a seize ans de plus qu'elle. Mais il la déçoit bien vite par ses froideur et roideur :

> Monsieur de Staël, avec sa jolie figure, ses connaissances de l'art de la danse formait bien ses pas, mais l'âme manquait à ses mouvements, mais ses regards fixés sur moi n'étaient animés ni par l'esprit ni par le cœur. Sa main, en prenant la mienne, me semblait de marbre blanc qui me serrait en me glaçant. Mon père tout à coup lui dit : « Tenez, Monsieur, je vais vous montrer comme on danse avec une demoiselle dont on est amoureux. Alors malgré sa taille forte, malgré moins de jeunesse, ses yeux, ses yeux charmants, ses mouvements animés exprimaient la tendresse avec grâce, avec énergie. Dieu, feindrais-je ? quel serrement

---

1. « Mon journal », éd. Simone Balayé, *Cahiers staëliens*, n° 28, 1980, p. 55-79. Toutes les citations sur Staël, le mariage et les femmes proviennent de ce texte.

de cœur j'éprouvai dans ce moment, quelle comparaison déchirante ! Je ne pus continuer, je me sauvai dans un coin de la chambre, et je fondais en larmes.

Le mariage se conclut malgré tout. Chacun y voyait un avantage, mais on comprend que ce ne fut ou ne devait être qu'un mariage de raison. Or, Anne Louise Germaine avait rêvé de tout autre chose. Cette autre chose lui avait été suggérée par le couple idéal que formaient ses parents et l'homme exceptionnel qu'était son père. Dès 1785 et sans doute même avant, elle était consciente que son premier grand amour était Jacques Necker : « de tous les hommes de la terre, c'est lui que j'aurais souhaité pour amant... je le trouve digne d'amour ». Elle savait fort bien que c'était impossible.

Sa mère, stricte et sévère, était du reste là pour le lui rappeler, car elle aussi adorait Jacques. Aussi Minette se plaît-elle à rêver d'un autre homme, qui serait « un grand admirateur de mon père, une âme sensible qui m'eût aimée », et qui, de surcroît, serait *un des plus grands hommes de son siècle*, à l'image du père bien-aimé, qui demeure évidemment le premier d'entre eux. Et de regretter que le sort ne l'ai pas liée à un grand homme, car c'est « la seule gloire d'une femme sur la terre [1] ». Ce grand homme tel qu'elle l'a rêvé et le rêve encore, elle le décrit dans la première version de *De l'Allemagne*, au chapitre consacré au Héros :

> Le héros tel que je le conçois ne mettra pas d'importance à tout ce qui est accidentel, particulier ou local. Il jugera les hommes par le foyer de leur âme, il verra promptement s'il y a dans le regard une étincelle d'enthousiasme, si cette voix se brise en racontant une

---

1. *Mon Journal, op.cit.*, p. 73.

action généreuse, si l'on ne souille pas la parole en s'en servant pour dénaturer ce qui est juste et vrai ; il pardonnera tous les défauts de cette faible nature humaine... il s'éloignera de ces hommes qui peuvent être sur cette terre des instruments de la divinité, mais qui n'ont plus en eux la trace de son image... [1].

Il y a loin de cet idéal à monsieur le baron de Staël-Holstein. Mais également aux hommes qui vont peupler sa vie. L'ironie de l'histoire veut par ailleurs que le grand rival du baron de Staël ait été le futur premier ministre britannique : William Pitt junior, qui sera un adversaire irréductible de la Révolution française et de Napoléon.

---

1. Le texte date de 1808-1810, période où elle a pourtant perdu ses illusions sur la nature humaine, notamment masculine. *Lettres à Ribbing*, Gallimard, 1960, p. 10. Il faut citer le texte en entier : « Il m'est venu l'idée de peindre le caractère d'un homme dans toute sa perfection et dans toute sa force... On pourrait représenter un caractère fier sans être sévère, qui ne blâmât rien d'après les règles reçues, mais seulement d'après l'impulsion du cœur... une générosité sans mélange de considérations humaines, qui se sentît toujours attirée par le malheur comme par un trait divin qui recommande l'homme à son semblable. Une délicatesse qui épargnât toutes les peines à la femme la plus sensible, c'est-à-dire à celle qui devine tout dans la morale et prévient le changement du cœur lors même qu'il croit encore être resté ; une bravoure intrépide réunie à la plus timide inquiétude pour ce qu'on aime. Je ne sais quelle combinaison de force et de douceur, qui fait du même homme le protecteur inébranlable et l'ami subjugué de la femme qu'il a choisie ; une soumission au devoir qui garantit l'indépendance envers les autorités de la terre, l'audace contre le danger, mais une sorte d'indifférence pour toutes les prospérités de la vie qui semble annoncer qu'on vaut mieux que tout ce que les hommes peuvent donner, enfin, une imagination rêveuse, inquiète et poétique, qui donne le besoin d'être consolé alors qu'on est heureux et fait craindre sans cesse de n'être pas ainsi parce qu'on éprouve trop le besoin de ce bonheur pour ne pas redouter de s'en voir privé... »

Le rendez-vous manqué

Malgré sa mère qui tenait dur comme fer à ce mariage, Minette l'avait refusé, parce qu'elle ne voulait quitter ni la France ni ses parents. Et puis, « qui sait si le grand homme aurait eu un cœur ? Par quels moyens me serais-je associée à son génie ? Qui sait surtout si je l'aurais aimé ? »

Mais nous qui connaissons la suite de l'histoire, on se plaît à rêver de ce qu'il en serait advenu pour la France, si ce mariage s'était fait. Pitt serait-il devenu progressiste au contact de la fille de Necker ? Se serait-il fait Whig ? Le monde en aurait-il été changé ?

Les réflexions de Germaine sur le pour et le contre suffisent en tout cas à l'apaiser. Et de trancher : monsieur de Staël est le seul parti qui lui convienne, parce qu'il va demeurer à Paris et ne la séparera pas de ses parents chéris. À elle de ne pas commettre de fautes, de ne pas avoir de remords, de ne pas se faire horreur ou de violer son serment. Sa destinée consiste à être la fille du grand Necker, à s'attacher à lui et à ne pas l'abandonner. Un point, c'est tout !

À cette date, elle n'a que dix-neuf ans et ne peut savoir ce que le sort lui réserve. Mais ces réflexions témoignent bien de son idéalisme et de ses vertigineuses attentes. Le journal intime révèle en bref une toute jeune fille qui suit encore fidèlement les consignes de ses père et mère et accepte les conventions de son siècle sur le statut subalterne des femmes.

« Tu me fais de la peine [1] »

Mais à peine mariée, Germaine de Staël s'avoue déçue, désenchantée. Son mari n'est guère galant. Il ignore tout de l'enthousiasme, s'absente souvent, s'avère jaloux, et surtout, il est terriblement ennuyeux. Entre-temps, Anne Louise Germaine a troqué le prénom de son enfance contre celui qui lui convenait mieux : pour les intimes, cela restera Minette, et, pour les autres, Germaine ! Le 22 juillet 1787, un an après le mariage, elle accouche d'une petite Gustavine. À partir de là, la fille de Necker prend en main sa propre destinée et ouvre un salon qui ne tarde pas à éclipser celui de sa digne mère.

C'est que, dès 1787, la Révolution est en marche. Paris bouillonne d'idées, de projets et de jeunes gens enthousiastes, avides de réformes. L'ambassadeur des États-Unis et futur président, Thomas Jefferson, en témoigne, quand il décrit à ses correspondants américains l'effervescence de la capitale, où tous y vont de leur déclaration des droits et où même les femmes se mêlent de politique [2]. C'est l'heure de l'Assemblée des notables et des réformes de

---

1. *C.G.*, I, 2, p. 256. **2.** *Papers of Thomas Jefferson*, Princeton, 1958, 21 vol., vol.14, p. 531 ; p. 583 et p. 676.

Le rendez-vous manqué

Calonne, le grand rival de Necker. Louis XVI amorce une politique réformatrice ; il améliore le statut des protestants et leur confère un état civil ; il abolit la question et supprime donc la torture ; il crée des assemblées provinciales, etc., mais il ne parvient pas à redresser les finances, fortement ébréchées par la participation à la guerre d'Indépendance américaine. Et c'est pour redresser ces finances que sont convoqués en 1789 les États généraux.

Germaine se passionne pour cette actualité, notamment pour la réunion des États généraux et ses modalités. Elle attire à elle tous ceux qui reviennent d'Amérique, la tête pleine des belles idées de liberté et des droits de l'homme – des *Bills of Rights*, dont se dote chacun ou presque des États nord-américains. Elle reçoit la jeunesse ardente, qu'on ne va pas tarder à nommer l'aristocratie libérale – parti qui portera aussi le nom de constitutionnel : La Fayette, Alexandre et Charles de Lameth, Louis de Narbonne, le fameux Talleyrand, Mathieu de Montmorency, Clermont-Tonnerre, Louis-Philippe de Ségur, Charles de Noailles, le général Montesquiou et le jeune Barnave. Elle connaît et apprécie Mounier et Malouet.

Qui plus est, en 1788, son père retrouve l'intendance des Finances qu'il avait perdue en 1781. La famille Necker redevient le centre de la vie politique française. Mais désormais, c'est Germaine qui l'éclaire, et non plus seulement sa mère. Celle-ci a perdu l'autorité qu'elle avait sur sa fille durant l'enfance. Minette n'en fait qu'à sa tête depuis qu'elle est devenue Germaine !

Exister, c'est aimer

Dès lors, elle a des succès indéniables et sait les susciter. Madame d'Abrantès la décrit « brune, fortement colorée et offrant surtout l'apparence de la bonne santé. On remarque avant tout ses grands yeux noirs et son regard inspiré. Elle est très active, passionnée et aimant avec toute l'ardeur méridionale. Aimer pour elle, ce serait la vie ; exister, ce serait aimer [1] » !

Aussi ne tarde-t-elle pas à avoir des soupirants. Talleyrand semble avoir été l'un des premiers, mais ce fut une aventure sans lendemain – s'il est vrai qu'il en résulta une liaison amoureuse véritable, ce dont on peut douter [2]. Germaine elle-même le conteste – mais, jusqu'au Consulat, leur amitié ne s'en ressent pas. Il y aurait eu également une brève idylle avec Alexandre de Lameth, connu pour être un « coureur de jupons ». Sans lendemain non plus.

---

1. Mme d'Abrantès, *Histoire des salons*, vol. 2, p. 362-63. 2. En octobre 1789, Gouverneur Morris signale bien un refroidissement entre Talleyrand et Narbonne, qui serait dû à « l'amour » : Talleyrand aurait eu une liaison avec la maîtresse de son ami, mais Germaine s'en défend. À la même époque, elle « flirte » avec Clermont-Tonnerre et le comte de Ségur. *Journal de Gouverneur Morris*, Droz, 2018, vol.1, p. 320-322.

Le rendez-vous manqué

Le comte Louis de Narbonne a plus de succès et plus d'assiduité. Ce bel homme, dont on soupçonne que le véritable père est Louis XV, ce pour quoi il fut élevé à la Cour, a tout du grand seigneur. Jugé par certains comme « un fort mauvais sujet », on le décrit surtout comme l'esprit le plus brillant de l'époque. Outre l'esprit, il aurait par ailleurs de la grâce et de la légèreté. Sans doute n'a-t-il pas encore le léger embonpoint qu'il acquiert en 1793. Il louche un peu d'un œil, mais cela ne nuit ni à son charme ni à sa grâce. Quant à ses manières, elles ne laissent rien à redire. Il affiche la plus agréable courtoisie et une sensibilité aiguë.

Des témoins britanniques, qui ont fréquenté le couple en 1793, diront que Germaine de Staël était très laide, et Louis de Narbonne, très beau. Leurs caractères eux-mêmes seraient opposés : lui serait « délicat comme une femme vraiment féminine », et elle, impétueuse et virile comme un homme. Lui aurait des manières exquises et elle se moquerait des bienséances – au grand désespoir de son amant, avec lequel elle aura deux enfants et une liaison de près de six ans [1].

Avoir séduit un des hommes les plus recherchés de son temps n'est pas un mince triomphe. Le comte de Narbonne répond en réalité à ses aspirations les plus secrètes et les plus profondes. C'est un grand seigneur et un militaire, mais très instruit et parlant plusieurs langues. Il a été secrétaire de Vergennes, le ministre des Relations extérieures de Louis XVI, avant de reprendre l'uniforme de colonel. Muni de tels atouts, il peut s'attendre à faire une belle

---

1. Constance Hill, *Juniper Hall. A Rendez-vous of certain illustrious personages during the French Revolution*, Londres & New York, 1902, p. 116-119 ; p. 137. Les deux fils de Germaine, Auguste (1790) et Albert (1792), sont vraisemblablement ceux de Narbonne.

« L'amour est l'histoire de la vie des femmes »

carrière. Sinon, la baronne de Staël s'en chargera. C'est ce qui arrive en 1791, quand, grâce à elle et à Barnave, Narbonne est nommé ministre de la Guerre le 6 décembre de la même année.

Pour la jeune ambassadrice, Narbonne a rompu avec sa maîtresse, la comédienne Louise Contat – surnommée la « Vénus aux belles fesses », qui fut également une des favorites du comte d'Artois. Germaine se fait un malin plaisir à l'évoquer pour repousser en douceur ses soupirants les plus empressés. Tel Clermont-Tonnerre, député à l'Assemblée constituante :

> J'ai aimé et j'aime encore tendrement le comte Louis. Dès qu'il m'a vue, il a changé pour moi sa destinée ; ses liens ont été rompus, sa vie m'a été consacrée. Enfin, il m'a convaincue qu'il pouvait m'aimer assez pour respecter mes devoirs et s'estimer encore heureux par la possession de mon cœur, mais s'il le perdait sans retour, il n'y survivrait pas... je suis sûre que mander au comte Louis qu'il doit renoncer à moi, c'est lui donner la mort [1].

C'est dire la fascination que pouvait exercer Germaine sur les hommes les plus séduisants de son temps. Et même si la jeune femme s'illusionne quelque peu sur l'attachement réel de Narbonne. À en croire la duchesse d'Abrantès, il serait donc temps de réviser ce que de méchantes langues disaient d'elle :

> On a beaucoup parlé de la figure de madame de Staël. Je ne conçois pas qu'il y ait eu une seule voix pour dire qu'elle était laide. Des yeux admirables, des épaules, une poitrine, des bras et des mains à servir de modèle.

Il est vrai qu'elle s'habillait fort mal et méprisait les fanfreluches. Ce n'est ni sa toilette ni ses parures qui ensorcelaient

---

1. *C.G.*, I, 2, p. 355-356.

les cœurs. Cette négligence pourrait suggérer qu'elle se souciait peu des apparences, ce qui n'est pas le cas, on l'a vu. Mais elle avait trop d'esprit pour devenir esclave de la mode et y attachait peu d'importance. Elle préférait à la mode le pittoresque [1]. C'est aussi ce dont témoigne la description de son héroïne Corinne – qui nous livre en filigrane l'autoportrait idéal de Germaine :

> Elle était vêtue comme la Sybille du Dominiquin, un schall des Indes tourné autour de sa tête, et ses cheveux du plus beau noir entremêlés avec ce schall ; sa robe était blanche ; une draperie bleue se rattachait au-dessous de son sein, et son costume était très pittoresque, sans s'écarter cependant assez des usages reçus, pour que l'on pût y trouver de l'affectation... Ses bras étaient d'une éclatante beauté ; sa taille grande, mais un peu forte, à la manière des statues grecques, caractérisait énergiquement la jeunesse et le bonheur ; son regard avait quelque chose d'inspiré [2].

Madame d'Abrantès rappelle aussi que c'était « un être que la nature avait richement doté, car elle le fut non seulement par le génie, mais, Dieu, en lui donnant son intelligence, lui mit au cœur cette bonté native, cette noblesse des sentiments, cette grandeur dans les pensées qui la firent adorer de tout ce qui l'entourait ». La femme la plus remarquable de son temps avait en effet un cœur d'or, qui inspirait de vives amitiés. Laure Fermon est loin d'être la seule

---

1. La fin du XVIIIe siècle et le début du XIXe coïncident avec une redécouverte des costumes régionaux, dits folkloriques. On les dessine, on en publie des séries, et on les aime en tant que « pittoresques ». Mais le pittoresque, c'est aussi une émancipation du classicisme et le début du romantisme. **2.** Mme de Staël, *Corinne ou l'Italie*, Gallimard, Folio, 2000, p. 52.

« L'amour est l'histoire de la vie des femmes »

à souligner ces qualités. Mme de Chastenay ou Mme de Boigne la rejoignent et nombreux sont ceux qui s'accordent ainsi à les reconnaître.

Plusieurs de ses amis lui devront même la vie, tandis que bien d'autres lui seront redevables de ne pas mourir de faim ou de surmonter une crise – quelle qu'elle soit. Et si plusieurs d'entre eux préfèrent oublier les services rendus et se comportent en ingrats, d'autres lui en seront éternellement reconnaissants.

Et puis, elle n'était pas non plus dénuée de grâce. Notamment dans ses mouvements. « Ses bras et ses mains, ses épaules, son port de tête gagnaient beaucoup à être agités, quand elle parlait... elle ajoutait à cette manière de plaire aux yeux, au charme captivant de la parole dans une telle bouche... [1] ». Aussi cultive-t-elle cette apparence et a-t-elle coutume de tenir entre les doigts des branches de feuillages qu'elle agite au gré de ses humeurs et de ses causeries. Cela participe de cette coquetterie qu'elle affectionne tout au long de sa vie.

Le meilleur portrait et le plus fiable de Germaine est sans nul doute celui que brosse Benjamin Constant dans *Cécile*, sous les traits de madame de Malbée [2].

> Une taille plutôt petite que grande, et trop forte pour être svelte, des traits irréguliers et trop prononcés, un teint peu agréable, les plus beaux yeux du monde, de très beaux bras, des mains un peu trop grandes, mais d'une éclatante blancheur, une gorge superbe, des mouvements trop

---

1. Madame d'Abrantès, *Histoire des salons*, vol.2, p. 381. **2.** Il aurait rédigé *Cécile* entre 1806 et 1810, alors qu'il n'est plus amoureux. On verra plus loin ce qu'il pense de madame de Staël au lendemain de leur rencontre. Benjamin Constant, *Œuvres complètes*, Tübingen, 1995, III, 1, p. 256-257.

Le rendez-vous manqué

rapides et des attitudes trop masculines, un son de voix très doux et qui dans l'émotion se brisait d'une manière touchante, formaient un ensemble qui frappait défavorablement au premier coup d'œil, mais qui, lorsqu'elle parlait et s'animait, devenait d'une séduction irrésistible. Son esprit, le plus étendu qui ait jamais appartenu à aucune femme, et peut-être à aucun homme, avait, dans ce qui touchait à la sensibilité une teinte de solennité et d'affectation. Mais il y avait dans sa gaieté un certain charme indéfinissable, une sorte d'enfance et de bonhomie qui captivait le cœur en établissant momentanément entre elle et ceux qui l'écoutaient une intimité complète, et qui suspendait toute réserve, toute défiance, toutes ces restrictions secrètes, barrières invisibles que la nature a mises entre tous les hommes et que l'amitié elle-même ne fait point disparaître tout à fait... son esprit m'éblouit, sa gaîté m'enchanta, ses louanges me firent tourner la tête. Au bout d'une heure, elle prit sur moi l'empire le plus illimité qu'une femme ait peut-être jamais exercé.

Cette fascination que suscite madame de Staël sur ceux qui l'écoutent, le philologue allemand, Wilhelm von Humboldt la ressent à son tour et confirme ainsi ce qu'écrit Constant, tout en enrichissant le portrait :

> La conversation fut davantage à bâtons rompus et variée. Mais elle fut des plus brillante en bons mots et en réparties. Elle [madame de Staël] me plut à nouveau extraordinairement, elle a surtout quelque chose dans les yeux qui, parce qu'il révèle un sentiment plus profond, attire infiniment. C'est une sorte de lent mouvement de la pupille vers le haut tandis que la paupière s'ouvre à peine. Sa bouche est la plupart du temps entrouverte, sans que cela produise un vilain effet, tout aussi laid que ce soit d'habitude [1].

---

1. Wilhelm von Humboldt, p. 264.

« L'amour est l'histoire de la vie des femmes »

Ses anciens ou futurs amis subissent une attraction similaire. Beaucoup plus tard, sous l'Empire, la comtesse de Boigne sera ensorcelée en quelques minutes ; madame Récamier, qui n'a rien à envier à personne, n'échappe pas non plus à la séduction irrésistible de la dame de Coppet :

> Sa toilette était étrange : elle portait une robe du matin et un petit chapeau, orné de fleurs. Je la pris pour une étrangère. Je fus frappée de la beauté de ses yeux et de son regard ; je ne pouvais me rendre compte de ce que j'éprouvais... elle m'intimidait et m'attirait à la fois... Ce ne fut alors qu'une apparition dans ma vie mais l'impression fut vive [1].

Son vif et long succès auprès des hommes et des femmes les plus divers et les plus intéressants de l'époque rend plus énigmatique encore l'antipathie précoce de Bonaparte. N'aurait-il pu tirer parti de l'attirance qu'il exerçait sur elle ? Pourquoi l'avoir à ce point dédaignée ?

---

1. Françoise Wagener, *Madame Récamier*, Flammarion, 1986, p. 64.

« Notre bonheur est d'aimer »

Mais revenons à 1785. Germaine s'est donc fait une raison. Elle épouse Eric Magnus de Staël-Holstein, tout en doutant qu'elle l'aime vraiment un jour. Celui qu'elle aime, elle le reconnaît elle-même, c'est son père : « je le trouve digne d'amour... c'est que son cœur peut bien faire oublier sa gloire ». À 19 ans, elle se décrit comme une femme de son temps. Or, une femme de son temps « ne doit rien avoir à elle et trouver toutes ses jouissances dans ce qu'elle aime... Notre bonheur est d'aimer... » Ce sont là les normes de l'époque qu'elle a fort bien intériorisées. Dans ses rêves, c'est tout autre chose qu'elle désire. Si la vie réelle la contraint à modifier quelques-unes de ses convictions premières, elle ne modifie pas sa certitude sur le bonheur d'aimer et d'être aimée.

Certes, le baron de Staël lui donne un nom, un titre (à elle, fille d'un simple banquier, suisse et protestant, ne l'oublions pas, même s'il a été plusieurs fois ministre de Louis XVI), un hôtel particulier, rue du Bac, et, partant, un salon. Pas n'importe lequel ! Celui de l'ambassadeur de Suède à Paris. À elle qui s'associe volontiers à la carrière de son père, Staël offre donc un rôle : celui d'ambassadrice qui va lui permettre de s'occuper d'affaires publiques,

« *L'amour est l'histoire de la vie des femmes* »

directement ou indirectement. Ne correspond-elle pas avec Gustave III ? C'est elle en effet qui rédige les bulletins pour informer le roi de Suède de ce qui se passe à Paris, lui rapporter les ragots mondains, les bons mots glanés ici et là, les injustices flagrantes des magistrats ou lui conter les horreurs de l'esclavage.

À Paris, elle ne manque pas non plus de distractions. Théâtre, opéra, dîners, bals et réceptions. Elle n'a pas le temps de s'ennuyer, et d'autant moins qu'elle se réfugie bien souvent chez ses parents, dans leur salon rue Bergère ou à Saint-Ouen où les Necker ont une résidence de campagne. En octobre 1786, la jeune femme est même du voyage de Fontainebleau, où la Cour se transporte une fois par an et passe plusieurs semaines au milieu de fêtes et de spectacles. Germaine est ravie : elle aime, elle adore « les plaisirs du monde », ce qui ne l'empêche pas de terminer et de publier en 1788 un ouvrage tout à fait sérieux sur les écrits et le caractère de Jean-Jacques Rousseau.

Cette vie mondaine compense le peu de bonheur qu'elle trouve dans le mariage. Dès ses fiançailles, elle avait averti sa mère : « je prévois des regrets de toutes les minutes... le bonheur viendra ensuite, viendra par intervalles, ne viendra jamais ». Désormais, c'est à son mari qu'elle confie ses sentiments : « je ne promets pas de l'amour ; je me crois incapable de ce sentiment. Mais je promets la tendresse la plus vraie... [1] » Et, dès lors, elle n'est pas non plus avare de reproches :

> Tu me fais de la peine en prenant une si mauvaise manière avec moi... Tu ne rends pas justice à mes qualités,

---

1. Voir la *Correspondance générale* – abrégée *C.G.* par la suite. Sur les premières années du mariage, vol. 1, *Lettres de jeunesse*, J.-J. Pauvert, 1962.

Le rendez-vous manqué

à la vérité de mon cœur. Tu te laisses emporter par l'humeur et par l'amour-propre. Rien d'aimable, rien de doux, rien de modeste ne vient à ton esprit ni à ton cœur. Tu me perdras si tu continues, et ce sera ta faute uniquement.

Eric Magnus, en effet, est taciturne et jaloux. Germaine le délaisse, fait l'erreur de lui confier des lettres sentimentales – ici à Guibert, le célèbre tacticien – qu'Eric s'empresse de décacheter et de lire, ce qui ravive sa jalousie. Lui non plus n'est pas très satisfait de son mariage. Sa femme lui échappe. À grand renfort de rhétorique, elle parvient à le persuader de sa vertu et de sa tendresse. Ses missives de l'époque sont des chefs-d'œuvre en la matière.

Quand son père est rappelé au ministère en août 1788, elle le suit à Versailles et s'implique décidément en politique. Ce rappel de 1788 est accueilli avec enthousiasme par l'opinion publique. Necker est vu comme celui qui remédiera à tous les problèmes. Il est le Sauveur, l'Ange tutélaire de la France, dont la gloire rejaillit sur sa fille de 22 ans. Grâce au retour au pouvoir de Necker, Germaine fréquente l'élite de la nation et fait son apprentissage de la haute politique, au moment même où la France entre en ébullition.

La première assemblée des notables s'est achevée sur un demi-échec, puisqu'elle a accepté quelques réformes mais en a refusé d'autres : les plus importantes qui ont trait aux finances ! Une seconde est convoquée afin de fixer les modalités de la réunion des États généraux du royaume, exigée par les parlements eux aussi en rébellion contre le gouvernement. Le 21 janvier 1789, madame de Staël informe ainsi Gustave III de la situation :

> La France est au moment de donner un grand spectacle à l'Europe. Il me semble que de tels spectateurs devraient

« L'amour est l'histoire de la vie des femmes »

donner de l'émulation, mais ce qui est à craindre, c'est l'esprit de corps, l'esprit de telle ou telle province, enfin toutes les subdivisions qui donnent un autre centre que le centre commun et diminuent la force de l'ensemble [1].

Germaine est aux premières loges pour suivre les discussions qui précèdent la formation de l'Assemblée nationale.

Pendant ce temps, monsieur de Staël est à Paris. Négligé, abandonné, et sans doute désormais réellement trompé, il est sujet à des sautes d'humeur. Germaine l'épargne et le respecte, mais c'est elle qui prend les initiatives, donne les ordres et fixe leur emploi du temps. Plus que lui, elle « vit dans un tourbillon de plaisirs et d'affaires » qui lui sied à merveille. La mort de sa fille en avril 1789 n'y change pas grand-chose, au contraire. Il faut chasser la douleur, bien réelle, et pour ce, se divertir.

À la douleur de la perte de sa fille s'ajoute bientôt celle de la disgrâce de son père, ce qui implique un nouveau départ, un nouvel exil. Le 11 juillet 1789 met un terme à la lune de miel entre Louis XVI et Necker. Influencé par ses proches, le roi en effet considère de plus en plus son ministre comme un rival, voire un traître et lui demande sa démission. Une véritable cabale s'est formée à la Cour pour accuser le seigneur de Coppet de tous les maux et de toutes les erreurs.

Quand il a accepté de prendre le timon des affaires en août 1788, Necker pressentait bien qu'il arrivait trop tard et qu'il lui serait difficile de redresser la situation. Crut-il en son génie ? Pensa-t-il vaincre les démons ? Germaine, en tout cas, n'a pas douté un instant que seul son père pourrait sauver la France. Et, elle impute cet échec à la

---

1. C.G., I, 2, p. 274. Pour de plus amples détails sur la vie conjugale de Mme de Staël, consulter ce volume.

Le rendez-vous manqué

cabale royaliste. Necker s'en va donc discrètement en Suisse, dans son château de Coppet. Sa fille doit le rejoindre d'ici peu. Mais trois jours plus tard, c'est la prise de la Bastille.

La Révolution était en germe depuis plus longtemps et plus précisément depuis le 5 mai 1789 et l'arrivée des représentants de la nation française, qui désiraient vérifier en commun leurs pouvoirs et abolir le vote par ordre – lequel condamnait le Tiers État à ne jamais avoir la majorité des voix et, partant, à ne pouvoir donner à la France une constitution. Le 14 juillet en devient le symbole. Et le buste de Necker arboré par le peuple en colère le 12 juillet précédent, en est l'emblème.

« Une forme pleine de grâce [1] »

À cette date, il ne fait aucun doute que Germaine a un amant : le comte Louis de Narbonne. Il n'est pas toujours présent, car sa charge de colonel, puis de maréchal de camp, entraîne des déplacements, des exercices, des missions, etc. C'est pendant une de ces absences, que madame de Staël flirte – on disait « agace » à l'époque – plus ou moins avec Gouverneur Morris, qui aurait désiré que Germaine ait une aventure sérieuse avec Talleyrand [2] :

> Nous parlons beaucoup de l'évêque d'Autun. Je souhaite savoir s'il parvient à la séduire, car le cas échéant, je tirerais profit des observations, en faisant la cour à madame de Flahaut... Elle [Germaine] me dit qu'elle invite plutôt qu'elle ne repousse ceux qui lui prêtent attention et ajoute peu après que je pourrais, peut-être, moi-même devenir l'un de ses admirateurs [3].

---

1. Cette formulation est de Mme de Staël, à propos de Narbonne. Lettre à De Gérando. *C.G.*, IV, p. 329. **2.** Talleyrand avait alors une liaison avec Mme de Flahaut. Or, Gouverneur Morris était amoureux d'elle et cherchait à la séduire. Il y parvient, mais doit hélas la partager avec son rival. **3.** *Journal de Gouverneur Morris*, I, p. 375. Gouverneur Morris avait perdu une jambe lors d'un accident. Tous, en France,

Le rendez-vous manqué

Morris se le tient pour dit, mais désire avant tout autre chose éloigner du Diable boiteux la séduisante Adeline de Flahaut. Il n'empêche. L'ambassadrice, vue par Gouverneur Morris, est peu farouche. Lors d'une autre soirée, et si l'on en croit Morris, elle lui lance « une œillade très enjôleuse », si bien que le gentleman new-yorkais la soupçonne de vouloir expérimenter ce que peut bien accomplir un unijambiste, originaire du Nouveau Monde.

Le libertin qu'est Morris se flattait trop vite de ses conquêtes à venir. Germaine semble être demeurée fidèle à Narbonne. Son attirance pour Talleyrand ne semble pas non plus avoir débouché sur une véritable liaison et s'est transformée en une amitié, qui ne s'est pas démentie pendant longtemps. En mars 1794, elle le décrira encore comme « un caractère méconnu, un esprit si orné, si charmant ». Au sortir de l'an II, cet ami si charmant, si irrésistible, elle va donc l'aider à revenir en France et à se faire une situation.

Le docteur Bollmann, un Allemand qui servira de passeur à Narbonne, quand ce dernier devra quitter Paris en août 1792 donne une idée plus précise des talents de l'un et de l'autre :

> Narbonne est un homme assez grand, un peu lourd, vigoureux, dont la tête a quelque chose de frappant, de supérieur. Il a un esprit, une richesse d'idées inépuisables ; il possède au suprême degré toutes les vertus sociales. Il répand de la grâce sur les choses les plus arides. Il attire irrésistiblement et enivre, quand il veut, une seule personne aussi bien que toute une compagnie. Il n'y avait qu'un homme en France digne de lui être comparé, c'est

---

pensaient qu'il l'avait perdue au cours de la guerre d'Indépendance, ce qui lui conférait une aura plus héroïque et combien romantique !

« L'amour est l'histoire de la vie des femmes »

son ami Talleyrand, ex-évêque d'Autun. Narbonne plaît, mais fatigue à la longue ; on pourrait au contraire écouter Talleyrand pendant des années. Narbonne cherche à plaire et on le sent ; Talleyrand parle sans le moindre effort et vit constamment dans une atmosphère de tranquillité parfaite et de contentement... [1]

Ces impressions si positives sur Talleyrand et son génie de la conversation rappellent en somme celles relatives à Germaine de Staël, dont témoigne la comtesse de Tessé : « Belle, laide ? Je ne sais, je l'écoutais et je crois n'avoir jamais vu que ses yeux et sa bouche. Si j'étais reine, j'ordonnerais à Mme de Staël de me parler toujours [2]. »

On comprend mieux l'attrait que suscitait Talleyrand sur la reine de l'esprit que devient peu à peu Germaine. Mais ce n'était pas tout à fait réciproque, et même si Talleyrand ne bannit Germaine de sa vie qu'après être sûr et certain de sa carrière et de sa fortune.

---

1. Mme de Staël, *Lettres à Narbonne*, Gallimard, 1960, p. 498-499.
2. Léon Noël, « Madame de Staël et Talleyrand », *Cahiers staëliens*, n° 24, 1978, p. 4-21.

Remous révolutionnaires

Entre-temps, la Révolution poursuit son cours mouvementé. Des partis ou factions se forment, se déchirent et luttent pour le pouvoir. Germaine et ses amis partagent les idéaux de liberté proclamés en 1789 et croient en une monarchie constitutionnelle. Ils sont proches des Feuillants, les révolutionnaires modérés du type Barnave, qui privilégient la liberté sur l'égalité. Dès lors, ils sont ennemis des Jacobins – perçus comme des « enragés » [1]. C'est dans ce contexte, que, remuante comme jamais, Germaine se démène pour que son amant accède à une place de premier plan. Elle le verrait bien ministre ! De préférence, ministre des Relations extérieures, cela serait digne d'une ambassadrice !

Finalement, Narbonne sera nommé ministre de la Guerre en décembre 1791 [2]. Enthousiaste, il se lance aussitôt dans l'action, réorganise les armées, fait l'inspection des troupes, etc. Mais en mars 1792, une cabale royaliste

---

1. Il semblerait que ce soit Louis XVI lui-même qui parle d'enragés au tout début de la Révolution. Les constitutionnels lui empruntent cette dénomination un peu plus tard. **2.** Louis XVI aurait refusé de donner le ministère des Relations extérieures à Narbonne par crainte des indiscrétions de Mme de Staël. Quant à Narbonne, il l'aurait

« L'amour est l'histoire de la vie des femmes »

pousse à son renvoi. Démis de ses fonctions, avant même d'avoir terminé ce qu'il avait à faire, il n'emporte pas non plus avec lui les regrets des révolutionnaires avancés. Attaqué de toutes parts, il hérite d'une réputation détestable – bien que pour une part infondée – et court les plus grands dangers lors de la révolution du 10 août 1792, qui renverse la monarchie. Heureusement, madame de Staël est là pour le cacher et l'aider à s'enfuir en Angleterre.

Au lendemain de la prise des Tuileries, c'est donc elle qui protège ses amis menacés par la fureur populaire. Elle parvient à obtenir des passeports et le docteur Bollmann réussit à faire embarquer Narbonne pour Douvres. D'autres amis ont besoin d'aide. Tels Mathieu de Montmorency, François de Jaucourt ou Lally-Tolendal. Germaine est présente pour tous ; assaille les bureaux de l'Hôtel de Ville ; harcèle le procureur syndic Manuel et lui découvre opportunément des goûts littéraires, ce qui les rapproche et facilite le soutien de celui-ci à la « bonne cause ». Par la suite, éloignée de Paris, elle sera toujours là, prête à soutenir tous ceux qui lui demandent de l'aide. Jusqu'en 1795, elle favorise leur évasion avec de faux passeports, des déguisements, des passeurs *via* un réseau, dont elle révèle les rouages à la princesse d'Hénin :

> Tout le secret de cette entreprise suisse est fort simple... On choisit une femme dont le signalement est pareil ; elle prend un passeport pour aller et revenir de Paris pour une affaire de commerce... La femme suisse va à Paris, fait viser son passeport, en entrant à la frontière, va à sa section et à la Commune de Paris faire apposer des visas pour repartir, et cède son passeport, son extrait de baptistaire,

---

souhaité, afin de rétablir ses finances. *Journal de Gouverneur Morris*, III, p. 391-92.

ses lettres de bourgeoisie, tous ses papiers qui l'attestent Suisse à la dame qu'on veut sauver, et en passant par une autre route, rien ne peut faire qu'elle soit arrêtée. Il n'y a pas eu encore d'exemple d'un tel malheur, mais dans ce cas même, j'ai promesse d'un excellent homme, qui commande le cordon de la frontière suisse, de réclamer comme Suisse, et telle est la singulière coquetterie des Français pour les Suisses, qu'ils ont relâché et renvoyé sur la demande d'une simple commune, un homme qui avait un passeport suisse si mal arrangé, qu'il était impossible de n'être pas sûr qu'il était français... Un homme est moins cher à sauver, parce qu'on n'envoie qu'un homme, et que pour une femme, il faut l'homme et la femme [1].

Le 2 septembre 1792, alors que s'amorcent les massacres des prisons, c'est elle-même qu'elle doit sauver. Elle, son fils et son enfant à naître, car elle est enceinte. À nouveau, Manuel la protège. Encore un qu'elle a su attendrir et séduire ! Et c'est Tallien en personne qui l'accompagne jusqu'à la sortie de Paris [2]. C'est là son premier exil.

Des exils, certes, elle en a déjà vécu. C'était ceux de son père ! En 1781, quand il fut démis de ses fonctions ; puis en 1787, quand il fut banni pour avoir désobéi au roi dans la querelle qui l'opposait à son rival Calonne ; et le 11 juillet 1789, avant qu'il ne prenne sa retraite définitive en septembre 1790. Chaque fois, c'est un drame pour la famille Necker, et tout particulièrement pour leur fille, qui supporte très mal les longs séjours, et surtout les hivers, à la campagne, humiliée de surcroît que son grand homme de père soit renvoyé sans plus d'égards. De quoi douter de la stabilité des choses humaines !

---

1. *C.G.*, III, 1, pp. 30-32. Pour plus de détails encore, p. 65-66. Ces opérations datent de 1794. **2.** Manuel et Tallien font alors partie des Jacobins et sont membres de la Commune de Paris.

« L'amour est l'histoire de la vie des femmes »

Entre septembre 1792 et mai 1795, elle évite Paris, trop dangereux, mais ce n'est pas de gaieté de cœur. L'exil, ça veut dire en effet l'éloignement de la capitale ; la perte de ses amis, de son salon, de sa vie mondaine et politique, de sa véritable patrie. C'est pour Germaine une douloureuse punition : la pire qui soit ! Napoléon le comprendra fort bien, tout comme ses ennemis.

« Vous ne m'aimez plus » !

En septembre 1792, madame de Staël quitte Paris pour Coppet avec sa femme de chambre. Elle est enceinte pour la deuxième fois de Narbonne. Son premier fils, Auguste, est né en août 1790. Son mari, qui a du reste été rappelé en Suède dès mars 1792, fait semblant de croire que ces enfants sont de lui. Germaine le lui laisse penser. Elle accouchera en novembre d'un second garçon, nommé Albert. Impatiente de rejoindre Narbonne qui se trouve à Juniper Hall dans le Surrey, elle le bombarde de lettres et se lamente sur un accouchement qui se fait par trop attendre. C'est que Narbonne lui manque terriblement.

Avec le temps et la distance, le galant chevalier s'avère être un piètre correspondant. Leurs lettres, qui ont été miraculeusement sauvées de la censure familiale, révèlent en de multiples détails, ce qui préoccupe l'amoureuse délaissée. Isolée de tous, critiquée par une mère de plus en plus acariâtre, et peu soutenue par un père qui n'approuve pas sa liaison et son désir de partir rejoindre son amant, Germaine est dans tous ses états. Elle supplie, tempête, menace. Alors se révèle son véritable caractère, exigeant et exalté, colérique et passionné. Il n'a rien pour enchanter le comte Louis.

« L'amour est l'histoire de la vie des femmes »

Mais il y a pis. La Révolution qui a d'abord réuni et rapproché entre eux les nobles libéraux, et, partant, les constitutionnels, adopte peu à peu un cours qui les éloigne les uns des autres. C'est perceptible dans les préoccupations de Narbonne qui sont à mille lieues de celles de Germaine. En 1792, notamment, quand sonne l'heure du procès du roi, Narbonne ne songe plus du tout à son amie, à ses amours et à leurs projets de voyage, mais à son honneur, à son devoir et à sa gloire. Face à lui, Germaine exprime à longueur de pages et à grand renfort d'hyperboles son amour, sa passion et son impatience de retrouver l'être aimé. Les projets héroïques de Louis trahissent ses attentes. Elle l'exige vivant et tout entier à elle et à leurs fils. Or, lui veut sauver le roi au péril de sa vie. Cette distance qui s'établit entre eux ébranle leur relation. Germaine réagit violemment, fait du chantage au suicide, fulmine et invective : l'attitude de Narbonne dévoilerait un besoin incongru de paraître ; une soif d'éclat et un devoir factice de se montrer. Ce serait ni plus ni moins une « donquichotterie » qu'il qualifierait faussement d'honneur et de vertu. Pis. Alors qu'il ne songe qu'à sauver la monarchie, Germaine n'exclut pas l'idée de se rallier à la république, ainsi qu'en témoigne une lettre du 18 novembre 1792. Et de s'étonner de la froide réserve de son amant : « vous ne m'aimez plus » !

Du point de vue politique, elle est moins pessimiste et affiche une compréhension plutôt réaliste des rapports de force, puisqu'elle prévoit que, d'ici deux ans, l'orage se sera calmé. Contrairement à Narbonne, déprimé par l'incapacité où il est d'agir, et qui devient apathique et dépressif, elle ne perd pas espoir. Quand elle réussit enfin à le rejoindre en Angleterre le 20 janvier 1793, à la veille de l'exécution du roi, Narbonne ne croit plus en rien.

Le rendez-vous manqué

Mathieu de Montmorency, autre ami fidèle du couple, est dans le même état. Les deux hommes se reprochent d'avoir cru en la Révolution ; d'avoir voulu réformer la monarchie française et mettre en œuvre les principes les plus généreux. Ils se considèrent même comme responsables de la chute des Bourbons, et pis, de la mort de Louis XVI et sont rongés par les remords, ce qui n'est pas le cas de l'entreprenante dame de Coppet.

Envers et contre tous, Germaine part donc pour Juniper Hall et y passe quatre mois très agréables, entourée de ses amis et aux côtés de Narbonne. Son père et sa mère ne voulaient pas de ce voyage et de ce séjour, mais elle est partie malgré leur opposition. Indifférente au scandale et aux commérages, la fille de Necker a de la suite dans les idées et se soucie peu des convenances. Elle est plus que jamais persuadée qu'une femme doit suivre les élans de son cœur et agit en conséquence.

Les témoins précisent du reste que, désormais, sa liaison avec Narbonne « n'est que de l'amitié la plus respectable [1] », ce qui n'empêche pas les Anglais pudibonds d'être choqués par cette colonie française où cohabitent hommes et femmes. Choqués aussi de la vilaine réputation de démocrate que traîne avec elle Germaine. Ce qui finit par éloigner d'elle la romancière anglaise Fanny Burney, avec qui elle sympathisait. Les parents de la dame lui interdisent de fréquenter cette femme infréquentable. En terre d'Albion, on ne badine pas avec la morale ! Et l'on a beau être libéral, on n'est pas démocrate !

De retour en Suisse, Germaine propose au père de ses enfants de l'aimer « avec passion et dévouement, avec tous

---

[1]. Le chevalier d'Arblay, proche ami de Narbonne et futur époux de Fanny Burney, le précise à un de ses correspondants.

« L'amour est l'histoire de la vie des femmes »

les genres de sentiments de l'âme ». Si ses priorités diffèrent fort de celles de Narbonne, elle ne l'incite pas moins à reprendre goût à la vie en se consacrant à un ouvrage sur l'histoire récente, sur les constitutionnels, sur la Révolution. Elle rédige pour lui le plan de l'ouvrage et lui suggère le contenu des chapitres. Un tel ouvrage lui permettrait de devenir « chef de l'opinion ». Une nouvelle carrière politique, en somme ! Ce n'est pas vraiment ce qu'ambitionne le guerrier au repos et Narbonne ne donnera pas suite. D'autres objets plus terre à terre le préoccupent, et sur ce point, il n'est malgré tout pas si éloigné de sa maîtresse.

La Révolution a bouleversé des centaines de milliers de vies, c'est bien connu. Mais elle a encore bouleversé les fortunes. Sur ce sujet, les allusions sont légion dans la correspondance. Madame de Staël s'inquiète constamment et sérieusement de sa fortune et de celle de son père. Les biens de Necker en France, on l'a dit, ont été confisqués par la Convention, mais aussi ceux de Narbonne – et de leurs amis. Germaine a réussi à sauver quelques objets précieux avant de quitter la France, mais la majeure partie des revenus de Narbonne et de sa famille se trouve à Saint-Domingue, elle aussi en révolution. Les émigrés ont pour la plupart perdu leurs ressources. À Londres, Talleyrand est ainsi contraint de vendre sa bibliothèque pour partir aux États-Unis ; d'autres vendent leur cave à vin ; d'autres encore, qui n'ont rien à vendre, se font précepteurs ou professeurs, mais tous crient misère.

Madame de Staël doit elle-même quitter l'Angleterre par manque de fonds. Mais c'est pour une tout autre raison : son père lui coupe les vivres pour l'encourager à sagement rentrer à la maison. Les parents de Germaine veulent en effet éviter qu'elle prolonge son séjour en Angleterre. Inversement, c'est au nom de sa fortune que Narbonne demeure en Grande-Bretagne [1] et retarde indéfiniment son voyage en Suisse, ce qui irrite fort la dame de Coppet.

Une autre distance – culturelle ou socioculturelle – sépare les deux amants en 1793 et est matière à bien des irritations d'un côté comme de l'autre. C'est celle qui devient évidente, quand Germaine se met en tête de préparer le voyage de Narbonne en Suisse, afin qu'il ne coure aucun danger durant le périple. Avec la Révolution et la guerre qui s'étend à partir du 1er février 1793 à tout le continent européen, les voyages deviennent en effet de plus en plus hasardeux. Non seulement, il faut avoir un passeport pour se déplacer, mais certaines personnalités sont recherchées, soit par un camp soit par un autre. Germaine craint ainsi de voyager en Allemagne où se trouvent des foyers d'émigrés qui seraient ravis d'enlever ou de tuer la fille de Necker – perçu par eux comme responsable des événements.

En vérité, les constitutionnels sont pourchassés à la fois par les troupes régulières *et* par les émigrés ; à la fois par les Jacobins *et* par les royalistes ; à la fois par les Français *et* par les étrangers. Madame de Staël a encore à l'esprit la captivité de La Fayette – qu'elle tente à plusieurs reprises, mais en vain, de faire libérer [2]. Le trajet Angleterre-Suisse n'est pas non plus de tout repos. On peut soit passer par Hambourg, soit par la Belgique ou la Hollande – puisqu'il vaut mieux éviter la France. La Belgique est en guerre. Tantôt occupée par les Français, tantôt occupée par la coalition. Depuis le 1er février 1793, le Stadhouder des Provinces-Unies et la France sont eux aussi en guerre.

---

1. Il pensait avoir plus de chances d'y embarquer pour Saint-Domingue. Qui plus est, si les Anglais prenaient l'île, peut-être y aurait-il un moyen de récupérer ses biens ! **2.** Notamment via des diplomates américains, comme Gouverneur Morris ou John Jay.

« L'amour est l'histoire de la vie des femmes »

Pour courir moins de risques, le mieux est d'avoir un passeport établi sous un faux nom. Or, Narbonne refuse catégoriquement de prendre un pseudonyme et de voyager incognito. Il y va de son honneur ! Scrupule que ne comprend pas Germaine, qui s'agace et s'indigne. Que son amant la sacrifie à son honneur lui est insupportable ! Mais contrairement à Narbonne, qui gémit sur ses lauriers, elle n'en agit pas moins. S'il est une qualité qu'on peut lui reconnaître, c'est bien son action en faveur de tous ceux dont la liberté est menacée. Pour sauver des vies, tous les stratagèmes sont bons et il semble bien que ce soit elle qui les invente et les finance, ainsi que le démontre la lettre susnommée à la princesse d'Hénin.

Ce besoin d'activité et cette générosité compatissante cohabitent paradoxalement avec une mélancolie profonde et une désolation qui ne l'est pas moins. L'activité, avoue-t-elle, lui est nécessaire pour ne pas penser, pour ne pas « sentir la vie goutte à goutte ». Quand ce ne sont pas de simples distractions ou des conversations entre amis, cette activité se met au service des autres. Narbonne ne lui en est pas toujours reconnaissant. Il a tendance à oublier les services rendus ou à les minimiser. Et surtout, il trahit ses promesses. Onze mois que Germaine l'attend, et il n'est toujours pas là.

Un Brutus scandinave

Au printemps 1794, alors que Narbonne est encore et toujours en Angleterre, hésitant sur la marche à suivre, Germaine lui apprend qu'elle a rencontré quelques mois plus tôt un homme d'une incroyable beauté. Cet homme est tombé fou amoureux d'elle. Il s'appelle Adolphe de Ribbing, est issu d'une très ancienne famille de Suède, proche de la cour et de la monarchie. À en croire ses lettres, Germaine s'est très vite enflammée. Il est vrai qu'Adolphe est un personnage autrement plus romantique que Narbonne. Et puis, Narbonne vieillit et s'amollit ; il s'avère ne pas être le grand homme qu'il promettait d'être, ni le héros dont rêvait Germaine.

Ribbing, lui, a véritablement accompli un acte héroïque : il est régicide ! Il fait partie des nobles qui ont assassiné Gustave III de Suède en mars 1792. Suite à son crime, il a été condamné à mort, puis gracié et banni à vie. Et enfin, il est jeune, du même âge que Germaine. De quoi enflammer l'imagination de celle-ci ! Il faut parcourir les lettres où elle parle de cette rencontre, pour comprendre qu'elle aussi est follement amoureuse. Mais pour l'instant, elle se laisse aimer. Au fil des lettres et des aveux, Narbonne se fâche et juge madame de Staël immorale. Il lui reproche même d'être « un être indéfinissable », ce à quoi elle

« L'amour est l'histoire de la vie des femmes »

réplique : « Non, je n'ai pas été coquette pour lui, mais j'aurais voulu, je voudrais encore lui donner ce cœur que vous rejetez. »

C'est qu'elle a le sentiment que Narbonne la délaisse. Il renie ses promesses. Et elle a beau tempêter, il n'est toujours pas là, à ses pieds. Elle a décidément perdu confiance en lui. Il devient peu à peu l'homme qui lui a fait « le plus de mal au monde ». Celui qui ne l'aime plus et qui a éteint en elle toute confiance. Et de conclure sur un ton agressif : « je suis prête à me donner à M. de Ribbing ». Le charme est rompu entre Louis et Germaine, qui découvre désormais en son amant une incroyable faiblesse de caractère – opposée évidemment à la grandeur d'âme de Ribbing : « un caractère romanesque et, cependant, facile à vivre » !

En avril, Narbonne tente encore de la reconquérir, la réaction est cinglante : « vous dites que c'est avec le cœur que vous m'avez aimée. Je regarde en arrière et je vois que j'ai joui de votre esprit, de votre charme, mais je cherche ce que vous avez fait pour mon bonheur ». Il est vrai qu'en dépit de ses promesses, il ne l'a toujours pas rejointe. Qui plus est, il affiche une grande indifférence pour ses fils et fort peu de passion à son égard.

À force de manifester sa flamme, de l'aimer avec fureur et de multiplier les preuves d'amour – il s'est même battu en duel pour elle –, Adolphe obtient gain de cause. Germaine cède fin avril 1794. Elle devient la maîtresse du beau Suédois, du Brutus scandinave ! Quelques jours plus tard, comme s'il avait pressenti l'affront qui lui est fait du côté de la Suisse, Narbonne traite Germaine de : « la plus méprisable de toutes les filles ». L'insulte est brutale et Germaine de rétorquer : « Vous appelez *la plus méprisable de toutes les filles* une personne dont le seul tort au monde est de vous avoir aimé avec une idolâtrie qui n'a pas d'exemple sur la terre ».

Les injures fusent tout comme les regrets : « vous devez être bien malheureux, soupire-t-elle, pour être aussi atroce. J'ai rêvé apparemment ce que j'ai cru être vous... nos âmes ne s'entendent plus... cessons de nous écrire ». La rupture définitive est proche. Une liaison de six années est brisée. Ce qui n'empêche pas Germaine d'essayer de sauver la fille de son amant des geôles révolutionnaires.

Mais, soudain, au moment où la « Terreur » bat son plein à Paris et où Robespierre ne va pas tarder à être renversé, le comte Louis se décide enfin à traverser l'Europe et à rejoindre la Suisse.

La place est désormais occupée par Ribbing. Narbonne arrive le 24 juillet et séjourne quelques jours à Genève ; Ribbing doit partir le 28 ou le 29. Les deux hommes se sont-ils rencontrés ? Ont-ils pêché ensemble comme le veut la légende ? Ont-ils sympathisé ? Il semblerait que non, puisqu'ils ne résidaient pas au même endroit [1]. Germaine serait parvenue à les éloigner l'un de l'autre. Mais ils ne se sont sans doute manqués que de justesse. L'arrivée de Narbonne tombe décidément mal.

Adolphe est sur le point de rejoindre sa mère à Zurich. De quoi plonger Germaine dans le désespoir ! Elle le soupçonne de « partir pour ne plus revenir ». Depuis le mois de mai précédent, elle ne cesse en effet de découvrir des incohérences dans la conduite du beau régicide. Il dit l'aimer, mais ne se presse pas à sa porte. Durant ce mois de mai – tout juste après qu'elle a cédé à ses avances – il lui semble fuyant : « Ça fait un mois que je vous conjure

---

[1]. *Lettres à Ribbing*, p. 119-121 (annotation de Simone Balayé contre l'interprétation de Fédor Golovkine).

« L'amour est l'histoire de la vie des femmes »

de revenir ici » ! Mais en vain. Il dit attendre sa mère, qui tarde à arriver. « Il est passé le temps où je vous voyais sans cesse ! Vous êtes heureux, vous n'avez plus besoin de moi. »

À l'arrivée de sa famille, il ne se presse pas non plus pour venir consoler sa maîtresse, qui vient de perdre sa propre mère et qui souffre énormément de la haine que la mourante a témoignée à son égard. L'événement a été terrible et Germaine en est atrocement malheureuse :

> Son caractère s'est altéré ou s'est développé, mais elle m'a repoussée de sa chambre et je n'ai pas pu la voir depuis quinze jours que je suis de retour ici. Je m'étonne de la constance de la haine, c'est le seul sentiment durable dans la nature.

Mme Necker imputait même sa maladie à Germaine, et, le 22 mars précédent, lui avait fait une scène affreuse à propos de sa liaison avec Narbonne : « Ma fille, je meurs de la douleur que m'a causée votre coupable et public attachement. Vous en êtes punie par la conduite de son objet envers vous [1]. »

Au même moment, Germaine reçoit la lettre susmentionnée de Narbonne qui, lui aussi, lui fait une scène à propos de l'homme du 16 mars : Ribbing. Elle en a parlé avec le beau Suédois et l'a prié de la rejoindre au plus vite. Mais le Brutus moderne se fait décidément attendre.

> Vous voulez mon bonheur... Vous l'avez juré. Hé bien ! Il dépend uniquement de vous voir sans cesse. Tout ce que vous ferez pour cela, satisfera mon cœur, toute autre idée, tout autre calcul l'affligera, le blessera ou le troublera...

---

1. *Ibid.*, p. 107-111 ; p. 112-117.

Le rendez-vous manqué

Il vient enfin en juin, avec sa mère et l'amant de celle-ci. Mais c'est pour repartir en juillet. À cette date, Germaine s'interroge sérieusement sur les sentiments de son Adolphe, sur l'étendue de son amour. Puis arrive une lettre qui la rassure : « Je me suis répété que vous m'aimiez, que ces yeux qui n'ont dit que la vérité se sont attachés sur moi avec un sentiment de tendresse... Là est mon refuge contre les orages de la vie. »

Et de doter son amant de toutes les qualités : « vous avez un caractère idéal de perfection et de charmes. Vous avez une expression de sentiment qui remplit l'âme de la plus douce, de la plus vive des jouissances [1] ».

À la mi-août, Adolphe se décide enfin à la rejoindre. Jusqu'au 7 septembre 1794, madame de Staël et son Brutus moderne vivent trois semaines idylliques, avant de se promettre de se retrouver dans six mois. Adolphe part au Danemark. Il pense y être mieux accueilli qu'en Suisse, où la situation est devenue orageuse. À Genève, la terreur est à l'ordre du jour et le tribunal révolutionnaire genevois multiplie les procès. La famille Necker est menacée. Les égalisateurs « assassinent à la française », s'affole Germaine. Inquiète, Berne refuse d'accueillir de nouveaux émigrés et pourchasse les autres. Les régicides y sont encore moins tolérés que les royalistes. Pendant ce temps, Narbonne tourmente Germaine à propos de sa liaison et cherche à la reconquérir.

---

1. *Lettres à Ribbing*, p. 80-81 ; p. 83-85.

« Le premier esprit du monde »

C'est dans ce contexte angoissant que, de retour de Zurich où elle a raccompagné Adolphe, Germaine rencontre chez des amis, les Cazenove d'Arlens : « un homme de beaucoup d'esprit... pas trop bien de figure, mais singulièrement spirituel ». Cet homme, c'est Benjamin Constant, qui tombe immédiatement amoureux de la célèbre baronne, et ne tarde pas à délaisser son amie, la spirituelle Isabelle de Charrière – alias Belle van Zuylen, elle aussi femme de lettres et critique acerbe de son temps. Sous le charme de la dame de Coppet, Benjamin la suit à Mézery où elle s'est réfugiée avec ses amis et Narbonne. Survient enfin madame de Laval, la mère de Mathieu de Montmorency que madame de Staël vient d'arracher de prison. Et cette dame qui approche de la cinquantaine s'amourache du comte Louis au point d'oublier toute reconnaissance et toute décence vis-à-vis de son hôtesse et bienfaitrice [1]. Dans cette atmosphère électrique, le grand homme de la Constituante, le ci-devant

---

[1]. Certains auteurs pensent que madame de Laval est une ancienne maîtresse de Narbonne, qui souhaite le reconquérir. Notamment, Emile Dard, *Le comte de Narbonne*, Plon, 1943, p. 50. Le fait est que Narbonne se laisse séduire et rompt définitivement avec Germaine – à la grande satisfaction du nouveau soupirant : Benjamin Constant.

Le rendez-vous manqué

ministre de la Guerre, l'ancien héros de Germaine fait une fois encore piètre figure et affiche une faiblesse de caractère insensée, puisqu'il se laisse séduire par une « bergère de cinquante ans » sous le toit de celle qui les accueille. La situation est telle que les deux anciens amants en viennent aux injures et se quittent définitivement fâchés. La place est libre pour le jeune Benjamin.

Quant au Brutus suédois, ses premières lettres du Danemark sont plutôt froides. Celles d'octobre 1794 le sont à tel point qu'elles désespèrent Germaine. En vérité, Ribbing va s'avérer plus volage encore que ne l'était Narbonne et le surpasser en matière d'oubli de serments.

Il est avant tout d'une mauvaise foi criante. Le voilà qui reproche à Germaine de tromper son mari – alors qu'il sait très bien depuis les tout débuts qu'elle est mariée, ce qui ne l'a freiné en aucune façon quand il la désirait ! Il lui avait promis de rester en Suisse jusqu'au printemps, et le voilà qui s'enfuit dans le grand Nord. Il rêvait de s'établir en France et au moment où cette solution devient envisageable, le voilà qui tergiverse et refuse de quitter le Danemark. Déçue, madame de Staël lui écrit : « je l'avais prévu. Je vous ai trop fait voir avec quel excès je vous aime. J'ai détruit ainsi le charme qui vous retenait ». Elle a bien essayé de conjurer le sort : « Ah ! mon Adolphe m'aime, car il serait indigne de son caractère de s'exprimer ainsi s'il n'était pas résolu à revenir près de moi, à lier ma vie à la sienne. »

Mais le grand caractère que laissait prévoir l'acte du régicide, elle le cherche en vain chez l'amant comblé qui semble bien avoir « la légèreté du commun des hommes ». Au début de la relation, elle se plaisait à croire que tout était possible – établissement fixe, divorce et remariage.

« L'amour est l'histoire de la vie des femmes »

Or, exilé à vie, dépouillé de ses biens et condamné à vivre avec le souvenir du régicide, Adolphe de Ribbing aspire tout au fond de lui-même à être oublié et à vivre loin des hommes et de la société. Il ne recherche ni l'éclat, ni la gloire dont rêve encore et toujours Germaine. Dans une lettre à un de ses amis, il précise ainsi qu'il a pris le parti du calme et de la tranquillité. Il en est arrivé au point où en était arrivé Voltaire quelques décennies plus tôt : de cultiver son jardin [1].

C'est compter sans Germaine, qui ne l'entend pas de la même oreille. Elle a trouvé son héros, son grand homme et désire que cela se sache. Notamment à Paris. Celle qui dit éprouver un vrai plaisir « dans l'éclat de ce que j'aime », ne cesse donc de l'inviter à agir : « Je crois que tu pourrais, si tu le voulais, y jouer [en France] un rôle très brillant, prononcer ta vie, publier tes mémoires et te faire connaître de tout le monde comme tu l'es de tes amis [2] ». On se souvient qu'elle incitait également Narbonne à sortir de son apathie, à rédiger un ouvrage sur les constitutionnels et à reprendre une place de premier plan parmi ses contemporains.

Ribbing, pas plus que Narbonne, n'en a ni le courage ni l'envie. Cette insistance est plus compréhensible quand on comprend que, par le biais de son amant, madame de Staël compte consciemment ou inconsciemment jouer à nouveau un rôle à sa mesure. Faute de pouvoir agir directement, ce qui est interdit aux femmes de l'époque, elle aspire à entrer en politique par le truchement de celui qu'elle aime.

La relation de madame de Staël avec Ribbing et son amitié avec Benjamin Constant coïncident du reste avec

---

1. *Ibid.*, p. 232-234 ; p. 377-379. **2.** *Ibid.*, p. 232-233.

Le rendez-vous manqué

son évolution croissante vers le républicanisme. Déjà, en 1792, la République était apparue à Germaine comme une alternative possible à « la monarchie tempérée », mais au contact de ses deux amoureux, fort peu royalistes, la Franco-Genevoise protestante, déjà ouverte aux principes démocratiques et à ceux de liberté, se fait donc peu à peu républicaine. Reste, il est vrai, à persuader le gouvernement français de ce républicanisme.

À la chute de Robespierre et avec la Constitution de l'an III, un retour en France redevient en effet envisageable. Germaine se plaît alors à imaginer une France dépouillée de ses démons et accueillant à bras ouverts les étrangers qui désirent y vivre tranquillement. Sans nul doute, le bel Adolphe y aurait sa place et pourrait jouer un rôle très brillant ! Et son égérie avec lui !

« Mon cœur croyait à vos promesses »

Tout au long de cette année 1794-1795, les deux amants font donc nombre de projets, pas toujours parallèles. Le premier concerne évidemment leur établissement. Se fixeront-ils en Suisse ? Au Danemark ? En France ? Ribbing penche pour le Danemark, où sa mère lui a offert une belle propriété et où il cultive littéralement son jardin. Germaine opte pour la France et tente de convaincre Adolphe que sa véritable place est là-bas. Dans ce cas, ne serait-il pas utile que Germaine divorce afin de pouvoir se remarier avec Ribbing ? Il en est question tout au long des derniers mois de 1794. Mais ce n'est pas si simple. Il lui faut le consentement de son époux et de son père. Sinon, elle risque de perdre la garde de ses enfants et sa fortune. Or, Germaine a beau aimer Ribbing, elle n'envisage à aucun moment de renoncer à ses enfants. Ce qu'elle veut avant tout « ce sont mes enfants et ma liberté ».

Et sa liberté, elle la doit à sa fortune ! Sans fortune, aucune véritable liberté pour une femme du XVIIIe siècle ! Germaine en est plus que jamais consciente. Le dilemme est cornélien. Qui plus est, elle ne peut abandonner son père adoré, qui vient de perdre sa femme et en est désespéré. Et puis, qui dit que Ribbing sera fidèle ? Qui dit qu'il

Le rendez-vous manqué

ne la délaissera pas comme l'a fait Narbonne ? Les hommes sont volages et inconstants. Elle l'a appris à ses dépens. Une fois leur but atteint, ils rétrogradent ! Et ce qui était un but leur devient alors un lien – et, partant, une servitude [1]. Il lui faudrait « une explication franche » qui la libère de ses incertitudes.

En dépit de ces querelles, de ces hésitations, les deux amants échangent leur portrait ou pour le moins, se préparent à l'échange de leur portrait réciproque. Adolphe désire celui de Germaine, qui tarde à arriver, et Germaine reçoit celui d'Adolphe, ce qui ravive ses sentiments :

> Je vous aime avec idolâtrie. Tout ce qui est à moi est à jamais à vous... Je t'aime à la folie et je ne veux pas que nous continuions à nous faire de la peine réciproquement. J'ai lutté longtemps contre la passion que j'avais pour vous ; plus je voyais qu'il ne me restait pas une seule ressource contre vous, que mon cœur, mes yeux, mon esprit étaient également captivés, plus j'étais effrayée de la dépendance où j'allais me trouver. J'ai essayé de me dominer et vous avec moi ; tous ces projets sont inutiles, il faut vivre pour vous, appuyer toute sa vie sur vous et cet excès de sentiment entraîne nécessairement l'abandon absolu de sa volonté. France, Danemark, Amérique, amour, divorce, mariage, tout dépend de votre désir [2].

Mais dans une lettre suivante, Germaine tergiverse. Toujours pour la même raison : ses enfants et sa fortune ! Et sans doute aussi à cause de son amour pour la France et

---

1. Ce serait là la loi du désir, selon Constant. Voir Todorov, *Benjamin Constant*..., p. 97. Ailleurs, il ajoute : « en l'absence de tout obstacle, le désir meurt ». Vis-à-vis de Ribbing, on a vu Germaine partager ces convictions ou pour le moins les reprendre à son compte. **2.** *Lettres à Ribbing*, p. 195 ; p. 198.

« L'amour est l'histoire de la vie des femmes »

de l'attraction irrésistible de Paris, où résident la plupart de ses amis *et* où se trouvent encore et toujours les deux millions de Necker.

Pour ce qui est du portrait d'Adolphe, « il est superbe mais pas assez doux. C'est absolument la tête du Brutus de vos lettres depuis un mois ». En échange, Germaine souhaiterait lui faire parvenir une miniature d'Isabey – le futur peintre de la famille impériale – mais il met un temps fou à arriver. Elle en fait faire un autre plus complexe et plus ambitieux, qui trahit son tempérament hautement romanesque – voire romantique : « elle y est à demi étendue dans un parc. Derrière elle, un feuillage s'estompe dans un brouillard roux. Elle porte une robe de mousseline blanche décolletée, ceinturée de taffetas bleu ; les longs cheveux blancs poudrés et bouclés tombent sur les épaules. Dans sa main droite, elle tient... la lettre de Ribbing condamné à sa mère ». Adolphe conserva le portrait. Il y colla, comme Germaine le lui avait demandé, les vers qu'elle lui envoya séparément. Le peintre en est inconnu, mais le portrait subsiste. Et il dit bien ce qui en Ribbing subjuguait Germaine [1] !

Entre-temps et sur les instances de sa maîtresse, le beau Suédois a commencé ses mémoires et lui en a confié la conclusion. Ici encore, elle établit un parallèle entre la destinée d'Adolphe et celle de Brutus. La liaison n'en est pas pour autant devenue plus paisible et plus intense. Ribbing affirme vouloir ménager monsieur de Staël, à l'indignation de sa correspondante : « Dites-moi, je vous en conjure..., ce qu'il y a de changé depuis Nion [2]. Mon Adolphe alors

---

1. *Lettres à Ribbing*, p. 204-205 (notamment note 4) ; p. 238. L'original du portrait se trouve dans une collection privée, mais il y en a une miniature, montée sur une broche à Coppet. **2.** Nion ou Nyon, à une trentaine de kilomètres de Lausanne et près de Kirchberg, où ils ont couché ensemble pour la première fois.

n'était pas si scrupuleux et ce cœur si délicat peut-il trouver que j'ai perdu mes droits sur lui parce que je lui ai confié ma destinée. Vous consentiriez à un divorce, à m'épouser, ce qui serait horrible à M. de Staël qui aime un peu ma fortune et vous ne voulez pas rester le premier objet de mes sentiments, quand, malheureusement, vous ne lui ôtez rien, puisque de la vie, il ne l'a été [1] ». Sophismes que ces arguments d'un amant las de sa maîtresse ! C'est là ce qui s'insinue peu à peu dans son esprit !

En réalité, non seulement Ribbing désire une vie paisible et sans histoire, mais il souhaite avant tout se marier et avoir un fils. C'est ce qu'il avoue en juillet 1795, alors que, depuis le 18 avril de la même année, Germaine a renoncé au divorce. Juste avant, et l'instant d'une hésitation, elle était décidée à sacrifier son père, ses enfants, son existence, sa patrie. Mais à quoi bon se sacrifier, quand l'être aimé ne songe qu'à ses moutons, ses arbres, sa réputation et sa famille ! Quand il n'est prêt lui-même à aucun effort, à aucun sacrifice ; quand il la laisse seule et qu'il viole ses serments ! Bref, quand il ne fait que tout exiger d'elle et ne lui offre rien en échange ; il la trahit et l'abandonne, parce qu'elle aurait eu « la faiblesse de ne lui rien laisser à désirer [2] ».

Depuis sa liaison avec Narbonne, madame de Staël est en effet persuadée que céder aux désirs d'un homme n'est pas la meilleure des solutions. Elle avait cru trouver une exception en Adolphe de Ribbing, l'ennemi des rois et des tyrans, mais c'est un leurre. Et de s'interroger sur la profondeur de ses sentiments : « il faut que je puisse me croire aimée par vous ! » Et de cela, elle est incertaine, puisque, malgré ses promesses, il n'a toujours pas daigné la rejoindre

---

1. *Lettres*, p. 266. 2. *Lettres*, p. 322 ; p. 295.

« L'amour est l'histoire de la vie des femmes »

à Paris ou en Suisse. En cet été 1795, l'idylle est au point mort. Qui plus est, par la voix malveillante de monsieur de Staël, la rumeur dénonce la mobilité de caractère de Ribbing et son immoralité avec les femmes.

Déçue, Germaine préfère renoncer et veut bien pardonner, mais elle le fait selon son style à elle : « je vous pardonne ; je n'étais pas digne de vous ; j'ai vécu ; tu m'as aimée près d'une année... j'ai passé ce mois d'août tout entier dans tes bras. Que la tombe se referme. J'ai assez vécu [1] ». La décristallisation est à l'œuvre. Elle date donc d'avril 1795, quand Germaine préfère renoncer temporairement au divorce et assurer tout à la fois son nom et sa fortune.

---

1. *Ibid.*, p. 322 ; p. 228 ; p. 329.

« Un fou... singulièrement laid »

Ce n'est pas que Germaine manque de soupirants. Benjamin Constant est à ses côtés, qu'elle soit à Paris ou à Coppet. Et puis, le petit-fils d'Helvétius, âgé de 22 ans, Adrien de Mun s'est « pris de la plus haute passion » pour elle [1]. Il y a enfin le charmant chevalier François de Pange, un émigré français devenu journaliste et imprimeur en Suisse. C'est lui qui publie les écrits de madame de Staël de l'époque. Notamment *Réflexions sur la paix adressées à M. Pitt et aux Français*. Germaine est sensible à son charme, ainsi qu'en témoignent plusieurs billets doux :
« Depuis que j'y suis [en France], je n'ai pas eu une impression de bonheur personnel qui ne me soit venu de vous », lui écrit-elle d'un ton badin [2].
Si bien qu'en automne 1795, on ne parle plus guère de Ribbing ! Et Mathieu de Montmorency, l'ami fidèle et dévoué, de s'en réjouir ! Ni Necker ni Mathieu n'estiment vraiment le beau Suédois. Mathieu en vient même à le décrire comme quelqu'un « qui ne sait pas aimer » !
Qu'en sera-t-il de Benjamin Constant, qui soupire en vain aux pieds de la dame ? Pour l'instant, c'est l'heure

---
1. *Lettres à Ribbing*, p. 244. **2.** *Choix de lettres*, p. 134-35.

« L'amour est l'histoire de la vie des femmes »

d'intenses échanges intellectuels. Avide de reconnaissance et soucieux de se faire une place en France, Benjamin publie ses premiers textes politiques, là où Germaine en écrit mais n'en publie qu'un sur la paix, adressé à Pitt. Tous deux travaillent de concert. Ils se lisent ; se corrigent ; échangent leurs idées. Leur collaboration est si intense qu'il est parfois difficile de savoir qui des deux a influencé l'autre. Ainsi *Des circonstances actuelles pour terminer la Révolution* de 1797-1798 avance déjà l'idée d'une opposition entre la liberté des Anciens et celle des Modernes que reprendra Constant, notamment en 1819. Et puis, tous deux sont tributaires des idées de Necker. Le fait est qu'ils s'admirent mutuellement et s'entendent à merveille. Mais c'est encore l'époque où elle écrit à Ribbing : « c'est un fou de beaucoup d'esprit et singulièrement laid, mais c'est un fou ! »

Constant confie à Isabelle de Charrière des pensées bien différentes :

> J'ai rarement vu une réunion pareille de qualités étonnantes et attrayantes, autant de brillant et de justesse, une bienveillance aussi expansive, et aussi active, autant de générosité, une politesse aussi douce et aussi soutenue dans le monde, tant de charme, de simplicité d'abandon dans la société intime. C'est la seconde femme [la première étant évidemment sa correspondante] que j'ai trouvée qui m'aurait pu tenir lieu de tout l'univers, qui aurait pu être un monde à elle seule pour moi. Vous savez quelle a été la première. Mme de Staël a infiniment plus d'esprit dans la conversation intime que dans le monde ; elle sait parfaitement écouter, ce que ni vous ni moi ne pensions ; elle sent l'esprit des autres avec autant de plaisir que le sien. Elle fait valoir ceux qu'elle aime avec une attention ingénieuse et constante qui prouve autant de bonté que d'esprit [1].

---

1. Winock, p. 97.

Le rendez-vous manqué

Tout est dit là ! Et malgré les turbulences de leur relation, Constant ne changera pas d'avis à ce sujet. Des années plus tard, en 1803, quand il rédige *Amélie et Germaine*, où il s'interroge sur un éventuel mariage avec une autre femme, c'est pour conclure :

> J'ai passé huit jours en tête à tête avec Germaine. Quelle grâce ! Quelle affection ! Quel dévouement ! Que d'esprit ! Cependant puis-je rester dans les liens où je m'agite quelquefois si cruellement ? [1]

En 1795-1796, il ne songeait à épouser personne, hormis Germaine qui le fascinait. Pendant ce temps, « le plus beau, le plus fin, le plus amusant » est toujours au Danemark – c'est le général Montesquiou qui ironise à propos de Ribbing. Il ne se décide à venir en France qu'en novembre 1795 – alors qu'il avait promis de venir en avril. Une fois face à face, la magie opère de nouveau : Adolphe et Germaine retombent amoureux l'un de l'autre. Quelques semaines de bonheur, volées aux hasards de l'Histoire ! Car le 21 décembre, Germaine doit quitter Paris. Sa présence inquiète les républicains du Directoire, dont le gouvernement vient tout juste d'entrer en scène et qui se défie de l'aristocratie – et des ci-devant constitutionnels, vus comme des royalistes. Elle laisse derrière elle Ribbing, seul, dans cette ville où il ne souhaitait pas venir, mais où il semble désormais se plaire. Il lui a promis de la rejoindre d'ici trois mois et songe dès lors à s'établir en France, à la frontière de la Suisse. Mais, un mois à peine après le départ pour Coppet, tombe la terrible nouvelle : Ribbing s'est amouraché de madame de Valence – Pulchérie, la fille de madame de Genlis, la pire ennemie de Germaine !

---

1. Benjamin Constant, *Œuvres complètes*, III, 1, p. 80.

« L'amour est l'histoire de la vie des femmes »

Madame de Staël est soudain renvoyée à l'insupportable réalité : ces autres femmes sont bien plus belles qu'elle ! Germaine en est depuis plus longtemps consciente, mais elle préfère penser que son intelligence et sa générosité compensent heureusement ce terrible handicap. Qu'en est-il en effet des rapports de l'esprit et du cœur ? Est-ce la beauté de la mère de Ribbing, qui rend heureux son amant, le baron Maclean ? Il y a plus dans la vie que la beauté physique, n'en déplaise à l'infidèle ! Pulchérie, qui plus est, serait superficielle et étourdie. Et puis, le léger et inconstant Adolphe ne se souvient-il pas qu'il y a un mois, « vous me juriez que votre vie dépendait de mon sentiment pour vous [1] » ? Comment peut-on être aussi inconstant ? L'ironie du sort, c'est que c'est elle-même qui a présenté la vile coquette au beau Suédois ! Il y avait de quoi être furieuse ! Elle l'est un temps, puis s'apaise. Car, parmi toutes ses qualités, il n'y a de place ni pour la rancune ni pour la vengeance.

Une infortune venant rarement seule, une deuxième déception l'attend. François de Pange, qui était demeuré réservé à son égard et affichait peu d'attirance pour les femmes et l'amour, vient de lui annoncer son mariage. C'est un nouveau coup pour Germaine. Affectée, voire dépitée, elle admet en toute franchise :

> Moi, je n'avais pas de droits à m'en affliger [de ce mariage], comme je vous l'ai déjà dit, et cependant je vous avouerai que j'ai donné beaucoup de larmes à cette nouvelle... Je m'étais accoutumée à vous regarder comme inaccessible à ce sentiment, le seul que je conçoive parfaitement, et je vous supposais par mon culte et votre caractère un être d'une nature à part. Aujourd'hui que j'ai vu

---
1. *Lettres à Ribbing*, p. 346-347.

Le rendez-vous manqué

que vous étiez des nôtres, il m'a semblé que je vous avais perdu, que vous auriez pu m'aimer à peu près comme une autre... Enfin, j'ai eu de la peine... À présent, tout est dit, vous voyez que je ne vous en aimerai pas moins, mais vous comprendrez que je vous aimais plus [1].

Madame de Staël n'en est pas pour autant solitaire. Si elle a perdu Ribbing et Pange, elle a donc rencontré un charmant jeune homme en janvier 1795 : Adrien de Mun, qui lui aussi est tombé amoureux de la dame de Coppet et lui écrit de très belles lettres, ornées des plus tendres sentiments. Et puis, il lui reste Benjamin, qui, pour l'instant, demeure son plus fidèle soupirant.

---

1. *Choix de lettres*, p. 136-137.

« Ma vie flotte dans le vague »

Commence alors une autre époque : celle de sa liaison avec Benjamin Constant qui débute réellement en avril 1796. Ils se connaissent et se fréquentent depuis septembre 1794, mais leur liaison amoureuse date du printemps 1796 et de la rupture avec Ribbing. Ce sera une relation complète, tout à la fois amoureuse, intellectuelle, spirituelle et émotionnelle. Le seul obstacle, c'est le peu d'attirance de Germaine pour le physique de Constant, qu'elle parvient à surmonter, certes, mais qui subsistera d'une manière ou d'une autre. Jamais, elle ne fait l'éloge de son apparence. Elle parle de sa générosité, de son génie, de son esprit, de sa bonté et de son dévouement, mais « du caractère et de la figure lui manquent absolument et je ne conçois pas l'amour sans l'un de ces avantages [1] ». C'est ce qu'elle avoue fin janvier 1796, quand elle pense encore que Ribbing la rejoindra au mois d'avril suivant et qu'éventuellement, ils finiront par se marier. Un autre obstacle à sa relation avec Benjamin, ce sont ses amis qui ne l'apprécient guère. Ils voient en lui un cynique hurluberlu, doublé d'un arriviste.

---

1. *Lettres à Ribbing*, p. 342.

Le rendez-vous manqué

Lui, en revanche, se meurt d'amour. Et il le fait savoir aux autres, dont madame de Charrière, qui goûte peu la comparaison implicite entre elle et la dame de Coppet.

> Je trouve une grande difficulté à ne pas me répandre sans cesse en éloges, et à ne pas donner à tous ceux à qui je parle le spectacle de mon intérêt et de mon admiration... c'est un être à part, un être supérieur, tel qu'il s'en rencontre un par siècle, et tel que ceux qui l'approchent, le connaissent et sont ses amis, doivent ne pas exiger d'autre bonheur.

Depuis septembre 1794, Constant ne quitte donc pas des yeux Mme de Staël. Germaine se sert-elle de lui pour rendre Ribbing jaloux ? Si c'est le cas, c'est en vain. Mais il y a plus. Si elle ne ressent aucune attirance physique pour le jeune Vaudois, elle a indéniablement ressenti un coup de foudre intellectuel. Ainsi que l'écrit Henri Grange, ils sont faits l'un pour l'autre, « par leur brillante intelligence, leur vaste culture, leur insatiable curiosité intellectuelle, leurs communes ambitions littéraires, et plus encore un intense besoin d'échanger des idées... » [1]. Si bien que cette amitié platonique devait nécessairement déboucher sur des échanges plus intimes. Benjamin y tenait. Il avait du mal à se contenter d'un amour strictement platonique et ressentait d'irrésistibles besoins sexuels. Ses succès datent donc d'avril 1796, quand Ribbing est définitivement perdu pour Germaine. Leur correspondance hélas a été détruite, et, c'est dans quelques lettres à des tiers que se décèlent les progrès accomplis par Constant auprès de sa belle. Et, surtout dans ses journaux intimes, qui éclairent mieux encore les émotions qui le ou les traversent [2].

---

[1]. Henri Grange, *Benjamin Constant. Amoureux et républicain*, Les Belles Lettres, 2004, p. 43. [2]. Hélas, ces journaux intimes datent du Consulat et de l'Empire, et non des premières années de leur liaison.

« *L'amour est l'histoire de la vie des femmes* »

Le déroulement de cette liaison révèle non seulement que Germaine demeura longtemps fidèle à l'infidèle Adolphe, mais encore l'attirance singulière qu'elle exerçait sur les hommes les plus divers – et particulièrement sur les hommes intelligents et sensibles. Il n'était donc pas écrit dans le marbre qu'elle n'ait pu séduire Bonaparte. Son nom, ses qualités, sa réputation, sa fortune, son esprit, son charme certain, tout cela attirait les soupirants les plus divers. Il n'empêche. C'est une véritable douleur qu'elle ressent lors de sa rupture avec Ribbing, ainsi qu'en témoigne sa lettre à François de Pange :

> J'ai vu se briser ce qui devait être le passé de ma vie, et, à vingt-sept ans, il me faut ou recommencer la carrière de la passion ou débuter par ce qui lui succède. Ni l'un ni l'autre n'est du bonheur, et ma vie flotte dans le vague. J'ai des peines de tous les partis, le regret de tous les sentiments et l'œuvre de ma destinée me lasse comme un travail et me tourmente comme une passion [1].

Amélie et Germaine est de 1803. Le premier journal recouvre les années 1804-1807 et les autres 1811-1815 et une partie de 1816.
[1]. *Choix de lettres*, p. 140-41. Lettre du 19 mars 1796, qui montre bien qu'elle avait coutume de se rajeunir de quelques années, car en 1796, elle avait trente ans, et que sa relation avec Benjamin Constant n'était pas encore intime.

« La gloire est pour une femme le deuil éclatant du bonheur »

Ce chagrin, cette souffrance, cette peine profonde que décèlent et comprennent ses vrais amis – Mathieu de Montmorency et sa cousine, Albertine Necker de Saussure, notamment – ne l'empêchent pas de se remettre au travail. Dans l'été 1796, Germaine publie justement son ouvrage sur *l'influence des passions sur le bonheur des individus et des nations*. Son instinct de vie l'a emporté. Éros a triomphé de Thanatos.

Non seulement madame de Staël n'est pas aussi despotique que ne le soutient la légende [1], mais elle est avant tout une amoureuse tendre et dévouée, généreuse et enthousiaste. Elle protège amants et amis, les secourt quand ils sont en difficulté, les loge et nourrit si nécessaire. À Coppet, il y a ainsi une quinzaine de personnes qui œuvrent dans l'office pour satisfaire l'appétit des visiteurs qui affluent plus ou moins nombreux. On y mène « grand train », constatent les témoins.

> On se réunissait pour déjeuner dans la chambre de Mme de Staël (on n'y buvait alors que du café). Ce déjeuner

---

[1]. Légende diffusée par bien des historiens masculins, à l'exception de Michel Winock, beaucoup plus nuancé.

« L'amour est l'histoire de la vie des femmes »

durait souvent deux heures : car, à peine réunis, Mme de Staël soulevait une question prise plus souvent dans le champ de la littérature ou de la philosophie que dans celui de la politique, et cela par ménagement pour son père dont le rôle sur ce théâtre avait si malheureusement pris fin. Mais quel que fût le sujet du débat, il était abordé avec une mobilité d'imagination et une profondeur qui a été l'école de Benjamin Constant, et d'où jaillissait tout ce que l'esprit humain peut concevoir et créer... [1].

À la mort de Necker (1804), la vie à Coppet sera moins bien réglée. « Elle paraissait aussi oisive que décousue », constate Mme de Boigne. Mais Germaine peu à peu y remédie. Les repas sont alors servis à heures fixes : « On se réunissait pour déjeuner à dix ou onze heures et les conversations s'engageaient. La châtelaine consacrait la matinée avant et après ce premier repas aux affaires... et à l'étude qu'elle continuait parfois jusqu'à cinq heures. Le dîner qu'on prenait dans l'après-midi remettait en présence les interlocuteurs, qui pouvaient prolonger les causeries, les discussions et les improvisations éloquentes jusqu'au terme des longues soirées. On soupait à onze heures, et la fin de ce dernier repas n'était pas toujours le signal de la retraite [2] ». Benjamin Constant en témoigne, lui qui aime se coucher de bonne heure, mais, qui, bien souvent, est retenu jusqu'à 2 ou 3 heures du matin.

Avec ses hôtes, Germaine de Staël partage ses connaissances, ses lectures, ses appuis, sans oublier ses ressources. À Ribbing qui hésitait à se lancer dans l'aventure française, elle rappelait ainsi qu'il n'avait pas besoin d'argent et

---

1. Frédéric Lullin de Châteauvieux, cité par P. Kohler, *Mme de Staël et la Suisse*, p. 297-98. **2.** Mme de Boigne, *Mémoires*, p. 49. Kohler, *Mme de Staël et la Suisse*, p. 464.

qu'elle en avait assez pour deux, sans pour autant léser ses enfants. Entre 1792 et 1794, elle envoyait régulièrement des lettres de change à un Narbonne démuni et fit parvenir 24 000 francs à Talleyrand qui menaçait de se suicider, faute de revenus. Durant ces mêmes années, on a vu qu'elle faisait libérer des nobles emprisonnés en France – initiative qu'elle finançait elle-même. Il est certain par ailleurs qu'elle est très entreprenante, voire extravagante, et a tendance à imposer ses idées et ses projets. Mais ce n'est pourtant pas ce que retient son vieil ami Mathieu de Montmorency, quand il parle d'elle avec madame Necker de Saussure – alors que Ribbing vient de l'abandonner :

> On se trouve embarrassé pour appliquer à cette personne supérieure les calculs de la raison ordinaire. Son cœur et son imagination exercent une si active influence l'un sur l'autre. Son caractère éminent de bonté lui rend si inconcevable ce qui n'est qu'un jeu pour les trois quarts des hommes prétendus bons, sa position comme famille, comme société et même sous des rapports plus généraux, est si bizarre, si compliqué, enfin le moment présent est si triste, si tourmentant pour elle, et l'avenir si incertain, que bien souvent je m'y perds [1].

Et il est vrai qu'elle sait être compréhensive, ouverte et patiente. Mathieu qui demeure un fervent royaliste et devient quelque peu dévot, malgré le républicanisme de plus en plus affirmé de Germaine, n'a pas à se plaindre de son amie. Quoi qu'il fasse, « la plainte et le reproche n'approchent pas de son amitié. Elle ne sait que s'affliger ». Il est vrai également qu'elle n'a pas du tout « l'esprit de parti ». Peu lui importe de quelle obédience sont ses

---

1. Gautier, *Mathieu de Montmorency et Mme de Staël*, p. 69.

« L'amour est l'histoire de la vie des femmes »

connaissances, pourvu qu'ils sachent penser, parler et aimer. Et c'est bien ce qui déroute les gouvernements successifs de la France ! On signale tel ou tel émigré en visite à Coppet, madame de Staël est aussitôt dénoncée comme une ultraroyaliste ou une aristocrate. Reçoit-elle de ci-devant Jacobins, la voilà croquée comme une infréquentable démocrate. Charles de Lacretelle, qui était loin d'être un chaud républicain, se souvient ainsi d'un des dîners de madame de Staël auquel il assistait juste avant le 13 Vendémiaire et l'insurrection des sections parisiennes :

> Elle donnait un dîner nombreux, et le choix de ses convives, quoiqu'elle y comptât plusieurs amis et quelques admirateurs, était tel qu'elle devait se trouver à peu près le seul avocat de la Convention ou du moins des décrets qui formaient son testament impérieux. Elle y fit quelques escarmouches pour préluder au grand combat qu'elle devait nous livrer dans son salon [1].

Et devant cet auditoire hétéroclite, Germaine analyse avec sagacité la situation et conclut au bien-fondé du décret des deux tiers [2]. Avec le recul, Lacretelle se doit de reconnaître que l'analyse était juste, mais sur le moment, les invités étaient pour la plupart sidérés. C'est dire encore et surtout que le salon de madame de Staël n'était pas exclusivement ouvert à des intimes et que sa légendaire hospitalité s'étendait à des gens qui pensaient autrement. Son amitié surplombait de très haut le champ politique.

---

1. Charles de Lacretelle, *Dix années d'épreuves pendant la Révolution*, Tallandier, 2011, p. 151-154. **2.** Décret qui devait permettre aux conventionnels de se maintenir pour les 2/3 dans le nouveau gouvernement du Directoire et qui est cause de l'insurrection des sections parisiennes le 13 Vendémiaire – 5 octobre 1795.

Le rendez-vous manqué

Parallèlement, la jeune femme a besoin de mouvement et de distraction. À Paris, elle peut s'étourdir de bals, de réceptions, de fêtes et, parfois, de soirées avec les intimes. Sinon, elle est, dit-elle, sujette à des « accès de mélancolie qui m'abattent complètement ». Comme le constate Mathieu de Montmorency, Germaine ressent le besoin absolu « d'être un centre actif de bonheur pour tout ce qui l'entoure ». Seule et isolée, elle sent « la vie goutte à goutte », comme elle le formule si bien. Elle a « mal à la vie » ; elle est « abîmée de spleen ». C'est l'autre face de Germaine : une femme sensible, tourmentée et mélancolique qui ressent au plus profond d'elle-même « le sentiment douloureux de l'incomplet de sa destinée » – qu'elle évoque dans *De la littérature* [1]. Elle, qui doit tout à la fois assumer la culpabilité qu'elle ressent vis-à-vis de sa mère – qui l'a tout de même maudite sur son lit de mort – et assumer ses choix qui lui valent tant d'hostilités. Elle enfin, qui recherche vainement un substitut au père tant aimé – à qui elle confie :

> Tu es mon seul appui sur terre... j'ai des affections ailleurs ; je n'y ai point d'appui et jamais être n'a eu plus besoin d'un autre [2].

Cet appui, ce soutien, cette affection si nécessaires à son existence et à son bonheur, les trouvera-t-elle en la personne de Benjamin Constant ? Celui qui va partager sa vie durant de longues années !

---

1. Mme de Staël, *De la Littérature*, GF, Flammarion, 1991, p. 208.
2. D'Haussonville, *Lettres de Mme de Staël et M. Necker*, p. 219. Elle, qui avait rêvé d'une union aussi réussie que celle de ses parents, cherche désespérément un palliatif à ce manque fondamental qui l'habite.

Un homme bizarre

Au printemps 1795 commence un nouvel épisode. Germaine retourne en France aux côtés de Benjamin, son nouvel ami. Ses attentes sont immenses. Elle se voit déjà réintégrer son salon, entourée de convives de tous bords et dictant à chacun sa politique. De plus en plus républicaine, elle s'imagine enfin rentrée au bercail, sous un gouvernement modéré, tolérant et démocratique [1].

Benjamin et elle s'empressent de rédiger des brochures qui vont dans ce sens. Après ses *Réflexions sur la paix adressées à M. Pitt et aux Français* publiées fin 1794, Germaine écrit des *Réflexions sur la paix intérieure*, qu'elle ne publiera pas, car le contexte ne s'y prête pas et elle craint de déplaire au tout nouveau gouvernement du Directoire. De son côté, Constant, qui ambitionne de faire une carrière politique à Paris multiplie les publications favorables au gouvernement dans l'espoir de s'y faire des amis. Que ce soit *De la Force du gouvernement et de la nécessité de s'y rallier* (1796) ou *Des Réactions politiques* (1797) et *Des Effets de la Terreur* (1797),

---

[1]. Démocratique dans le sens de représentatif et de libéral. Germaine n'est pas une démocrate « sociale ». Comme les libéraux de l'époque, elle prône la liberté individuelle et l'égalité politique – fondée sur la propriété.

Le rendez-vous manqué

ces publications permettent à Benjamin d'intégrer peu à peu les milieux républicains parisiens. Il devient journaliste et écrit des articles en faveur de la Constitution de l'an III.

Dans ce contexte, on s'imagine aisément Germaine et Benjamin se lisant mutuellement, se corrigeant et se stimulant ; se critiquant et se complimentant tour à tour ! Contrairement à Mme de Staël qui fait profil bas – son mari craint d'ailleurs ses esclandres qui risquent de lui coûter son ambassade et envisage même de divorcer – et qui s'angoisse à l'idée d'être chassée de son Paris tant aimé – Benjamin s'en donne à cœur joie. Il doit encore se faire connaître et apprécier. Il y réussit plutôt bien, mais si ostensiblement qu'il passe rapidement pour un opportuniste cynique, une girouette qui tourne avec le vent. C'est qu'il a tendance à publier trop vite, sans savoir ce qu'il en est vraiment et où il souhaite en venir : en juin 1795, il fulmine ainsi contre les gouvernants [1] ; un mois plus tard, il les défend. Le désir de briller et de « laisser des traces » demeurera une constante chez Benjamin jusqu'aux Cent-Jours inclus, si bien qu'un contemporain note :

> Il variait chaque jour d'opinion et de langage et soutenait les thèses opposées avec une franchise précaire… il voulait être quelque chose sans trop savoir quoi [2].

Très vite, il fréquente d'autres milieux que celui de l'ambassadrice de Suède. Des milieux plus bohèmes en

---

1. Il attaque le décret des deux tiers, visant à proroger au pouvoir les conventionnels – avant de comprendre que c'est faire le jeu des royalistes. Madame de Staël aura la même attitude, on l'a vu avec Lacretelle, défendre ce décret, alors qu'elle y était tout d'abord opposée. Tous deux réagissent trop vite à l'actualité et en comprennent trop tard les conséquences ! Mais Germaine en tire plus rapidement des leçons que Benjamin. **2.** Fabre de l'Aude, *Histoire secrète du Directoire*, III, p. 12.

somme, et, surtout, moins aristocratiques. C'est dans ce contexte qu'il rencontre Julie Talma, la charmante ballerine, ex-épouse de l'acteur le plus célèbre de son temps : François-Joseph Talma. Le couple vient de se séparer. Julie a ouvert un salon, que fréquentent les sommités républicaines du Directoire, avec lesquelles Benjamin ne tarde pas à sympathiser. On y trouve notamment Claude Hochet, Alexandre Rousselin, dit Rousselin de Saint-Albin, Dominique Garat, Sophie Gay, Pierre-Louis Ginguené, Marie-Joseph Chénier, Honoré Jean Riouffe, Jean-Baptiste Say, Mme de Condorcet et Claude Fauriel, l'amant de cette dernière.

Le couple que forme Benjamin avec Germaine est plutôt moderne, et si l'on me permet l'anachronisme, du style *Live alone together* ! Durant ces premières années, la relation satisfait Germaine, qui se félicite du dévouement de Benjamin, et de tout ce qu'il fait pour elle. C'est ce qu'elle communique à un ami suisse, Pictet-Diodati, qui, comme la plupart de ses intimes, s'inquiète de cette relation :

> Mais que votre amitié jouisse de sa conduite envers moi. D'abord je lui dois tout, absolument tout, mais quand je ne lui devrais rien, je ne serais jamais assez reconnaissante de sa manière : à dater de l'instant où j'ai mis les pieds en France, seul chargé de moi, jusqu'à l'ombre de ses défauts a disparu... Il est donc digne d'être votre ami, et tous les autres aussi [1].

À cette date, elle est enceinte. Elle n'en poursuit pas moins sa tendre correspondance avec le jeune Adrien de Mun et lui confie ses petits secrets, lesquels témoignent de sentiments malgré tout modérés à l'égard de Benjamin.

---

1. *CG*, IV, p. 22-23.

Le rendez-vous manqué

Pis. Isolée à Coppet à l'automne 1796, avec pour seule compagnie Necker et Constant, elle se plaint de la monotonie qui y règne :

> Je suis donc ici parfaitement seule avec mon père et le Diable blanc [entendez Constant]. C'est une terrible épreuve que de se regarder face à face. Il faut du monde pour avoir de l'esprit, du monde pour s'aimer, du monde pour tout, excepté pour soi tout seul.

Elle n'entend plus divorcer, sous prétexte qu'elle aime trop ses amis. « Si j'épousais Benjamin, je fâcherais Adrien, et le contraire est bien certain aussi ». Mieux vaut donc rester libre ! À lire ces aveux, il y a loin de la passion dévorante qu'elle éprouvait pour Narbonne ou Ribbing à celle qu'elle ressent pour son nouvel amant. Et pourtant, c'est à ce moment-là justement qu'elle lui impose un serment :

> Nous promettons de nous consacrer réciproquement notre vie. Nous déclarons que nous nous regardons comme indissolublement liés, que notre destinée sous tous les rapports est pour jamais en commun, que nous ne contracterons jamais aucun autre lien, et que nous resserrerons ceux qui nous unissent aussitôt que nous en aurons le pouvoir. Je déclare que c'est bien du fond de mon cœur que je contracte cet engagement, que je ne connais rien sur la terre d'aussi aimable que madame de Staël, que j'ai été le plus heureux des hommes pendant les quatre mois que j'ai passés avec elle, et que je regarde comme le plus grand bonheur de ma vie de pouvoir rendre sa jeunesse heureuse, vieillir doucement avec elle et arriver au terme avec l'âme qui me comprend et sans laquelle il n'y aurait plus pour moi aucun intérêt sur cette terre [1].

---

1. *Choix de lettres*, p. 153-154. La datation comme souvent est incertaine. La C.G. annotée par Béatrice Jasinski date ce pacte ou engagement du 16 avril 1796 – date autour de laquelle Germaine cède à

« L'amour est l'histoire de la vie des femmes »

Le pacte serait d'avril 1797. Quatre ou cinq mois auparavant, Germaine affirmait encore ne pas vouloir s'unir à Benjamin. Trois mois plus tard, elle accouche d'une fille : Albertine, qui ressemble à Constant comme deux gouttes d'eau ! Ce sera son troisième enfant, mais non le dernier. Pendant ce temps, ses meilleurs amis Mathieu de Montmorency et Albertine Necker de Saussure commentent la relation des deux amants, comme n'étant pas de nature à combler Germaine.

> Je ne concevais pas qu'il pût dans aucun temps suffire à son bonheur à elle. Je voudrais du moins qu'il n'y nuisît pas... il a été fort bien dans cette dernière occasion de dévouement... Les moments où *cet homme bizarre* n'a point de succès sont ceux où je l'aime le plus, parce qu'alors je le plains davantage. Il m'a tout l'air d'appeler souvent ce genre d'affection de ma part [1].

Albertine Necker de Saussure doute elle aussi de la durée de leur liaison et de leur bonheur [2]. Et de se demander comment il est possible que tant d'esprit ait un résultat si peu aimable et ce que Germaine peut bien lui trouver.

Benjamin. Mais la rupture définitive avec Ribbing date de mars 1796, ce qui n'équivaut pas à quatre mois de bonheur pour Benjamin. Inversement, en 1797, Germaine passe près de quatre mois chez Benjamin à Hérivaux, ce qui pourrait correspondre à la période indiquée. Jasinski, *L'engagement de Benjamin Constant*, p. 50-52. **1.** Paul Gautier, *Mathieu de Montmorency et Madame de Staël. D'après les lettres inédites de M. de Montmorency à Mme Necker de Saussure*, Paris, 1916, p. 124. **2.** *Ibid.*, p. 85. À son arrivée à Paris, Benjamin s'affichait en muscadin et portait entre autres choses une perruque blonde.

« Le Burke de la démocratie »

Mathieu a beau avertir son amie de ne pas s'engager plus avant dans une relation avec cet homme étrange, le culte qu'elle voue à l'esprit et l'emprise des circonstances – à savoir la douleur qu'elle ressent de sa rupture avec Ribbing – la poussent inéluctablement dans les bras de Benjamin, et ce, en dépit de tous les avertissements de ses plus anciens amis. Mathieu ne parviendra pas à la sauver « de ce qui n'est pas même une passion, mais juste une erreur de l'imagination ». Si elle apprécie si fort l'esprit et les écrits de Benjamin, elle lui est également reconnaissante de ses attentions et des témoignages de son amour. Elle avoue du reste à Mathieu que c'est l'homme qu'elle aime le mieux au monde, l'homme auquel elle tient pour tout ce qui lui reste de vie. Et lorsqu'un duel oppose Benjamin à tel ou tel journaliste, elle est accablée de douleur. Rosalie de Constant, la cousine de Benjamin, en est le témoin étonné :

> Il y a quarante-huit heures à présent que je tremble et pleure et meurs d'inquiétude. Si vous saviez ce qu'il est pour moi, quelle lettre encore j'ai reçue de lui, quel ange de sensibilité il est pour moi ! C'est à lui que tient tout ce que j'ai de vie. Au nom du Ciel, ne me cachez rien ! S'il était blessé, il lui serait si doux de me voir – mais non, il ne se sera pas

« L'amour est l'histoire de la vie des femmes »

battu. Ce serait absurde, presque dégradant pour un homme tel que lui d'aller chercher tous ces journalistes dans la boue pour se battre avec eux... Gardez le secret de tout et de mon affreuse inquiétude, qui pourrait, s'il le savait, l'animer encore [1].

À Paris, tout ne marche pas comme prévu. Les milieux gouvernementaux continuent à se défier de la célèbre baronne, tandis que les salons les plus cotés accueillent mal le jeune Suisse ambitieux : « les salons sont prévenus contre Benjamin », note Mathieu. Germaine en est bien ennuyée. Ses amis et connaissances semblent tous ligués contre son protégé et ne partagent plus ses convictions. Du coup, à elle aussi, les salons déplaisent. Elle n'y retrouve plus ce qui faisait autrefois son bonheur – bien que ce ne soit pas non plus une raison pour les déserter. En dépit du séjour si convoité, Germaine est donc triste et insatisfaite. Paris n'est plus ce qu'il était. Mathieu en est le témoin compréhensif :

> Quant à notre amie, les salons lui déplaisent sans qu'elle ait la force d'y renoncer. Elle n'abandonne ni ses principes ni ses amitiés ; mais en dernier résultat, elle est plus inquiète, plus mal à son aise, souvent même plus malheureuse. Vous savez comme sa tête vive la conduit rapidement dans cette triste carrière. Tout se convertit en peine pour elle, comme, par exemple, cette annonce de séparation qu'elle avait désirée dans un autre temps et qu'elle aurait défendue contre nos remontrances.

Il faut dire que Constant et Mme de Staël ne laissent pas les gens indifférents. Et c'est là bien évidemment leur intention. Constant ambitionne de jouer un rôle politique

---

[1]. *Lettres de Benjamin Constant à sa famille*, éd. J. Menos, Paris, 1888, p. 17.

Le rendez-vous manqué

à sa mesure et Mme de Staël espère persuader le gouvernement de son républicanisme, afin de vivre pleinement dans la capitale et de pouvoir s'exprimer publiquement, voire de contribuer à l'établissement de la République.

Au moment du coup d'État du 18 Fructidor (4 septembre 1797), quand le directoire exécutif décide d'épurer le corps législatif, tous deux prennent ainsi le parti du gouvernement. Mais le 19, brusque volte-face ! Devant les mesures répressives lancées contre d'anciennes connaissances, condamnées à la déportation sous prétexte de royalisme, Germaine s'insurge et tente de sauver les victimes. Tout cela à la grande indignation des républicains, qui crient à la trahison.

C'est une autre facette encore de Germaine : sa détestation des mesures répressives, sa haine des violences, son horreur des vengeances politiques ! Les monarchistes constitutionnels eux non plus ne lui en sont pas gré. Ils ironisent : elle les aurait jetés à l'eau le 18 pour les repêcher le 19 ! Ce n'est pas si simple, mais cela démontre bien la difficulté de s'impliquer en politique durant un temps de révolution. La modération n'est pas de mise. Or, si Germaine est sincèrement républicaine, elle est avant tout modérée.

Sur ce terrain aussi, elle a quelques problèmes à suivre Benjamin. Elle ne partage pas tous ses choix politiques. Et si elle admire ses écrits, c'est avant tout pour leur style et leur éloquence, et, pas toujours pour leur contenu [1]. Dans l'ensemble, c'est vrai, ils partagent nombre d'idées. À Rosalie, la cousine de Benjamin, elle en vient même à chanter haut et fort ses mérites : « Elle vante toujours son génie, son talent et dit qu'on l'appelle à Paris le Burke de la démocratie [2] ».

---

1. H. Grange, p. 80-85 et p. 200-208. **2.** *Lettres de Rosalie de Constant à son frère Charles le Chinois*, éd. Suzanne Roulin, Lausanne, 1948, p. 73.

« Le satellite d'un météore brûlant »

Pendant ce temps, Constant tente de se faire élire député. Il ne lésine pas sur les frais et néglige ses occupations quotidiennes, si bien qu'en avril 1798, la petite fortune qu'il s'était acquise est dilapidée. Il est même criblé de dettes, à force d'embellir sans compter les biens nationaux qu'il est parvenu à acheter grâce à des prêts accordés par Necker. Germaine s'inquiète et décide d'en dire un mot au père de Benjamin, Juste Constant de Rebecque – lui-même très procédurier et malhabile en affaires. C'est ici qu'elle affirme qu'avec elle, Benjamin n'a pas besoin d'argent. Elle s'occupe de tout, y compris de sa subsistance et de son existence. Mais ce n'est pas là ce que Constant attend d'elle et ce n'est pas là l'indépendance à laquelle il aspire ! Cette démarche saugrenue explique-t-elle le contenu de la lettre qu'envoie Benjamin à sa tante quelque temps plus tard. Le 15 mai 1798, en effet, madame de Nassau, née Chandieu, reçoit une lettre où Benjamin l'appelle à l'aide :

> Un lien qui ne peut se rompre que par une secousse qui ne saurait venir de moi m'enchaîne depuis deux ans. Je suis isolé sans être indépendant ; je suis subjugué sans

être uni. Je vois s'écouler les dernières années de ma jeunesse sans avoir ni le repos de la solitude ni la légitimité des affections douces... Devinez-vous où je veux en venir ? À une chose que j'ai projetée depuis un an, à vous demander une femme. J'en ai besoin pour être heureux. Je désire un peu de fortune. Quant à la personne, je la voudrais Genevoise plutôt que Suisse, parce qu'il m'importe à moi, nouveau Français, d'épouser une Française, âgée de 16 ans ou plus, d'une figure passable, sans aucun défaut prononcé, ayant des habitudes simples, de l'ordre, la possibilité surtout de supporter une retraite profonde... quant au caractère, je m'en remets à vous ; pour de l'esprit, j'en ai par-dessus la tête [1].

Voilà donc l'amoureux transi de 1795 transformé trois ans plus tard en un homme frustré, avide de tranquillité et de calme, et, surtout, désireux de rompre ses liens avec la célèbre baronne, qui, si on l'en croit, l'épuise par ses exigences et son esprit. Ce « nouveau roman », ainsi que le nomme Constant lui-même, aurait été esquissé depuis un an déjà – date à laquelle Germaine était enceinte de lui ! À qui ne connaît pas Benjamin Constant, les propos peuvent surprendre ou choquer. La tante, en tout cas, fit la sourde oreille. Et Benjamin ne s'en émut pas plus que cela. En juillet suivant, quand il écrit à cette même tante, c'est pour la remercier de ne pas avoir réagi et lui apprendre que son « légitime souverain est de retour... tout projet d'insurrection est abandonné ». Provisoirement, du moins, puisque,

---

1. Benjamin Constant, *Journal intime et lettres à sa famille et à ses amis*, Paris, 1895, p. 266. À cette date (1798), la République de Genève vient d'être annexée à la France. Les Genevois sont donc devenus français. La Suisse, en revanche, transformée en République helvétique, est indépendante. Ailleurs, Benjamin prétend n'avoir été amoureux de Germaine que deux ans durant.

« L'amour est l'histoire de la vie des femmes »

quelque temps plus tard, une autre lettre non datée reviendra sur cette idée de mariage :

> Je ne serai pas un mari bien amoureux, mais je serai un ami assez fidèle. Je laisserai ma femme très indépendante. Je respecterai son bonheur. Si jeune et peu formée, comme je la désire, elle me permet de l'aider, j'y consacrerai ce que je puis avoir d'esprit et la longue expérience de mes fautes. Nous irions passer au moins six mois auprès de vous... je ne serai plus *le satellite d'un météore brûlant*, condamné à retrouver par un autre la triste célébrité, dont je voudrais me défaire. Enfin je ne vivrai plus comme je vis depuis plus longtemps qu'on ne le croit, faisant par complaisance ce qu'on croit du délire et demandant tous les jours dans mes prières la solitude pour moi et un amant pour ma maîtresse... Trouvez de quoi marier votre neveu... je ne veux plus ni maîtresse honnête qui asservisse, ni maîtresse subalterne qui ennuie... depuis deux ans, je suis, tout essoufflé, le char d'une femme célèbre. J'en veux une qui ne soit ni une servante, ni un prodige... dont surtout je ne trouve pas le nom dans les journaux [1].

Et de demander le secret sur cette « espèce de conjuration contre mon maître » ! Tout est dit là. La difficulté qu'il y avait malgré tout à vivre aux côtés de Germaine de Staël et la place encombrante qu'elle prenait bon gré mal gré. Germaine en était-elle consciente ? Forte de sa bonne volonté et certaine d'œuvrer au bonheur de ses proches, il y avait des moments où son incroyable activité, son irrépressible impétuosité et son ascendant naturel épuisaient son ou ses partenaires. François de Pange l'avait compris, quand il lui expliquait combien il différait d'elle et combien le mouvement qu'elle affectionnait et les agitations de

---

[1]. *Journal intime et lettres de Benjamin Constant*, p. 375-376.

l'âme qui l'habitaient étaient loin de son idée personnelle du bonheur. C'est un peu cela que lui reproche Benjamin. Encore ne le lui reproche-t-il pas constamment. Car il est conscient de ses propres lacunes et de ses défauts. Un jour, il pense telle ou telle chose ; le lendemain, il pense tout le contraire. Son problème, avoue-t-il à son ancienne amie, Isabelle de Charrière, c'est de « voir successivement les côtés opposés ». Mieux. Quand sa tante l'accuse d'être faible, il rétorque :

> C'est une accusation à laquelle tous les gens éclairés sont exposés, parce qu'ils voient les deux, pour mieux dire, les mille côtés des objets et qu'il leur est impossible de se décider.

Ce serait de la raison, et non de la faiblesse ! Mais c'est cela qui le fait et le fera passer pour « un fou méchant et faux » ou pour un « hypocrite égoïste ».

Ce don ou ce malheur permet de comprendre pourquoi il change si souvent d'avis et pourquoi il hésite tant avant de prendre une décision importante [1]. Son journal intime regorge de décisions contraires et de tergiversations relatives à sa vie sentimentale. Le fait est qu'il aspire à une relation plus calme, douce et monotone, ou du moins, qu'il croit y aspirer. Mais cela nous révèle aussi et encore une fois à quel point l'existence quotidienne aux côtés de madame de Staël était passionnante, mais épuisante. La situation empirera à partir du moment où Benjamin la délaissera. À l'agitation incessante s'ajouteront les scènes de jalousie, les accès de colère, suivies de réconciliations bruyantes. Il s'excusera alors « d'avoir voulu relâcher un lien avec une personne qui

---

[1]. C'est sans doute cela que critique Germaine, quand elle dit qu'il manque de caractère.

« L'amour est l'histoire de la vie des femmes »

chaque jour me donne des preuves du sentiment le plus dévoué ». Mais cela ne ressuscite pas le sentiment amoureux. Des années durant, il continue d'aimer Germaine, mais platoniquement. L'amour, lui, s'est évanoui et se concentre sur une autre personne.

« J'ai besoin de plaisir »

Fin 1800, Benjamin tombe amoureux d'Anna Lindsay, une jeune femme déclassée, d'origine irlandaise qu'il a rencontrée chez Julie Talma avec qui il cultive des liens de pure et tendre amitié. Avec Anna, en revanche, c'est d'une véritable passion amoureuse qu'il s'agit. Leur correspondance permet de comprendre quel genre d'amour rendait Benjamin heureux et lyrique et en quoi celui que lui offrait Germaine ne le satisfaisait pas pleinement.

Il évoque du reste le problème dans son *Journal intime* et dans *Amélie et Germaine* : c'est que la dame de Coppet n'est pas portée sur la chose. Ou pour reprendre les termes de Constant : « Germaine n'a pas de sens ». L'amour charnel l'indiffère. Ce qui compte pour elle, ce sont les élans du cœur, les regards amoureux et les lettres ou les paroles passionnées et sensibles. Ce que Constant appelle « le langage de l'amour ». Sans doute a-t-elle eu des relations sexuelles, mais elles ne la satisfont que modérément. En un mot, la sensualité lui fait défaut. Or, c'est exactement l'inverse que trouve Constant chez Anna Lindsay, comme en témoignent ses lettres, pleines d'allusions à des plaisirs

« L'amour est l'histoire de la vie des femmes »

physiques, que ce soit les baisers voluptueux ou les délires sensuels qu'ils éprouvent ensemble [1].

Ce désir, il ne l'a donc plus pour Germaine. Mais son attachement n'en est pas pour autant affaibli. Anna le comprend très rapidement. Elle pensait que leur liaison serait durable et que Benjamin allait l'épouser. Ne lui a-t-il pas écrit plusieurs fois qu'il voulait s'unir à elle et ne plus la quitter ? Mais quelques mois ont passé et le voilà qui invoque son manque de fortune, et le peu d'éclat de son nom. Il n'aurait rien à lui offrir que son amour, et non le mariage. Le voilà déjà de retour chez Germaine ou bien en voyage en Suisse ou bien encore à Coppet. Des amis perfides se font un malin plaisir à révéler la triste vérité à Anna, laquelle rapporte sa déception à Benjamin :

> Votre ami Touquet dit à qui veut l'entendre que le jour où vous avez dîné chez lui avec elle [madame de Staël], vous la regardiez avec une avidité inconcevable, que vous sembliez dévorer des yeux tout ce qui l'approchait [2].

Il semblerait que Germaine était au courant de cette liaison et s'en accommodait, tant que Benjamin demeurait son plus dévoué serviteur. Lui-même justifiait sa liaison avec Anna, sous le prétexte que madame de Staël l'avait traité sans ménagement, un jour où elle avait excité sa jalousie [3]. Qui plus est, ils n'auraient plus couché ensemble depuis dix-huit mois – c'est-à-dire depuis mi-1799 [4]. Restait donc l'amitié.

---

1. *Correspondance de Benjamin Constant et d'Anna Lindsay*, Plon, 1933, p. 27-29 ; p. 35-38 ; p. 43 ; p. 61-62. **2.** *Ibid.*, p. 97-99. **3.** Sans doute s'agit-il du retour de passion entre Germaine et Adolphe fin 1795. Que dire enfin du titre du roman *Adolphe* de Constant, sinon que cette passion de Germaine l'avait marqué à plus d'un titre ? **4.** *Ibid.*, p. 155. Ailleurs, il dit et répète que sa passion pour Germaine a duré deux ans.

Le rendez-vous manqué

On ne saura jamais ce qu'en pensait Germaine. Elle n'en dit mot dans la correspondance qui a été sauvegardée, mais ce que l'on sait, c'est qu'elle-même ne se privait pas de séduire, quand l'occasion se présentait. À tel point qu'on pourrait presque comparer ce couple plutôt libre à celui que formaient Jean-Paul Sartre et Simone de Beauvoir – tels que les dévoile leur correspondance [1]. Dans ses notes personnelles, Benjamin se plaint par ailleurs de n'être qu'un des élus de Germaine et de ne pas lui être suffisant. Il ne remplirait dans la vie de celle-ci qu'un « rôle secondaire », et il en est profondément blessé. En 1803, au moment où il envisage un mariage avec une lointaine cousine du nom d'Amélie, il réfléchit à l'ascendant qu'a sur lui Mme de Staël et s'interroge :

> J'ai reconquis... l'empire de mon caractère. Je suis prudent, doux et sûr de ne dire que ce que je veux avec tout le monde ; mais avec elle, le souvenir des émotions qu'elle m'a données, de l'agitation perpétuelle où elle m'a fait vivre, les injures qu'elle me dit, l'injustice de ses accusations, l'insistance de ses demandes, et surtout l'horreur que m'inspire l'idée de rester sous son joug, me jettent hors de moi. Plus cette lutte se prolonge, plus je me donne des torts ; plus je lui fournis du mal à dire de mon caractère. Elle me nuisait autrefois par le tumulte de sa vie, par *l'air secondaire* qu'elle me donnait, par les ennemis qui dirigeaient sur moi leur haine pour elle. Elle me nuira maintenant par la violence de son ressentiment ; elle armera contre moi et ses amis et ceux que je lui ai ramenés. Elle m'a rendu la France dangereuse ; elle me la rendra difficile. Cependant, prolonger cette situation,

---

[1]. Autre affinité : Simone de Beauvoir portait elle aussi un genre de turban sur la tête. Serait-ce en hommage à Mme de Staël ou inspiré d'elle ?

« L'amour est l'histoire de la vie des femmes »

rester solidaire de ses extravagances et de sa célébrité, porter dans les grandes choses le poids de son inconséquence, et dans les détails de la vie, me prêter à toutes ses exigences, c'est impossible. Je mourrai de lassitude et d'agitation [1].

Et pourtant, en 1803, un an après la mort de monsieur de Staël, Benjamin s'imagine que la célèbre baronne envisage de l'épouser. Sa famille à lui le croit aussi et, pour une part, le souhaite ! Non que ses membres apprécient fort la dame, mais le mariage mettrait fin au scandale d'une liaison illégitime, dont se gausse le pays de Vaud. Germaine n'est pourtant pas pressée de renouer des liens aussi contraignants que ceux du mariage. Elle a beaucoup changé depuis 1785, quand elle rédigeait son journal intime et idéalisait l'union entre homme et femme. Dès 1794, elle s'exprime bien autrement sur l'institution du mariage, notamment dans une lettre plutôt cynique, adressée à Ribbing :

> Ne trouvez-vous pas bizarre qu'il faille acheter si cher l'honneur que vous a fait un homme de passer quelques vilaines nuits avec vous ? Ah ! Je déteste bien le mariage, à moins que ce ne soit toi et que tu ne deviennes jamais un bon mari [2].

Désormais, elle pense que le mariage tue la passion et qu'un amour sans passion n'est plus de l'amour ! Pire

---

1. *Amélie et Germaine*, p. 77. **2.** *Lettres à Ribbing*, p. 212-213. En 1810, elle est beaucoup moins négative sur le mariage, *C.G.*, VII, 19. De même, dans *De l'Allemagne*, le mariage est décrit comme la destinée de la femme, à la condition expresse qu'il y ait un amour réciproque et durable entre les époux. Faute de quoi, la femme a tout à y perdre.

encore ! Une fois remariée, Germaine ne serait plus indépendante et sa fortune risquerait de lui échapper. Or, Benjamin est dépensier. Comme monsieur de Staël, il est joueur. Germaine ne veut pas courir le risque d'aliéner sa liberté et sa fortune. Qui plus est, elle tient à son nom et à son titre : baronne de Staël-Holstein ou Necker de Staël-Holstein. Elle croirait déchoir de s'unir à un simple hobereau suisse [1]. Sur ce point, elle ne partage donc pas les aspirations de Benjamin. Et puis, leurs priorités diffèrent : lui dit rêver d'une vie laborieuse et paisible et ne supporte plus le tumulte inséparable de sa maîtresse. Or, elle a besoin pour se sentir vivre de vacarme, de mouvement, d'agitation.

Eût-il épousé Germaine ainsi qu'il semble le désirer en 1803, aurait-il pu mener la vie simple et solitaire à laquelle il aspirait ? C'est peu vraisemblable ! Peu vraisemblable aussi qu'il ait vraiment voulu se marier à cette date précise ! Sans doute son amour-propre en eut-il été flatté, mais pour combien de temps ? Aussi est-il plus plausible qu'il ait été ravi d'échapper à de nouveaux liens, plus étroits encore, avec une femme dont il souhaitait en vérité se séparer.

L'alternative d'Amélie n'était pas non plus très alléchante ! Certes, la demoiselle a quelques qualités, quelque fortune, mais ni charme, ni jeunesse, ni beauté, ni intelligence. À y bien réfléchir, Germaine a plus d'atouts : charme, affection, dévouement, esprit, fortune. Il n'empêche. C'est une vie, indépendante, stable et paisible qui lui serait nécessaire.

---

1. C'est un Constant humilié, qui le constate à la même époque. *Journaux intimes*, p. 90. Il descendait pourtant d'une très bonne famille, mais ne portait aucun titre, bien qu'il ait été gentilhomme auprès du duc de Brunswick.

« L'amour est l'histoire de la vie des femmes »

L'écrit intime qu'est *Amélie et Germaine* se clôt sur ce dilemme [1]. Rompre ou ne pas rompre, telle est la question !
   Benjamin ne se décide pas pour l'instant. L'enjeu est de trop d'importance. Il hésite d'autant plus à abandonner madame de Staël qu'elle est en proie aux pires difficultés. Bonaparte, devenu entre-temps Premier consul de la République et irrité par les publications de Germaine et de son père, vient d'ordonner à la fille de Necker de quitter la France. Or, s'il est instable et peu fiable en amour, Benjamin est fidèle en amitié.

---

1. *Amélie et Germaine*, p. 77-80. En 1805, Germaine lui proposera un mariage secret, mais Benjamin n'y tient pas. Et en 1807, quand c'est lui qui le propose, une scène terrible éclate. Rosalie la raconte dans une lettre. *Lettres à sa famille*, p. 40-41.

« Une sensibilité telle que je la désire »

Au printemps 1803, alors que les ordres de Bonaparte condamnent Germaine à rester à Genève et à Coppet, elle rencontre des touristes britanniques, de séjour sur le continent à la suite de la paix d'Amiens de 1802. Deux d'entre eux lui plaisent particulièrement. Lord John Campbell, futur duc d'Argyll et le docteur Robert Robertson, son compagnon de voyage. Elle se lie d'amitié avec le premier, mais ressent une attirance amoureuse pour le second. Aventure qui tourne court, car la rupture de la paix en mai 1803 est bientôt suivie de l'expulsion ou de l'arrestation par le gouvernement français des Britanniques se trouvant sur le continent européen – du moins dans les pays où Bonaparte a son mot à dire. Germaine aurait bien aimé accompagner les deux hommes en Allemagne où ils se réfugient, mais ils quittent la Suisse sans plus attendre. Autre déception, Robertson est parti si brusquement, qu'il n'a même pas pris congé. Germaine confie son désarroi à Lord Campbell :

> J'ai pris pour Robertson une vive et profonde amitié, et tout ce qu'il avait montré de sentiment m'avait presque persuadée qu'un homme pouvait être capable d'une sensibilité, telle que je la désire, telle que je la veux pour donner

celle que je peux éprouver. Heureusement… qu'une idée confuse que Robertson était mobile et qu'il s'exagérait lui-même ses sentiments pour moi a retenu mon cœur […] que j'étais prête à lier à lui pour toujours [1].

Aveu qui démontre bien que Germaine envisageait une relation plutôt sérieuse avec le charmant docteur. Entretemps, Constant a abandonné l'idée d'épouser Amélie et il ne peut s'empêcher de rejoindre Germaine à Coppet, mais c'est pour le regretter tout aussitôt :

> Je n'ai jamais vu une femme meilleure, ayant plus de grâce et de dévouement, mais je n'en ai jamais vu une qui ait des exigences plus continuelles, sans s'en apercevoir, qui absorbe plus la vie de ce qui l'entoure et qui, avec toutes ses qualités, ait une personnalité si avouée…

Si encore elle ne lui faisait pas de scènes, mais hélas !

> Resté seul avec Madame de Staël, l'orage s'élève peu à peu. Scène effroyable jusqu'à 3 heures du matin sur ce que je n'ai pas de sensibilité, sur ce que je ne mérite pas la confiance, sur ce que mes sentiments ne répondent pas à mes actions… Je voudrais, moi homme, ne pas avoir à supporter les dépits d'une femme que la jeunesse abandonne. Je voudrais qu'on ne me demande pas de l'amour après dix ans de liaison, lorsque nous avons tout près de quarante ans, et que j'ai déclaré deux cents fois, depuis longtemps, que de l'amour je n'en avais plus [2].

Benjamin n'était pas le seul à souffrir des états d'âme de Germaine. Autant ses intimes étaient fascinés par sa personnalité et son intelligence, autant ils éprouvaient un certain soulagement quand elle s'absentait un jour ou deux. En 1804, alors qu'elle est partie en courses à Genève,

---

1. *C.G.*, IV, p. 649-650. **2.** Constant, *Journaux intimes*, p. 177.

ses convives – Bonstetten, Schlegel, Sismondi et Constant – se découvrent soudain « dînant comme des écoliers dont le régent est absent ». Et Benjamin de conclure : « Singulière femme ! Sa domination est inexplicable, mais très réelle sur tout ce qui l'entoure. Si elle savait se gouverner elle-même, elle gouvernerait le monde [1] ».

Justement, elle ne sait point se dominer et se laisse trop souvent mener par ses humeurs, ses émotions, ses joies et ses peines ! De là l'épuisement progressif de Benjamin. Et puis, il y a en elle des facettes qui lui déplaisent : le besoin par exemple d'être bien avec le pouvoir, ce qui la mène de temps à autre à oublier toute fierté et ce qui répugne à Constant. Il le lui reprochait déjà l'année précédente, quand il songeait à rompre :

> Les mêmes opinions nous dominent mais comme ces opinions sont placées sur deux caractères différents, nous nous nuisons au lieu de nous soutenir. Je puis me taire sous le despotisme, mais je ne veux pas me réconcilier avec lui ; elle voudrait se réconcilier, mais elle ne peut se taire [2].

Ces deux remarques à un an de distance disent mieux que tout autre chose ce qui obsédait Germaine. L'irrésistible besoin de mettre fin à sa disgrâce pour pouvoir séjourner en France et y jouer un rôle ; et surtout mener la vie mondaine qu'elle a toujours menée et dont elle ne peut se passer. Dans notre contexte, ces remarques sont très intéressantes et nous verrons plus loin et en détail ce qu'il en était vraiment. Mais dès maintenant, notons que Benjamin

---

1. *Ibid.*, p. 143. **2.** Constant s'avance un peu trop ici. Il succombera à la tentation en 1815 et deviendra le proche collaborateur de Napoléon pour les articles additionnels de la Constitution. De même, en 1807, on le verra envisager un raccommodement avec le régime, afin de favoriser les projets de Germaine.

passe sous silence le fait que Germaine voulait bien se réconcilier avec Bonaparte, mais sans lui prêter allégeance. Elle aurait simplement promis de se tenir tranquille ! Or, c'est là que le bât blesse, car – et Constant a ici raison – Germaine était incapable de se tenir tranquille et de se taire !

Les commentaires de Constant passent également sous silence l'incapacité où il est de rompre définitivement. Il le reconnaîtra plus tard – en 1806 :

> Je penche toujours pour rompre avec Mme de Staël, mais toutes les fois que j'ai cette impression, je suis destiné à recevoir le lendemain l'impression contraire. Cependant, son impétuosité et ses imprudences sont pour moi un tourment et un danger perpétuel... Tous les volcans sont moins flamboyants qu'elle... et cependant, avec ses défauts, elle est pour moi supérieure à tout [1].

Entre-temps, Benjamin a repris contact avec Charlotte de Hardenberg, une jeune Allemande qui était tombée amoureuse de lui, lorsqu'il était encore chambellan à Brunswick et qu'il avait alors plus ou moins repoussée. Ils se sont revus à Paris en 1805, et, cette fois-ci, Benjamin n'est pas resté insensible à ses charmes. En octobre 1806, ils amorcent une relation secrète.

---

1. *Journaux intimes*, p. 442.

« Un amour pétrifié »

Germaine n'est pas au courant de la nouvelle liaison de Benjamin. Préoccupée par ses propres malheurs, elle réinvente sa vie au gré des tempêtes sentimentales et politiques. À la suite de l'ordre d'exil d'octobre 1803, elle décide de voyager et entreprend sa grande tournée de l'Allemagne de 1804. Avant et durant ce voyage, elle avoue à son père que Benjamin n'est plus pour elle ce qu'il était : « Benjamin a un sentiment et un caractère trop incomplet pour me suffire. » Ailleurs, elle évoque « un amour pétrifié » : son cœur « n'étant pas satisfait par l'affection de Benjamin », elle a envie d'aller ailleurs « tenter d'autres hasards [1] ». Il n'empêche. Elle a besoin de sa présence, de sa conversation et de son soutien. À tel point que Benjamin accepte de l'accompagner pendant quelques mois, avant de la laisser seule face à ses admirateurs et à ceux qu'elle doit encore séduire : Goethe, Schiller, Wieland, notamment. Elle rencontre toutes les célébrités intellectuelles d'un pays méconnu de la France – qui souffre et souffrira plus qu'aucun autre des guerres napoléoniennes.

---

1. Simone Balayé, *Madame de Staël. Lumières et liberté*, Klincksieck, 1979, p. 102. *C.G.*, V, 1, p. 42 ; p. 95.

« L'amour est l'histoire de la vie des femmes »

L'année 1804 n'est pas celle des grandes amours, plutôt celle des amitiés intellectuelles, des affinités électives. C'est à ce moment-là qu'elle rencontre Wilhelm Schlegel, un des principaux théoriciens du mouvement romantique, qui va la suivre à Coppet – et partout ailleurs jusqu'à sa mort. Schlegel sera le précepteur de ses enfants et son professeur à elle, en matière de culture allemande. Elle a la chance de converser avec les hommes de lettres les plus renommés : écrivains, poètes, auteurs dramatiques, et, avec Goethe, la star allemande par excellence. Mais 1804 est surtout l'année de la mort du père : Necker décède en avril, alors que sa fille est à Berlin ! Et c'est une fois de plus Benjamin, qui se dévoue pour courir l'avertir et la consoler. Sensible à la relation étroite qui, depuis toujours, la lie à son père, il comprend l'extrême douleur que ce décès va provoquer et s'en inquiète :

> Il est mort. Que deviendra-t-elle ? Quel désespoir pour le présent ! Quel isolement pour l'avenir ! Je veux la voir, la consoler, ou du moins la soutenir. Pauvre malheureuse ! Quand je me rappelle sa douleur, son inquiétude il y a deux mois et sa joie si vive qui devait être de si courte durée ! Pauvre malheureuse ! Mourir vaudrait mieux que cette souffrance. Et ce bon M. Necker, combien je le regrette ! Si noble, si affectueux, si pur ! Il m'aimait. Qui conduira aujourd'hui l'existence de sa fille [1] !

Devant ce drame, Benjamin est conscient que Germaine est la personne qu'il aime le mieux au monde, et bien qu'il songe avant tout à régler sa propre vie et à *marquer sa place*, le plus pressé en ce jour d'avril 1804, c'est de secourir sa malheureuse amie. L'année suivante, il vivra un drame

---

1. *Journaux intimes*, p. 76 ff.

Le rendez-vous manqué

similaire, quand Julie Talma s'éteindra sous ses yeux. Et il ressentira une émotion identique et tout aussi sincère. Le cynisme opportuniste, dont il fait souvent preuve et que la postérité a retenu contre lui, s'efface aussitôt que ses amis et proches sont en danger. Benjamin est aussi complexe que Germaine ! Ce n'est pas un Rastignac, mais un Rubempré !

La douleur de la fille de Necker est extrême en effet, et elle ne parviendra à la surmonter que par l'écriture. Que faire pour y échapper, sinon publier l'ensemble des œuvres de son père et rédiger un précis sur sa vie ? Elle y esquissera avec soin le portrait de l'homme tant aimé, de l'homme idéal – tant et si bien qu'à la lecture, Benjamin en a les larmes aux yeux. Et puis, elle a des distractions. Sismondi, l'historien de l'Italie et Schlegel, le théoricien de la littérature, demeurent chez elle. Benjamin y passe de temps à autre, entrecoupant son séjour de visites à ses proches – où parfois il rencontre des jeunes filles qui, dans son imagination, feraient de plus ou moins parfaites épouses. Ainsi Adrienne et Antoinette ou la jeune Laure d'Arlens ! Mais en vain ! Madame de Staël a aussi et enfin autour d'elle ses trois enfants : Auguste, Albert et Albertine. En dépit de sa vie mouvementée, elle s'occupe plutôt bien d'eux et se soucie sérieusement de leur éducation et de leur avenir.

Pendant que Benjamin réforme par la pensée son existence, rêvant tantôt à une jeune fille de seize ans, qu'il pourrait former à son gré, [1] tantôt à une vie de travail solitaire ; songeant tantôt à se fixer en Allemagne, tantôt en France, Germaine termine donc sa notice sur la vie de son père et veille toujours aussi tard. Schlegel lui voue un

---

1. *Journaux intimes*, p. 138-139 ; p. 179 ; p. 185 ; p. 190-191.

« L'amour est l'histoire de la vie des femmes »

culte auquel elle paraît insensible [1], tout autant qu'aux attentions qui émanent de Sismondi – à en croire Constant, « un homme sans esprit, mais qui a des principes justes et des intentions très pures » – et qui est flatté « d'être reçu dans le monde ».

Malgré les visiteurs et les intimes qui l'entourent, Germaine s'ennuie toujours autant en Suisse. Interdite de séjour à Paris et n'ayant plus rien qui la retienne à Coppet, fin décembre 1804, elle décide d'aller découvrir l'Italie, et cette fois-ci, elle se passe de Benjamin et part accompagnée de Schlegel, tandis que, soulagé, Constant retrouve son indépendance et retourne en France où l'attendent ses amis.

---

[1]. D'après Constant, Schlegel parlerait d'elle comme d'un « être surnaturel ». « Lettres de Benjamin Constant à Claude Hochet », *Revue des Deux Mondes*, n° 10, 1948, p. 216-217.

« Les Italiens ne me plaisent pas le moins du monde »

Si, comme bien des contemporains, Germaine est éprise de l'Antiquité romaine, de ses splendeurs et de ses auteurs, elle ne connaît pas l'Italie moderne. Son séjour qui s'étend de janvier à juin 1805 non seulement va combler ses lacunes, mais aussi élargir son cercle de connaissances *et* nourrir son nouveau roman. Ses périples la mènent de Turin à Milan ; puis de Milan à Rome et à Naples, pour ensuite la reconduire à Rome, avant qu'elle ne reprenne la route de Florence et de Venise pour revenir à Milan. Ce qu'elle y recherche, ce sont non point les arts, les monuments et les paysages, mais des contacts humains et des distractions. Au premier abord, elle est déçue :

> Les Italiens ne me plaisent pas le moins du monde et comme j'ai plus l'habitude de vivre avec les hommes qu'avec les choses, je ne suis pas encore enthousiaste du séjour de Rome.

Mais l'accueil est tel qu'elle change peu à peu d'avis. Elle a surtout la chance de rencontrer le jeune comte Pedro de Souza, fils de l'ambassadeur du Portugal, qui vient tout juste de décéder. Pedro est chargé d'affaires en attendant

« L'amour est l'histoire de la vie des femmes »

le successeur de son père [1]. Deux orphelins étrangers, perdus au beau milieu de l'Italie, voilà qui les rapproche ! Il y a plus : la timidité, le charme, la sensibilité, l'enthousiasme de Pedro pour les beaux-arts et pour les vestiges de la grandeur romaine font une vive impression sur la dame de Coppet. Elle pressent l'homme qu'il peut devenir et s'adonne à ce qui est désormais chez elle une habitude. Elle le stimule et le persuade de sa valeur. Madame de Staël est en vérité une pédagogue née. C'est une découvreuse de talents. Elle sait dire les mots qui flattent son interlocuteur et lui ouvrent la porte à sa conscience. Tous deux nouent alors une amitié amoureuse, qui transfigure le séjour de Rome et le lui fait aimer.

Peu à peu, elle s'intègre également à la société romaine. La voilà à l'Académie d'Arcadie où elle lit la traduction d'un poème d'Onofrio Minzoni, que Vincenzo Monti lui a fait connaître. À Milan, elle a lié amitié avec ce dernier, qui l'initie aux belles lettres italiennes et avec qui elle gardera des contacts réguliers. Elle est enfin proclamée pastourelle. Mieux. La presse italienne parle de son ouvrage sur Necker en des termes élogieux. Que désirer de plus, surtout quand on a la chance de découvrir les splendeurs antiques aux côtés du jeune et beau comte de Souza ?

> Cher Don Pedro, vous l'avez entendu, cette voix, vous répéter combien je vous aime : croyez l'entendre encore quelques fois quand vous êtes seul, quand vous vous promenez près du Colisée, dans tous ces lieux où nous avons été ensemble, dans ces lieux où je suis encore par mes regrets.

Elle lui écrit des poèmes :

Il faut donc quitter Rome, il faut donc vous quitter
Et remplir de douleur son âme et sa pensée

---

1. *C.G.*, V, 2, p. 500.

Le rendez-vous manqué

C'est avec vous, surtout, que j'aimais à goûter
Les nobles souvenirs de la grandeur passée.
Votre cœur m'a fait croire aux temps qui ne sont plus
Votre jeune avenir, aux antiques vertus...

Et lui répond avec autant de tendresse :

> Il est triste pour quelqu'un qui pendant deux mois a eu continuellement le bonheur de vous voir et de vous entendre, d'être à présent réduit... à vous parler tout seul et par écrit... ma vie se passe depuis votre départ d'ici avec une telle monotonie et un tel ennui que j'en ai presque perdu la faculté de penser et la volonté de parler... Le moment le plus triste que j'ai eu a été celui dans lequel j'ai été obligé de refaire seul la même route par laquelle un moment auparavant nous étions passés ensemble... [1]

Les deux nouveaux amis se retrouveront bientôt à Coppet, où Pedro s'arrêtera de retour d'Italie. Et elle le reverra à Auxerre, et, plus tard, en Angleterre. L'attirance qu'elle éprouve pour lui ne débouchera pourtant pas sur une véritable romance. Le jeune homme l'admire, apprécie sa compagnie, mais ne l'aime pas d'amour. Et c'est à lui qu'elle pense – du moins pour une grande part – quand elle crée Oswald, le héros de *Corinne*.

---

1. Mme de Staël et Don Pedro de Souza, *Correspondance*, éditions Gallimard, 1979, p. 31-34 ; 41-45 ; 117-118.

« Le second tome de Benjamin »

De retour à Coppet, Germaine retrouve bientôt Benjamin qui arrive, accompagné de deux amis, Claude Hochet et Prosper de Barante. Ce dernier est le fils du préfet de Genève. Germaine l'a déjà rencontré l'année précédente, mais c'est durant cet été 1805 que Prosper se prend véritablement de passion pour la célèbre baronne. Il est jeune, beau, intelligent et sensible. Germaine ne sait lui résister. S'amorce alors une nouvelle liaison qui déplaît tout autant aux proches de Germaine qu'au père du jeune homme. Qu'importe ! Prosper est lyrique :

> Que je vous aime, Madame amie, de m'avoir écrit. J'avais, en vous quittant, quelque crainte. La figure de Benjamin m'avait semblé triste et soucieuse, et je tremblais qu'il ne vous fît quelque peine, bien dure pour moi, puisque j'en aurais été la cause. Ah ! fiez-vous à moi ; vous avez voulu attacher un peu de bonheur à moi ; je le soignerai avec une attention continuelle. Je voudrais y voir plus de mérite, mais en vérité ce sera encore songer à moi que de vouloir vous rendre heureuse... [1]

---

[1]. Faute d'avoir eu à ma disposition les très rares *Lettres de C.I. de Barante, de Madame de Staël, de Prosper de Barante* publiées par la baronne de Barante, Clermont-Ferrand, 1929, ce qui concerne

Le rendez-vous manqué

Entre juillet 1805 et avril 1806, tous deux vivent une véritable histoire d'amour ; leur intimité ne fait aucun doute. En témoigne une lettre de Prosper, datée de septembre :

> Adieu, je vous embrasse et vous aime : je suis heureux. Quelquefois, en vous tenant dans mes bras, j'ai des regrets de ne pouvoir être tout à vous, mais quand je consulte mon cœur seulement, je me dis que rien ne peut ajouter à mon sentiment et que je n'ai besoin de rien de plus pour me déclarer vôtre pour toujours [1].

Mais Prosper doit œuvrer à sa carrière, et s'il l'oubliait, son père est là pour le lui rappeler. Il ne peut demeurer indéfiniment à Coppet. Et puis, Germaine n'est plus la jeune fille innocente qui croyait en l'amour éternel. Elle s'inquiète et rumine de lugubres et tristes pensées. Prosper s'en effraie : « Pourquoi se défier tantôt de moi, tantôt des circonstances ? Quand vous serez ici, ne dissiperez-vous point cette sombre manière de réfléchir ? » Le jeune homme s'effraie aussi de l'œuvre destructrice du temps et de la volatilité des sentiments :

> L'illusion se dissipera... j'ai fait l'essai de cet avenir qui me menace. Huit jours auront tout détruit. Vous vous lasserez d'aimer, vous en avez fait l'expérience. Des hommes mille fois plus distingués que moi ont cessé de vous plaire.

Germaine aurait pu s'exprimer de la sorte. Depuis ses déboires avec Narbonne, et surtout Ribbing, elle a perdu

---

Prosper de Barante provient de : Marcel Laurent, *Prosper de Barante et Madame de Staël*, Clermont-Ferrand, 1972 et Antoine Denis, *Prosper de Barante, homme politique, diplomate et historien*, Champion, 2000. **1.** Laurent, p. 25-37. Voir aussi l'étude plus récente et plus détaillée de J.-P. Perchellet, « Une griffe au cœur : Prosper de Barante, Mme Récamier et Mme de Staël », *Cahiers staëliens*, n° 51, 2000, p. 125-148. Les dates y sont légèrement différentes.

« L'amour est l'histoire de la vie des femmes »

quelques-unes de ses illusions sur la fidélité et la sensibilité des hommes. En conserve-t-elle encore quelques-unes ? Sans doute ! Mais mieux vaut avoir plusieurs fers au feu ! Quel bonheur ainsi de voir arriver Don Pedro, qui rejoint le club des heureux élus ! Benjamin, qui n'a toujours pas réussi à rompre, est lui aussi de la partie, de même que Schlegel et Sismondi, tous deux amoureux transis et jaloux des nouveaux venus. Schlegel, notamment, ne peut s'empêcher de lancer des regards noirs au jeune Prosper et ne retrouve sa sérénité qu'à son départ. Germaine a besoin de tous ces amis amants ou amis de cœur pour ressentir la plénitude du bonheur. Et cette plénitude du bonheur, c'est de se sentir unanimement aimée ! Platoniquement, s'entend !

Durant l'hiver 1805-1806, où affluent des visiteurs de toute l'Europe, Germaine multiplie à Coppet les représentations théâtrales. Chacun s'y voit attribuer un rôle. Racine et Voltaire sont parmi les auteurs privilégiés et tous s'accordent pour reconnaître les talents d'actrice de la dame des lieux – elle y interprète notamment Phèdre. Prosper y est présent et joue Hippolyte.

Puis vient le départ pour Auxerre, où Germaine et sa cour passent le printemps et l'été 1806. Entre-temps, Prosper a été nommé auditeur au Conseil d'État et doit partir pour de lointaines contrées. L'harmonie qui régnait entre les deux amants s'ébrèche rapidement. Vient le temps des querelles et des reproches ! Et Prosper s'avère moins conciliant et complaisant que Benjamin. De quoi irriter Germaine qui récrimine. Prosper doit s'expliquer :

> Je ne veux pas dire que je n'ai pas commis de fautes… Je suis assuré par ce qui arrive que j'aurais été *le second tome de Benjamin,* aimé collatéralement avec d'autres

affections. Votre ardente mobilité fait qu'un moment vous éprouvez un sentiment avec une telle force qu'il abonde à vos yeux et à celui des autres comme si c'était la vie entière. Vous avez mêlé l'imagination au sentiment, cela le rend plus actif, plus dévorant, mais il a pris dans ce mélange quelque chose de moins fixe et de moins réel. Je me serais donné entier pour le passé et pour l'avenir, mais bientôt je me serais aperçu que même votre avenir ne m'appartenait pas en totalité.

En d'autres termes, Prosper doute de l'amour de Germaine et lui reproche de ne recevoir « qu'une part de vous en échange de tout moi-même ». Sans pour autant nier tout ce qu'elle lui a déjà donné :

> Je lui reprocherais [au sort] de vous avoir montrée à moi, de m'avoir fait connaître qu'une telle sympathie pouvait exister, de m'avoir appris qu'il était possible qu'aucune de mes pensées ne fût sans être partagée ; toutes devinées, toutes senties et réciproquement. Maintenant, je ne sais plus qu'en faire, et dans un moment comme celui-ci, elles pèsent beaucoup... Je suis devenu incapable de produire sur vous aucun effet [1].

Mais inversement, Germaine se lamente que Prosper n'ait pas de sentiments plus vifs et regrette ce qu'elle appelle « l'incomplet de ses sentiments ». Dès que son amant invoque des empêchements ou des occupations qui l'empêchent de se précipiter à ses côtés, elle est mécontente et doute de son attachement. À tel point que Prosper se plaint qu'elle veuille « toujours agiter le bonheur au lieu

---

[1]. Laurent, p. 28-36. Notamment p. 28 et p. 35. Dans une lettre à un tiers, Germaine lui reproche de ne pas avoir assez de mouvement dans l'esprit.

« L'amour est l'histoire de la vie des femmes »

de lui laisser un cours tranquille et assuré ». Observation pertinente, que lui faisait déjà François de Pange en 1795 et agitation dont Benjamin souffrait régulièrement. En un an, la relation est déjà fort compromise.

Pourtant, et en dépit de ses absences répétées, Prosper demeure un fidèle de madame de Staël. Il souffre des lettres déchirantes ou injurieuses qu'il reçoit de temps à autre et se félicite quand elles sont douces et tendres. Comme Benjamin, il ne sait parfois plus à quel saint se vouer : « je deviens fou ou à peu près ». Comme Benjamin, il songe à rompre et à se marier. Mais lorsque Germaine se fait silencieuse, il est désespéré. Ne l'aime-t-elle plus ? Lui est-il devenu étranger ? Et quand, en juin 1807, une rumeur annonce le mariage d'Elzéar de Sabran avec sa dame, il s'insurge : « Sabran n'est fait ni pour vous sentir ni pour comprendre Corinne » [1] !

En 1807, justement, le roman de *Corinne* vient de paraître et rencontre un franc succès auprès du public. Comme tant d'autres, Prosper l'a lu, mais a cru se reconnaître dans le personnage masculin d'Oswald, ce qui devient un nouveau brandon de discorde. Le jeune homme est furieux :

> Vous me faites de cruels reproches et vous m'avez enfermé dans cet Oswald où je ne peux me défendre. Ah ! si quelque jour il peignait aussi ce qu'il a ressenti, on verrait ce qu'il a souffert... Sa jeunesse est gâtée pour avoir rencontré Corinne ; il a eu ses combats, ses agitations, et souvent il les retrouve encore ; mais il n'a l'injustice de n'accuser personne ; c'est bien assez de repentir qu'il a...

---

[1]. *Ibid.*, p. 41. Elzéar de Sabran était le frère de Delphine de Custine. En 1813, il sera emprisonné à Vincennes en raison de sa correspondance avec Mme de Staël. Corinne est évidemment Mme de Staël – une Germaine idéalisée, on l'a dit.

Le rendez-vous manqué

Enfin il ne fera pas un livre de ses sentiments et de ses chagrins... Ah ! ne me parlez pas d'applaudissements et de succès, vous qui en avez vécu, qui en avez cherché de tout genre, qui ne craignez pas de faire des livres avec ce qu'on a éprouvé de plus intime dans le cœur de ce qui est actuellement individuel, qu'une sorte d'intimité devrait éloigner d'en faire un instrument de succès [1].

Le jeune idéaliste ne se reconnaît pas dans cet Oswald, froid de cœur et d'imagination et est donc vexé que l'auteur lui ait attribué certains de ses traits [2], mais il fulmine également contre la divulgation au public de leur intimité. Inversement, Germaine se plaindra bientôt que Barante n'ait pas mentionné le nom de son père dans le *Tableau de la littérature française du XVIIIe siècle* qu'il publie fin 1808.

Avant même cette dernière publication et la querelle qu'elle provoque, Prosper est tombé amoureux de madame Récamier, la meilleure amie de Germaine. L'amourette fait long feu – Juliette étant inaccessible – mais éloigne les deux femmes l'une de l'autre. Trois mois de brouille, avant que la dame de Coppet ne pardonne [3]. À cette date, elle a déjà perdu Constant qui se marie en juin 1808, ce qu'elle n'apprendra qu'en mai 1809. Humiliée et bouleversée, Germaine songe alors à épouser Prosper, qui n'en a décidément plus envie [4], et même si une rupture brutale lui paraît

---

1. Laurent, p. 42-45. **2.** En vérité, Oswald est tout à la fois Don Pedro et Prosper. **3.** On peut situer cette passade entre novembre 1808 et avril 1809. Le 17 avril, il aurait été question de divorce, et donc de mariage, mais Juliette ne donne pas suite. Voir F. Wagener, *Madame Récamier*, Flammarion, 2000, p. 181-183 et J.-P. Perchellet, p. 137-138. **4.** En 1809-1810, il passe alternativement de Germaine à Juliette. À la veille de son mariage, Mme Récamier cherche à le reconquérir. Sur la duplicité de celle-ci, jusqu'ici trop peu soulignée par ses biographes, voir la biographie de Catherine Decours, *Juliette Récamier*, Perrin, 2013.

« L'amour est l'histoire de la vie des femmes »

toujours impensable. Il continue par ailleurs de reprocher à Germaine de n'être pour elle qu'un homme parmi tant d'autres : « vos projets sont toujours soumis à des liens antécédents ».

« Je méritais d'être aimée de vous »

Entre-temps, Germaine est retournée à Vienne et s'est amourachée d'un bel officier autrichien qu'elle avait entrevu à Venise en 1805 : le comte Maxime O'Donnell. Ils vivent une relation assez intense durant cinq mois environ, avant que Germaine ne rentre en Suisse. Mais cette relation est orageuse. Le bel Adonis ne paraît amoureux qu'en privé. En société, il ignore Germaine, comme s'il avait honte de sa liaison avec une dame plus âgée, si célèbre et à la réputation si sulfureuse [1].

On se doute de la réaction de Germaine. Elle lui demande des comptes ; analyse la situation ; s'en plaint fréquemment auprès du soupirant rebelle. Elle doute et n'ose croire ce qu'elle suspecte : Maxime aurait un amour-propre démesuré, qui freine toute communication véritable et toute relation amoureuse sérieuse. Cette idylle n'empêche pas Germaine de penser à celui qu'elle aime décidément le plus. Le 15 mai 1808, elle écrit à Benjamin : « mon cœur, ma vie, tout est à vous si vous le voulez ». Il

---
[1]. Des libelles et satires en vers et en prose circulent à Vienne qui attaquent Mme de Staël, ses idées, ses mœurs, et son père ! Elle n'est pas au courant, mais O'Donnell l'est sans nul doute. Winock, p. 328-329.

« *L'amour est l'histoire de la vie des femmes* »

est trop tard. Benjamin s'est engagé auprès de Charlotte – mais Germaine l'ignore. Quant à Prosper, il ne va pas tarder à roucouler aux pieds de la belle Juliette.

Comme Corinne, l'héroïne de son roman, Mme de Staël est certainement capable d'aimer un seul homme, mais cet homme aurait dû être un autre Necker, identique au portrait qu'elle dressait en 1804 de son père adoré, ou semblable au héros de ses rêves – tel celui qu'elle décrit dans la première version de *De l'Allemagne*. Un homme aux qualités multiples et aux vertus complémentaires qui fassent de lui le grand homme complet ! Ces attentes inassouvies, et donc ce manque ou ce vide, expliquent sans nul doute qu'elle ressente tant le besoin d'avoir tous ses amis et soupirants autour d'elle [1]. Ce n'est pas par pure coquetterie. C'est un instinct vital !

Le 23 mai 1808, elle quitte l'Autriche et Maxime, qui doit bientôt la rejoindre à Coppet et tout ira pour le mieux dans le meilleur des mondes. C'est être par trop optimiste ! Bientôt vient la lettre terrible, où le bel officier dit franchement qu'il ne viendra pas et qu'il part à la guerre. Un de plus qui viole ses promesses, car il avait promis de venir ! Suit très vite une autre lettre, plus terrible encore, où Maxime reproche à Germaine de l'avoir trahi ; il accuse : « je sais tout ! » Exit l'idylle autrichienne !

L'affaire sera élucidée, mais le mal est fait. Des amis l'ont ainsi persuadé que Germaine médisait de lui, et, lui a cru en la calomnie : Mme de Staël aurait fait courir le bruit qu'il voulait à tout prix l'épouser – par intérêt

---

[1]. De ce point de vue, on pourrait dire d'elle ce qu'on disait de Mme Récamier : qu'elle a « un vide au cœur », mais c'est un tout autre vide que celui de Juliette. Voir Todorov, *Benjamin Constant. La passion démocratique*, Hachette, 1997, p. 111.

évidemment – et qu'elle l'avait refusé. Offusquée, elle reproche au jeune homme de se faire son accusateur alors qu'il aurait dû prendre sa défense. Préfèrerait-il croire en des médisances plutôt qu'en un amour sincère ? C'en est trop pour Germaine, dont le cœur est brisé.

> Maurice, vous vous jouez de la rare fortune d'être passionnément aimé, mais croyez-moi, vous le regretterez. La vie n'est pas si douce, le monde n'est pas si bon, le sort n'est pas si prospère qu'un ami fidèle soit à dédaigner... ma vie est celle d'une âme pure, et je méritais d'être aimée de vous [1].

Le déroulement tragique des aventures amoureuses de Germaine de Staël ne doit donc pas toujours lui être imputé à charge. Il arrive que le sort s'acharne contre elle. Ici, des malveillants qui jugeaient les amours de O'Donnell scandaleuses ou qui les jalousaient, ont tout fait pour briser l'idylle franco-autrichienne. Bien souvent, hélas, c'est elle-même qui provoque les orages et brise l'harmonie de telle ou telle liaison. Son excuse, c'est qu'elle a un besoin irrésistible d'être aimée. Attention, dévouement, abnégation, l'amant du moment doit la persuader que son amour est inconditionnel et éternel. Mais choisir des hommes de talent et d'esprit est-il le plus sûr moyen d'obtenir de tels sacrifices ? Choisir des hommes jeunes et faibles, est-il le plus sûr moyen d'être vraiment aimée ? Benjamin Constant, par exemple, est sur bien des points, et, malgré son physique, l'homme dont elle rêvait : un homme d'esprit et d'action, ambitieux, égoïste et créatif, mais pour cette raison même, il est incapable d'une abnégation totale.

---

[1]. *C.G.*, VI, p. 530 ; p. 533-535. Ce serait leur ami commun, le poète russe Ouvarov qui serait à l'origine de la rumeur.

« L'amour est l'histoire de la vie des femmes »

Il en va de même de Prosper de Barante, dont le désir de faire carrière freine tout engagement absolu. Aucun d'entre eux n'a en lui les qualités et l'abnégation propres à l'amant idéal – tel celui qu'elle avait cru découvrir dans son père ! Aucun ne possède non plus le grand caractère qu'elle recherche en vain.

Ce qu'elle attend de ses amis amants et de ses amis tout court, c'est aussi ce qui transparaît dans la promesse ou le pacte qu'elle fait signer à Wilhelm Schlegel le 18 octobre 1805 :

> Je déclare que vous avez tous les droits sur moi et que je n'en ai aucun sur vous. Disposez de ma personne et de ma vie, ordonnez, défendez, je vous obéirai en tout. Je n'aspire à aucun autre bonheur que celui que vous voudrez me donner ; je ne veux rien posséder ; je veux tenir tout de votre générosité. Je consentirais volontiers à ne plus penser à ma célébrité, à vouer exclusivement à votre usage particulier ce que je peux avoir de connaissances et de talents. Je suis fier de vous appartenir en propriété... Je ne sais pas... si l'on doit se résigner si complètement à un autre être humain. Mais vous avez sur moi une puissance surnaturelle contre laquelle ce serait vain de lutter... J'ai enfin trouvé ce qui est impérissable et ne me quittera qu'au tombeau [1].

Le pacte de 1805 implique une abnégation totale de soi, bien plus complète que dans celui qu'avait signé Benjamin Constant en 1797. Ce dernier était encore réciproque, conférant aux deux signataires les mêmes droits et devoirs.

---

1. *Choix de lettres*, p. 317-18. Après avoir été d'abord jaloux de lui, Benjamin Constant se moque un peu de Schlegel, qui verrait en Germaine « un être surnaturel » dont la volonté est « une fatalité à laquelle il faut céder ».

Le rendez-vous manqué

Celui qu'accepte Schlegel est bien différent, puisqu'il ne lui accorde aucun droit ni aucun avantage, mais le lie poings et mains à une femme qui ne lui promet rien en échange, sinon de ne pas l'abandonner. Peu d'hommes se seraient aventurés à le signer !

Ce qui est certain en ce mois de juillet 1808, c'est qu'elle a une notion de moins en moins stricte de la fidélité et de l'exclusivité. À peine sortie des bras de Maxime [1], la voilà qui appelle Benjamin et Prosper à la rejoindre au plus vite à Coppet. Tous deux renâclent à satisfaire la châtelaine. Ils sont occupés. Benjamin, qui plus est, a donc profité du voyage à Vienne pour se marier en secret le 5 juin précédent et ne va pas tarder à « jouer le mari à Lausanne d'une manière affectée... j'en suis fâchée pour nous. Mais les femmes communes l'emportent toujours sur les femmes distinguées », ironisera Germaine quand elle y sera directement confrontée [2]. Reste Prosper, puisque Maxime est perdu pour elle. En ces années 1809-1810, Germaine se dit de nouveau prête à l'épouser. Passer sa vie avec Prosper, ne pas quitter Mathieu et Juliette, c'est là son rêve de bonheur, début 1810 [3].

Au printemps suivant, alors qu'elle termine son livre *De l'Allemagne* et qu'elle doit en surveiller la publication, elle revient en France et s'installe près de Blois [4]. Ses amis lui rendent visite et le temps d'un printemps, elle retrouve le bonheur d'antan. Prosper est l'un des convives, toujours anxieux à l'idée des violences verbales qui risquent d'éclater d'un moment à l'autre. Son père désapprouve de plus en plus cette

---

1. Il ne semble pourtant pas que Maxime O'Donnell et Germaine aient été amants. La relation était ambiguë. Plutôt une amitié amoureuse que favorisait en privé le jeune Autrichien. **2.** Elle oublie par conséquent que c'est elle qui, en 1803 et 1807, a refusé d'épouser Benjamin. **3.** *Choix de lettres*, p. 393-394. **4.** Le gouvernement le lui a permis à condition qu'elle s'embarque ensuite pour l'Amérique.

« L'amour est l'histoire de la vie des femmes »

liaison qui risque de lui coûter sa place et celle de son fils, et l'incite à y mettre fin. Sans oublier le souci des convenances qui sont plutôt malmenées par Germaine et que condamne Claude-Ignace, le père aux normes strictes. La liaison ferait scandale. Qui plus est, Prosper passe, aux yeux du pouvoir, pour un « idéologue » – ce qui n'est certes pas une bonne recommandation sous l'Empire [1]. Heureusement, il s'est acquis une réputation d'administrateur exemplaire et on lui pardonne bien des choses. C'est qu'il sait ménager et la chèvre et le chou – entendez les Vendéens et les républicains ! Entretemps, en effet, il a été nommé préfet en Vendée.

S'il a le tact des circonstances dans sa profession, il est moins habile dans sa relation avec Mme de Staël et s'attire bon gré mal gré les foudres de la dame. Le 21 mai 1810, sous un prétexte futile. Germaine le traite ni plus ni moins d'assassin et l'accuse de violer ses promesses [2]. Elle exige de lui une présence qu'il lui est impossible d'honorer en raison de ses obligations. Il est tiraillé par ailleurs entre son père et Germaine. Et puis, il devient dangereux de fréquenter celle-ci ! Cela le deviendra plus encore après le 3 octobre 1810, quand la publication de son livre *De l'Allemagne* est interdite et que madame de Staël est sommée de quitter la France au plus vite.

Les projets de Prosper en vue d'un mariage avec Germaine sont avant tout entravés par les scènes que lui impose son amie depuis le séjour à Auxerre de 1806. Scènes qui le remplissent de terreur et d'angoisse. Aussi est-il de plus en plus réticent à cette idée, ainsi qu'il l'avoue à Mme Récamier :

---

1. Bonaparte aurait dit à ses frères : « les métaphysiciens sont mes bêtes noires... des idéologues ». **2.** M. Laurent, p. 54. Sans doute s'agit-il du pacte d'avril 1806 qui le lie lui aussi à Germaine. Diesbach, p. 362.

Le rendez-vous manqué

Je ne peux ni ne dois donner ma vie à une personne que je ne rendrais pas heureuse et qui mérite tant de l'être. Dans aucun moment il ne m'a semblé plus difficile de rassembler sur un seul point, sur un sentiment unique, l'âme si active et si variée de Mme de Staël. Jamais elle n'a eu un aussi grand besoin de distractions. Jamais aussi elle n'a su si bien s'y livrer [1].

Germaine avait cru l'épouser. Prosper décline. Mais il ne se décide pourtant pas à rompre. Le 15 janvier 1811, il lui écrit encore : « Vous avez donné du jour en moi à ce qui serait resté muet et inutile ». Ailleurs, il lui demande de lui réapprendre « ce que c'est que de vivre un peu fort ». On ne s'ennuie pas avec la dame de Coppet ! Mais ce qui devait arriver, arriva. Au printemps 1811, vient l'heure de la rupture, quand, blessée par la sécheresse qu'elle croit découvrir dans les lettres de Prosper, Germaine lui redemande celles qu'elle lui a écrites [2]. Entre-temps, le jeune préfet soupçonne sa dame de chercher « entre autres distractions des essais de sentiment à Genève ». L'idylle est bel et bien terminée. À l'automne suivant, impatient de briser ses liens tant avec Germaine qu'avec Juliette [3], Prosper épouse une jeune fille de seize ans : Césarine de Houdetot – petite-fille de la célèbre madame de Houdetot, dont Rousseau avait été tant épris !

---

1. *Ibid.*, p. 54. **2.** Prosper avait remarqué que leurs lettres étaient lues par la police, ce qui l'incitait à n'écrire que des choses anodines et banales, ce qui n'était pas pour plaire à Germaine. **3.** Ses liens avec Juliette n'étaient pas encore définitivement brisés. Il avait encore et toujours pour elle « un penchant tout à fait entraînant ». Perchellet, p. 142-143.

« Des essais de sentiment »

À tout malheur quelque chose est bon ! L'impensable s'est présenté au cours de l'hiver 1810-1811. Prosper s'avère bien informé ! Il y a bel et bien une affaire sentimentale en cours sur les rives du Léman.

Fin 1810, Germaine a fait la connaissance d'un jeune officier suisse du nom d'Albert Rocca, dit John, en congé de maladie illimité – car gravement blessé durant la guerre d'Espagne, ce qui l'oblige à marcher avec des béquilles. Ce héros de 23 ans tombe fou amoureux de la célèbre baronne, qui ne lui accorde tout d'abord aucune attention. C'est qu'il n'a ni la prestance de Narbonne, ni l'aura de Ribbing, ni l'esprit de Benjamin ou l'intelligence de Prosper. Mais il est tenace et éperdument amoureux.

À force d'attentions, de manifestations plus ou moins burlesques et d'obstinations butées, il parvient à séduire sa dame. Après tout, l'esprit, ça s'acquiert ; le talent, ça se cultive. Germaine a depuis plus longtemps été mentor. Et puis, il est loin d'être laid. La poétesse danoise Friederike Brun dira même de lui qu'il a « la plus magnifique tête [qu'elle ait] jamais vue » [1].

---

[1]. *Lettres inédites de Sismondi*, p. 348, note 1. Sismondi lui reproche son manque de sensibilité et sa déraison, sans plus de détails. À la mort de Mme de Staël, il critique tout à la fois Schlegel et Rocca pour

Le rendez-vous manqué

Il est aussi et surtout chevaleresque. C'est ainsi qu'il n'hésite pas à provoquer en duel quiconque offenserait la châtelaine de son cœur. Il est aussi exalté : « Je te veux tout entière. Je veux que tu portes mon nom, je veux un enfant de toi qui sera vraiment un petit nous. » Enfin, il est d'une jalousie excessive et ne supporte ni la présence de Benjamin, ni celle du poète franco-allemand Chamisso, qui lui aussi courtise Germaine. Benjamin esquive les duels que voulait lui infliger Rocca, tandis que Chamisso préfère prendre le large. La dame est conquise, tant et si bien que le 1er mai 1811, John Rocca et Mme de Staël se font une promesse solennelle de mariage devant un pasteur – avant de légaliser leur union en 1816, tout en la gardant secrète. Ce sera son dernier amour, puisque Germaine meurt en 1817.

À considérer le parcours amoureux, hautement romanesque de Germaine de Staël, les réticences de certains en disent plus long sur eux que sur elle. Germaine sait séduire et retenir. Si elle n'a pas la beauté de sylphide de Mme Récamier, elle n'en fascine pas moins les hommes. Et pas n'importe lesquels !

Qui plus est, elle s'attache durablement ses amis, parce qu'elle est généreuse et dévouée. Intelligente et spirituelle, elle stimule tous ceux qui l'entourent à perfectionner leurs dons et leur esprit. Il est certain que son caractère exigeant et son enthousiasme frénétique ne conviennent pas à tout un chacun et il y a peu de chance qu'un homme autoritaire comme Bonaparte ait supporté un seul instant ses sautes d'humeur, ses scènes violentes ou même ses conseils avisés. De là l'impasse où elle était condamnée. Le grand caractère

---

leurs extravagances, sans préciser hélas ce qu'il entend par là. Robert de Luppé, « Lettres inédites de Sismondi sur la mort de Mme de Staël », *Cahiers staëliens*, n° 8, 1969, p. 30-31.

« L'amour est l'histoire de la vie des femmes »

qu'elle recherchait ne pouvait être attiré par elle. Il se serait senti menacé comme le fut Bonaparte [1].

Germaine convient plutôt aux personnalités qui se cherchent, et non à celles qui savent pertinemment ce qu'elles sont et ce qu'elles ambitionnent. Elle est le moteur qui meut des personnes douées, mais passives, incertaines ou mélancoliques. Elle les inspire, les éveille et les anime. En 1813, Benjamin Constant se lamentera ainsi de n'avoir plus personne vers qui se tourner pour le lire, discuter ou lui donner des conseils. Germaine lui manque cruellement – tandis que sa femme Charlotte l'ennuie déjà à mourir. Prosper de Barante, qui, dans ses *Souvenirs*, passe curieusement sous silence ces années de jeunesse et ses premières amours est plus loquace au moment de la disparition de Germaine. Le lendemain de sa mort, il écrit :

> J'avais sans le savoir perdu une personne qui la première m'a connu ce que je pouvais être, qui m'a fait valoir plus que je n'aurais valu, à qui se rattachent tant de souvenirs, tant d'impressions de tous les moments… c'est avoir perdu une portion de son âme et de son esprit que de ne plus avoir celle qui les comprenait si bien, qui y exerçait tant d'influence [2].

Il aurait pu ajouter ce qu'il lui disait sept ans plus tôt. À savoir, qu'elle lui avait appris à « vivre avec vivacité et communication entière » ! C'était là ce qu'il avait définitivement perdu !

---

1. Son père Necker désapprouvait lui-même nombre d'actions de Germaine, et si elle n'avait pas été sa fille, il ne l'aurait sans doute pas appréciée à sa juste valeur. De même, il n'appréciait guère les femmes de lettres et avait même interdit à son épouse de publier. **2.** M. Laurent, p. 66.

Le rendez-vous manqué

Pouvait-il y avoir meilleure oraison funèbre que celle-ci ? Tout y est : le talent de Germaine pour découvrir ce qui était sous-jacent en un être, ses dons cachés, ses possibilités ; pour se mettre dans la peau de l'autre, comprendre ses qualités et ses défauts, rehausser ses facultés et valoriser tout ce qui réside en lui, enfoui sous le poids de l'éducation et des normes sociales. Ouvrir les esprits étriqués, libérer les pulsions souterraines, réconforter les âmes peinées. Tout simplement communiquer, mais communiquer vraiment et intensément. Pour tous ceux qui y aspiraient, elle était incontournable et irremplaçable. Constant gardera toute sa vie la nostalgie de cette relation unique, à jamais révolue. Après leur rupture, alors qu'elle est en Suède, il gémit encore : « Madame de Staël est perdue pour moi. Je ne m'en relèverai jamais. » Quelque temps auparavant, il confiait à son journal intime : « Je regrette Mme de Staël plus que jamais [1] ».

Le prix à payer n'était certes pas négligeable. Certains y sont parvenus comme Mathieu de Montmorency ou madame Necker de Saussure, voire Schlegel et Sismondi, mais ces relations-là étaient purement amicales et ces amis acceptaient l'égocentrisme de cette enfant unique, trop gâtée dans sa jeunesse. Car, si elle était généreuse, elle faisait également montre d'exigences outrées en matière d'émotion et d'attention [2]. Dans les liaisons amoureuses, le prix était trop élevé, semble-t-il. Si elle leur donnait

---

1. *Journaux intimes*, p. 618. À plusieurs reprises, il gémit d'avoir perdu Albertine, ce qui suggère que c'est bel et bien sa fille. **2.** Dans un portrait que publie Louise Colet, Benjamin Constant ajoutait que c'était moins de l'égoïsme qu'un culte d'elle-même que professait Germaine. Mais un culte qui intégrait tous ceux qui tenaient à elle. *Lettres de Benjamin Constant à Mme Récamier*, Paris, 1863, p. XII.

« L'amour est l'histoire de la vie des femmes »

beaucoup, Germaine exigeait donc énormément de ses partenaires, si bien qu'à la longue, Benjamin et Prosper n'aspiraient plus qu'à l'indépendance et à la paix. Des brouilles et des ruptures s'en sont suivies, mais, dans l'ensemble, le groupe de Coppet resta fidèle à sa muse, bien au-delà du tombeau. Ainsi Constant :

> Si madame de Staël était si généreuse pour tous les êtres souffrants, que n'était-elle pas pour ceux que l'amitié unissait à elle ? Comme ils étaient sûrs que son esprit répondrait à leurs pensées, que son âme devinerait la leur ! Avec quelle sensibilité profonde elle partageait leurs moindres émotions, elle pénétrait leurs impressions les plus fugitives ! Avec quelle pénétration ingénieuse, elle développait leurs aperçus les plus vagues et les faisait valoir à leurs propres yeux ! Ce talent de conversation merveilleux, unique... semblait alors ne lui avoir été donné que pour revêtir l'intimité d'une magie indéfinissable... même en s'éloignant d'elle, on était encore longtemps soutenu par le charme qu'elle avait répandu sur ce qui l'entourait. Dans les situations difficiles elle était encore... la plus dévouée. Ses amis comptaient sur elle comme sur une sorte de providence [1].

Reste que Germaine de Staël n'a pas rencontré le grand homme dont elle rêvait. L'homme idéal, calqué sur son père qui aurait allié toutes les qualités, aussi opposées soient-elles : un homme qui serait fort et sensible ; introverti et extraverti ; orgueilleux et modeste ; créatif et actif ; intelligent et sincère ; éclairé et croyant ; tendre et profond... Un homme de caractère qui aurait été pour elle : « mon protecteur, mon père, mon frère, mon ami ».

---

1. B. Constant, *Mélanges de littérature et de politique*, vol. I, 1829, p. 166-168.

Le rendez-vous manqué

Son dernier époux, de ce point de vue, ne pouvait à la longue que la décevoir [1], à l'instar de ses amours passées. Le sort ne lui a pas laissé le temps de vivre une nouvelle déception [2].

---

[1]. Pour exemple, une lettre de l'automne 1813 : « je vous propose une lecture qui a du moins le mérite de donner un sujet de conversation entre vous et moi. Vous me la refusez avec des raisonnements les plus faux que j'ai entendus de ma vie. Vous ne tirez aucun parti de mes lumières. Etc. », *C.G.*, VIII, p. 380. [2]. Sismondi a une piètre estime de Rocca. Dans une lettre d'août 1817, il blâme Schlegel et Rocca pour leurs extravagances « depuis qu'elle n'est plus là pour leur tenir la bride... ils semblent dire, désormais nous n'avons plus rien à craindre ». Rocca serait aussi « bien fou et bien malade ». *Cahiers staëliens*, n° 8, 1969, p. 30-31. Ailleurs, il écrit que John manque de sensibilité et de raison. *Lettres inédites*, p. 319. Voir aussi diverses lettres de Mme de Staël à Rocca dans *C.G.*, VIII, p. 380 ; p. 396-97 ; p. 406 ; p. 436-37, où transparaissent des différends importants entre les deux époux et une distance tant culturelle que générationnelle.

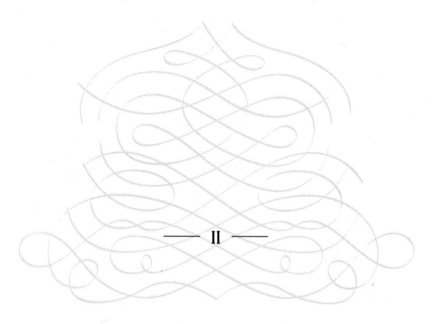

II

La religion de l'amitié

Des amitiés diverses et variées

Faute de sentiments amoureux, Napoléon Bonaparte aurait pu ressentir le besoin de nouer des liens d'amitié avec la femme de lettres la plus célèbre de son temps. Insensible à ses charmes féminins, il aurait pu voir en elle une potentielle amie, fidèle et dévouée. Après tout, Germaine séduisit non seulement son frère Joseph, mais encore Lucien, qui tous deux fréquentaient son salon. Mais de cette amitié non plus, le Héros n'a pas voulu.

Si l'amour ne se laisse pas commander, s'il est sentiment intense et passionné ; attirance physique et spirituelle ; union des cœurs et des sens, l'amitié présente des formes moins absolues. Madame de Staël en a connu de toutes sortes et elle n'en méprisait aucune. À chacun de ses amis qu'ils soient proches ou lointains, elle sait s'adresser avec amour, tendresse et sensibilité. C'est un sentiment qu'elle cultive religieusement et qui compense quelque peu les chagrins et les peines que cause l'heureux élu du moment.

Dans sa jeunesse, elle a longtemps été solitaire, entouré de gens sérieux et de philosophes éminents. La seule amie de son âge est Catherine Huber, elle aussi originaire de Suisse et qui s'y mariera, avec qui les relations seront régulières, mais peu intenses. Bientôt, les deux amies s'éloignent l'une de l'autre. Catherine semble avoir été jalouse de Germaine et désirer voler de ses propres ailes. Ce qui ne l'empêche pas de lui rendre régulièrement visite, quand celle-ci est à Coppet, d'assister aux représentations théâtrales que donne Germaine ou de s'occuper de Necker, quand sa fille voyage par monts et par vaux. Lors de l'accouchement et de la convalescence de 1812 [1], Mme Rilliet-Huber est au chevet de Germaine. Ce qui trahit bien malgré tout les liens profonds qui les unissaient. Les amitiés d'enfance ou celles de toujours [2] s'avéreront plus vivaces en définitive que les amitiés mondaines, qui se multiplient en période faste, mais se réduisent drastiquement en période de crise. Qui plus est, Mme de Staël voue un véritable culte aux souvenirs, aussi n'est-il pas si étonnant que son dernier souffle soit pour cette amie d'enfance. Elle prononcera plusieurs fois son nom avant d'expirer.

Germaine ne se fait vraiment des amis de son âge qu'après son mariage, quand elle ouvre son salon aux premiers révolutionnaires. De ces années datent les grandes amitiés, avec Talleyrand et Mathieu de Montmorency, notamment – Narbonne étant très proche sur un autre plan. Les turbulences de la Révolution en détruisent plusieurs, surtout celles qu'elle avait établies avec des nobles fidèles à l'Ancien Régime. En ces années de troubles, la politique en effet divise familles et amis et brise des amitiés qu'on croyait éternelles.

---

1. Elle est alors enceinte de John Rocca et accouche d'un garçon en avril 1812. **2.** Mme de Staël maintient des contacts réguliers avec le vieil ami de la famille, Henri Meister ; un autre vieil ami, Charles de Bonstetten de Berne ; Albertine Necker de Saussure et sa famille ; Lullin de Châteauvieux, les Pictet, etc. Quand elle est à Paris, ils passent tous à l'arrière-plan, mais reviennent sur le devant de la scène durant l'exil à Coppet.

La religion de l'amitié

La politique et la morale de l'époque étaient par ailleurs peu propices à nouer de nouveaux liens, ainsi que s'en apercevra Germaine quand elle tentera de se faire une amie de la romancière anglaise Fanny Burney. On se souvient que Miss Burney devra sacrifier l'amitié qu'elle ressent pour Mme de Staël aux convenances de la bonne société britannique. Germaine étant jugée tout à la fois immorale et démocrate ! Parfois, ces amis disparaîtront par la force des choses, tel Clermont-Tonnerre, défenestré lors de la révolution du 10 août. D'autres partiront au bout du monde pour échapper aux remous révolutionnaires, et d'autres encore rejoindront les rangs de la contre-révolution. Germaine n'abandonnera aucun d'entre eux. Ceux qui lui demandent de l'aide, de quelque camp qu'ils soient, sont entendus. Elle parvient ainsi à sortir madame de Laval de sa prison, ce qui n'empêchera pas la mère de Mathieu de médire de sa bienfaitrice, tant et si bien que Prosper de Barante désertera sa société. Elle tente de sauver Mme de Noailles ; un ami de Mathieu ; la fille de Narbonne ; la princesse de Poix ; Malouet et des membres de sa famille [1]. Elle protège également François de Jaucourt et l'aide à se cacher sous un faux nom en Suisse. Elle recueille chez elle Mathieu de Montmorency et le général Montesquiou. De ces initiatives généreuses, les personnes qui lui doivent la vie ne lui seront pas forcément reconnaissantes. L'ingratitude de Talleyrand et de Narbonne est la plus connue, celle des autres mériterait d'être soulignée. Ceux-ci oublieront les efforts de Germaine pour les sauver et médiront de sa conduite amoureuse et politique – tel Montesquiou [2]. De faux amis, en somme !

---

1. *C.G.* III, 1, p. 11 ; p. 19-22 ; p. 26-33. **2.** D. Berthoud, *Le général et la romancière 1792-1798, Episodes de l'émigration en Suisse*, Neufchâtel, 1959.

Les faux amis

De faux amis, Germaine en rencontrera toute sa vie. En 1810, par exemple, elle est courtisée par les barons Gaspar von Voght et Piotr de Balk. L'un est allemand et l'autre russe, mais si tous deux écrivent de très belles lettres à la célèbre baronne, au moindre froncement de sourcils de Napoléon, ils sont morts de peur et n'osent s'approcher d'elle. En 1811, ni l'un ni l'autre ne daigneront se rendre à Coppet, en dépit de leurs promesses. Ils ne sont pas les seuls. Deux jeunes Français, qu'avait soutenus et aimés Germaine : Camille Jordan et Joseph Marie de Gérando évitent eux aussi de s'y arrêter. Elle en est si bouleversée qu'elle le communique à Jordan :

> Je trouve ridicule d'imiter le baron de Voght, c'est-à-dire d'abandonner une amie pour des places... J'estime avant tout sur cette terre le dévouement, l'élévation et la générosité. Mais de toutes les faiblesses, celles qui souillent le plus à mes yeux, ce sont celles du calcul et de la pusillanimité ! ... De quoi reste-t-on capable quand on recherche la faveur aux dépens de l'amitié, aux dépens des consolations qu'on peut donner aux malheureux ? Je ne vous dirai pas ce que je souffre ; vous le comprendrez ; mais excepté le moment où un homme tel que vous me fait douter de

La religion de l'amitié

son estime, Dieu m'a fait la grâce de penser que je donnais un noble exemple à mon siècle... [1]

Au baron de Balk qui l'a bercée d'illusions et de belles phrases, mais qui, en 1811, n'ose lui rendre visite, elle n'épargne pas non plus les reproches :

> Vous dites que votre poitrine est délicate, vous trouvez indélicat de braver le mot santé. Qu'existerait-il dans la vie si l'on se servait toujours de ce mot-là ? Votre amie serait en prison ; il ferait trop humide pour y aller. Votre ami serait exilé ; il ferait trop froid pour l'aller voir. Qui voudrait être lié avec un homme à qui le mouvement de l'âme ne ferait rien faire ? On dirait que vous êtes comme ces divinités de la Fable, qui étaient six jours des anges de beauté et d'esprit et qui subissaient le septième une métamorphose très désagréable [2].

De déception en déception sur la valeur des hommes et des femmes, au fil des ans, Germaine se fera plus circonspecte, et d'autant que ce genre de conduites ne répond en rien à l'amitié telle qu'elle la conçoit. Ce qui explique du reste la diversité changeante de ses connaissances. Peu importe ce qu'ils pensent de la politique du moment, peu importe leur appartenance, pourvu qu'ils veuillent communiquer sincèrement les uns avec les autres sur des sujets ou objets intellectuels et sensibles. Pourvu qu'ils aiment leurs amis et soient prêts à partager avec eux peines et plaisirs.

Parler, écrire ou s'écrire, discuter, causer, ce sont là ses occupations favorites. Et elle invite ces amis à se réunir autour d'elle pour satisfaire son immense besoin de « rassembler tout ce que j'aime ». Il est devenu clair tout au

---

1. *Choix de lettres*, p. 411-412. **2.** *Choix de lettres*, p. 407-411.

Le rendez-vous manqué

long de ces pages qu'elle aime parfois à tort et à travers, c'est-à-dire des personnes qui ne méritent pas forcément son attention. Ceux-là seront bientôt bannis du cercle des intimes. Car son amitié a beau être patiente et profonde, elle est exigeante. Si l'on s'y engage, il y faut de la sincérité et de la générosité, et, pour que cette amitié fonctionne et se prolonge, il doit y avoir une concordance des âmes et des esprits ; une communion pour ainsi dire. Les sentiments doivent y être réciproques et les protagonistes témoigner intérêt et affection, sans oublier estime et respect. Des sentiments vifs et délicats qui rendront la vie douce à soi et aux autres. Ce seront en somme des affinités électives !

L'idéal, c'est que les liens soient durables, de sorte à cultiver les souvenirs d'un passé vécu ensemble. Aucun oubli n'est possible dans cette affection marquée au sceau de la fidélité. Germaine est la première à donner l'exemple, quand, en 1800, elle s'enquiert du sort de Narbonne et s'en inquiète. De même, elle n'abandonne ni Ribbing ni O'Donnell et prend régulièrement de leurs nouvelles. Chez elle, l'amour peut donc se transformer en amitié et l'amitié s'accompagner de bonté et d'abnégation ; d'hospitalité et de dévouement. Elle ne tolère pas en revanche la dissimulation, l'hypocrisie, le mensonge, la mesquinerie. Adrien de Mun qu'elle appréciait beaucoup la déçoit, car il a tenté de cacher sa liaison avec madame de Valence. Pis. Il a changé depuis qu'il est à Paris. Peut-on encore lui faire confiance ? Et sans confiance, y a-t-il encore de l'amitié ?

Que dire enfin de Talleyrand qui se conduit de plus en plus comme un hypocrite, un menteur et un égoïste, alors qu'elle l'a couvert de toute son affection [1] ? C'est ce qu'elle

---

1. Il exciterait Bonaparte contre Germaine en lui contant mille et une fourberies.

La religion de l'amitié

finit par découvrir en 1803 : « Il ne l'a[urait] payée de cette chaleur d'amitié que par un égoïsme ménagé et poli », regrette-t-elle. La déception a été profonde, car Talleyrand a longtemps fait partie de sa Sainte Trinité : « Narbonne, Talleyrand et Mathieu de Montmorency ». Aussi, quand l'occasion s'en présentera, ne résistera-t-elle pas à assouvir une petite vengeance. C'est d'ailleurs une des seules connues. En octobre 1816, la porte des Tuileries est interdite au ministre de Louis XVIII, suite à des impertinences. Germaine commente :

> J'ai été hier soir chez Monsieur de Talleyrand afin de lui apprendre comment on doit se conduire avec ses amis malheureux. Comme il m'a abandonnée sous Bonaparte, je m'amusais du contraste et c'est une vengeance comme une autre ; il n'y avait personne excepté des affidés. Personne de marquant. La veille, toute la France, le lendemain, personne ! [1]

Talleyrand l'avait bien mérité. Et cette petite leçon démontre avant tout qu'aussi généreuse que soit Mme de Staël, elle en voulait encore à celui qu'elle avait cru le meilleur des amis et avait été profondément blessée par ses trahisons. Blesser quelqu'un est incompatible avec l'amitié, même sous couvert de sincérité. C'est ce que reproche Germaine à Claude Hochet, notamment. Il l'a blessée et a refroidi son sentiment à son égard : « La société d'autrefois avait raison de mettre de côté toutes les choses qui blessent ; on en aime toujours moins ceux qui vous les disent. Soyez donc et *Verax* et même bourru, pourvu que ce ne soit pas avec moi... »

---

[1]. Léon Noël, « Mme de Staël et Talleyrand », *Cahiers staëliens*, n° 24, 1978, p. 4-21.

« Vous finirez par m'aimer »

Le même reproche peut s'adresser à Pierre-Louis Roederer qui a l'impudence de critiquer trop ouvertement les ouvrages de Benjamin ou le style de Germaine. Et ce, plus d'une fois. Mais le pire, c'est quand Roederer ne parle pas d'un ouvrage :

> Mais ce qui me fait le plus de peine… c'est le temps que vous mettez à en parler. Le lendemain du jour où vous recevrez cette lettre, louez-moi tout bonnement dans le journal qui a une véritable dictature sur l'opinion publique ; louez le livre de manière à empêcher de persécuter l'auteur. Voyez avec quel abandon je crois à votre amitié [1].

Elle ne craint pas non plus de l'admonester :

> J'ai senti une peine réelle de ce singulier besoin que vous avez et de me mal connaître et de m'apprendre que vous me connaissez mal. Vous avez fait un extrait de mon livre qui devait déplaire à mon amour-propre, un autre de Benjamin qui devait déplaire à mon amitié… Jamais… il n'a existé une personne qui portât plus loin que moi *la religion animée de l'amitié*… De tous vos amis à moi

---

1. *C.G.*, III, p. 219 ; IV, p. 204 ; 251.

La religion de l'amitié

connus, je vous déclare que je suis la personne qui vous ai le plus constamment et implicitement loué ou défendu.

Roederer comprend qu'il est peut-être allé un peu trop loin et se justifie. C'est qu'en mai 1799, la baronne de Staël n'est pas encore la proscrite à éviter. Roederer ne tient pas à se faire d'elle une ennemie, tandis que Germaine ne peut se permettre de s'aliéner le directeur du *Journal de Paris*, journaliste influent du Directoire. Elle multiplie les avances pour qu'il devienne un intime et l'invite à maintes reprises : « J'ai un tel plaisir à causer avec vous qu'à l'avenir il faut absolument que je vous voie plus souvent. J'ai dans la tête que vous finirez par m'aimer assez. » Et si Roederer ne vient pas, ce qui est parfois le cas, Germaine se désole : « j'ai pour vous ce qui s'appelle une amitié malheureuse… Vous ne savez pas assez que c'est quelque chose d'être aimé de moi… »

Mais Roederer semble demeurer réticent. Il n'est pas le seul. La même chose vaut pour madame Pastoret. Germaine apprécie pourtant la jeune femme, mais celle-ci tergiverse. La fille de Necker a beau multiplier les amabilités, Adèle – c'est son surnom, car elle s'appelle Adélaïde – est trop influencée par son milieu peu progressiste et redoute la réputation sulfureuse de Germaine. Celle-ci cherche à la tranquilliser :

> Vous verrez qu'on peut être bonne amie et s'intéresser à la Révolution, parler sur le plus grand sujet de la pensée humaine sans avoir pour cela le besoin de s'en mêler, et se plaire dans un certain centre d'idées sans avoir besoin d'une certaine suite d'actions… J'ai vu des gens à qui j'avais sauvé la vie m'accuser d'activité ; en vérité, l'on serait bien tenté de s'en corriger, au moins pour eux. Mais vous, qui n'avez rien contre moi puisque je n'ai rien fait pour vous, vous m'aimerez peut-être un jour… [1]

---
1. *C.G.*, IV, p. 181-183.

Adèle Pastoret n'était pas facile à apprivoiser. Quelques mois plus tard, Germaine se plaint de nouveau d'une de ses lettres :

> Pourquoi me dites-vous que vous m'aimeriez si ma vie n'était pas si agitée et si brillante ? Qu'a-t-elle d'agitée ? quelques calomnies. Qu'a-t-elle de brillant ? mon séjour dans un château solitaire pendant les deux tiers de ma vie. Que pourraient dire de plus mes ennemis, s'ils avaient l'habitude de se servir de vos douces expressions. Et m'accorder de l'esprit et du bon cœur, est-ce une prédilection telle que la mérite mon sentiment pour vous ? Je n'ai jamais trouvé qu'une raison pour ne pas vous aimer, et c'était que vous ne m'aimiez pas.

Mme de Staël aura beau faire, elle ne parviendra pas à conquérir définitivement la charmante Adèle. Un an plus tard, elle lui écrit :

> Je ne veux pas que vous m'oubliiez tout à fait. Je pense à vous souvent, mais avec un sentiment pénible ; il me semble que vous m'aimiez assez pour avoir le courage de m'aimer plus, il me semble que j'avais tant de rapports avec vous que vous deviez me pardonner quelques défauts... mais c'est mon sort d'aimer mieux qu'on ne m'aime. Dans tous les sentiments excepté dans le sentiment d'amour mon cœur a plus donné qu'il n'a reçu. Allons, il faut s'y résigner encore avec vous.

Déjà, en octobre 1798, Germaine regrettait l'influence néfaste de la société et des dames de la Briche, de Vintimille, etc. sur Adèle.

> Ne craignez-vous pas leur critique, vous qui devriez leur imposer la loi ! Je voudrais me tromper, parce que j'aurais à me reprocher mon insistance si je voyais juste, et si je

La religion de l'amitié

ne me retirais pas. Si cela vous est possible, rassurez-moi. Mon cœur est là tout prêt à se donner à vous.

Ainsi que le redoutait Mme de Staël, « l'empire de ces dames qui mettent les convenances à la place de tout » était trop puissant sur la jeune femme – qui sacrifia sa nouvelle amie « à l'ombre des salons [1] ». La réciprocité – indispensable à une amitié véritable – n'était pas au rendez-vous.

Peu favorables à une communication véritable entre les êtres est donc aussi le poids des convenances. C'est un peu ce que reproche Germaine à Genève et à la Suisse, où règne en maître le commérage et où l'on n'en finit pas de condamner telle ou telle infraction aux règles établies et aux bonnes mœurs. Les reproches de la cousine de Benjamin Constant, Rosalie, qui adore ce dernier et se défie de la dame de Coppet, vont dans ce sens. Germaine fait pourtant tout son possible pour amadouer la vieille fille à l'esprit acéré et à la langue bien pendue. Mais la séduction opère rarement :

> La trop célèbre a passé trois jours ici, toujours étonnante pour l'esprit, l'éloquence. Le premier jour que je l'aie vue, elle s'est donné la peine de se servir de tous ses moyens pour éblouir, et on ne pouvait l'écouter sans admiration. Mais l'effet une fois produit, elle a eu l'air ennuyé, vague et assez peu obligeant.

Trop de mots et d'arrogance française pour la provinciale suisse, qui lui en veut aussi de ne pas épouser Benjamin, de l'accaparer et de ne pas le rendre heureux. Et puis, la dame de Coppet ne se déplace pas sans sa « basse-cour » !

---
1. *C.G.*, IV, p. 160-162.

Le rendez-vous manqué

> J'ai vu deux ou trois fois ma cousine de Staël et mon cousin le tondu [1]. Avant-hier je leur fis visite. Je la trouvai entre le renard, le petit chat et l'autre ayant un de ses coudes dans la poitrine de l'un, prenant l'autre par la tête. Et le troisième tenant sa nuque et l'appelant bonne petite chatte. Ce tableau me dégoûta un peu... [2]

Parmi ses amis suisses, il y a aussi les Pictet. Eux non plus ne parviendront pas à répondre chaleureusement aux avances de Germaine. Pourtant, elle se démène en leur faveur, cherche à leur rendre service ou à leur faire récupérer l'argent auquel ils ont droit. Au lieu de les rapprocher, ces services vont les éloigner sensiblement [3]. Pictet-Diodoti, nommé député grâce à Constant et à Mme de Staël, devient bonapartiste et prend ses distances avec elle ; son cousin Charles Pictet d'Outremont la trouve envahissante et extravagante et cherche à l'éviter, tandis que le frère de celui-ci, Marc-Auguste se fâche, parce qu'elle lui a obtenu un subside de 500 livres du roi d'Angleterre. Allez donc rendre service aux gens qui n'en veulent pas !

Pour ce qui est de son amie d'enfance, elle est donc une rivale jalouse de Germaine plutôt qu'une amie compatissante. Elle aussi veut avoir son salon et régner sur l'élite genevoise. N'a-t-elle pas été élevée à Paris comme Germaine ? Quand elle se montre à Coppet, c'est surtout en l'absence de la dame des lieux ou à l'occasion de représentations théâtrales. Pourtant, lors de l'exil à Coppet, notamment en 1811-1812,

---

1. Benjamin avait adopté la coiffure à la Titus – c'est-à-dire les cheveux courts à l'antique, à la mode sous le Directoire. **2.** Le renard est Hippolyte Terray, le chat est Adrien de Mun et l'autre – le tondu – c'est donc Benjamin Constant. *Lettres à sa famille*, p. 19. **3.** On les retrouve malgré tout aux représentations théâtrales organisées par Germaine entre 1810 et 1812.

La religion de l'amitié

Mme Rilliet-Huber sera là pour soigner Germaine et s'occuper des visiteurs. On comprend mieux que madame de Staël ne l'oublie pas dans son testament. Et puis, ce serait comme si, au moment décisif, les souvenirs d'enfance resurgissaient brusquement à la mémoire et prenaient le pas sur ceux du proche passé. À son amie d'enfance, elle pardonnera ses absences et ses humeurs et léguera 2 000 livres et un de ses « schalls » au choix.

Dans la vie de Mme de Staël, deux genres d'amitié coexistent en vérité : les amitiés de jeunesse et les amitiés mondaines. Mme Rilliet-Huber et Albertine Necker de Saussure appartenaient à la première catégorie ; Mme Récamier à la seconde, tout comme Joseph Bonaparte, rencontré dans les années 1800.

Une amitié singulière

Curieuse est l'étroite amitié de Germaine avec Joseph Bonaparte, le frère aîné du héros d'Italie et le vassal de l'empereur des Français. Malgré l'aversion croissante de Napoléon pour la fille de Necker, Joseph entretient assez longuement de bonnes relations avec elle. Il l'invite dans sa résidence de campagne à Mortefontaine, dîne chez elle et correspond avec elle. Fervent amateur de lettres et d'arts, Joseph est un interlocuteur agréable et distrayant. L'amitié qui lie Germaine à Joseph est surtout intense dans les années 1800-1806. L'ordre d'exil d'octobre 1803 met fin à leurs rencontres et ébranle quelque peu une relation qui aurait pu devenir plus intime.

À partir de là, le sujet principal de leur correspondance se limite bien souvent à un seul thème : l'attitude de Napoléon envers Germaine, qui compte sur Joseph pour adoucir les mesures sévères de son frère. Dans chaque lettre, il en est question. Elle lui demande d'intervenir ou bien demande à des amis de voir Joseph pour qu'il plaide sa cause auprès du Premier consul. Le contexte n'était donc pas favorable à des relations très intenses. Qui plus est, Joseph est bientôt catapulté roi de Naples et des Deux Sicile, ce qui les éloigne un peu plus. Et quand il sera

La religion de l'amitié

propulsé roi d'Espagne en 1808, la distance entre eux sera encore accrue. Il y a pis. Roederer, qui est devenu un ennemi de Germaine, gravite telle une éminence grise autour du roi Joseph et y joue le rôle que joue ou jouait Talleyrand auprès de Napoléon.

Germaine n'a donc plus à faire à un diplomate, mais à un souverain et à sa cour. Le ton des lettres se fait peu à peu moins spirituel, moins familier. Elle n'a plus besoin désormais de lui prédire un bel avenir ou de le conseiller sur tel ou tel point ; elle ne ressent plus le besoin de le complimenter sur son travail, de louer ses qualités ou de lui faire part de l'estime de tiers. Auparavant, à lui aussi, elle écrivait qu'elle l'aimait de tout son cœur : « tout ce qui dépend de moi est votre bien ». À lui aussi, elle faisait part de son impatience à le voir au plus vite ; et à lui aussi enfin, elle rappelait combien elle souffrait d'être bannie de Paris et éloignée de ses amis – dont Joseph faisait évidemment partie. À propos de la paix d'Amiens de 1802, dont Joseph était chargé des négociations, elle lui écrivait :

> Pardonnez-moi de m'occuper de votre éclat personnel dans cet événement immense ; je m'accoutume par degrés à ne voir les plus grandes nouvelles que dans leur rapport avec vous et je me trouve assez bien de concentrer ainsi mon esprit dans mes affections. Je pense avec délices à tout ce que nous dirons de vous cet hiver. Le Premier consul doit être bien heureux ; vous le serez aussi pendant votre carrière, et votre parfaite bonté associera tous les cœurs à vos succès. Adieu ; partez pour la plus grande, la plus brillante circonstance de votre vie. Soyez béni par l'amitié, dont les vœux valent bien ceux du général des Jésuites. Je vous souhaite la gloire, et à moi votre amitié ; dans ce partage encore je serai plus heureuse que vous [1].

---

1. *C.G.*, IV, p. 416.

Le rendez-vous manqué

Les contraintes officielles auxquelles était sujet Joseph l'empêchaient de fréquenter régulièrement les sociétés parisiennes. Germaine se plaint sans cesse de ne pas assez le voir. Il y avait aussi la politique. La baronne rebelle désapprouvait la plupart des réformes amorcées par Bonaparte et ne pouvait s'empêcher d'en faire part à son frère aîné. Après 1803 et le premier exil, leurs échanges s'espacent et se raréfient donc au gré des honneurs que distribue Napoléon à sa famille. Germaine aura encore des rapports avec Joseph, en 1807, quand elle lui envoie son roman *Corinne* ou bien en 1815, quand Joseph tente de la rallier à Napoléon et aux Cent-Jours. Mais l'amitié a tourné court. Les circonstances en somme en ont freiné l'aboutissement. Un fil rouge l'a traversée qui la rendait impossible : le sort de Mme de Staël ! Joseph ne pouvait rien y faire. Contre son frère, il était impuissant ! C'est fort dommage, car à suivre leurs premiers échanges, le ton était des plus spirituel et les affinités entre eux étaient nombreuses et authentiques.

Qui peut vous voir et penser à une autre [1] ?

Durable par contre est la surprenante liaison que madame de Staël entretient durant des années avec Juliette Récamier, si célèbre pour sa céleste beauté et son extrême douceur. Leur première rencontre se situe en 1799-1800, quand monsieur Récamier rachète une maison de monsieur Necker, et la première lettre date de 1801. Qu'une intellectuelle aussi exigeante que Germaine soit attirée par une femme de onze ans plus jeune et sans aucun lien apparent avec la littérature et la philosophie peut paraître surprenant ! Mais le charme de Juliette l'éblouit, d'autant qu'il se marie avec une douceur extrême.

> Vous souvenez-vous, belle Juliette, d'une personne que vous avez comblée de marques d'intérêt cet hiver… ? Comment gouvernez-vous l'empire de la beauté ? On vous

---

1. *Lettres de Madame de Staël à Madame Récamier*, Domat, 1952, p. 155-56. Pour un autre jugement : la très cartésienne Julie Talma, qui ne supportait pas « le charlatanisme de ses manières » et la jugeait trop affectée, et, partant, sotte ! Il semblerait qu'au début, Benjamin ait partagé cet avis, quand il note que Mme Récamier « ne vieillit pas ; elle n'a pas une ride ni une idée de plus ». *Lettres de Julie Talma et de Benjamin Constant*, p. 139. « Lettres à Prosper de Barante », *Revue des Deux Mondes*, 1906, p. 3.

l'accorde avec plaisir, cet empire, parce que vous êtes éminemment bonne, et qu'il semble naturel qu'une âme si douce ait un charmant visage pour l'exprimer.

C'est l'alliance de toutes ces qualités qui séduit la baronne, laquelle connaît peu en principe le sentiment de jalousie. Certes, elle aurait bien échangé une partie de son esprit contre un peu de la beauté de Juliette, mais cela étant impossible, mieux valait en jouir que la jalouser. Ce qui ne l'empêche pas de se défier de la coquetterie de la belle et de la prier de se montrer réservée avec ses amoureux. Avec Prosper, en particulier !

> Vous me dites que vous m'écrivez plus souvent maintenant que vous voyez plus souvent Prosper. Je crains, je vous l'avoue, que vous ne vous laissiez aimer par lui. Et ce serait pour moi une peine mortelle. Car deux de mes premiers sentiments en seraient troublés. Ne le faites pas Juliette. Proscrite que je suis, me confiant à vous, et si prodigieusement inférieure à vos charmes, la générosité vous défend de vous permettre avec lui la moindre coquetterie... Adieu, chère Juliette, répondez-moi tout de suite à cette lettre, où je mets toute mon âme à votre merci [1].

En dépit de cet avertissement, Germaine fait une confiance sans borne à son amie et lui envoie tour à tour Benjamin, Prosper ou son fils Auguste pour avoir des nouvelles ou lui apporter des suppliques que Juliette doit remettre à qui de droit. C'est que le Tout-Paris fréquente le salon de Mme Récamier et nombreux sont les proches du gouvernement, sensibles aux agréments de la belle des belles. Murat, Junot, Moreau, Bernadotte, Lucien Bonaparte, Fouché et tant

---

1. *C.G.*, VI, p. 136-37. Cette lettre date de septembre 1806. Deux ans plus tard, et malgré cette prière, Juliette se laissera séduire par le jeune et charmant Prosper.

La religion de l'amitié

d'autres ne s'y bousculent-ils pas ? Certains tombent fous amoureux, tel Lucien Bonaparte, mais tous sont charmés.

Avec les années, madame Récamier devient une légende. On la visite comme on visite le Louvre. On l'admire comme on admire une œuvre d'art. Dès 1803, une cousine de Benjamin, Constance Cazenove d'Arlens, de séjour à Paris, s'empresse ainsi rue du Mont-Blanc :

> La divinité n'y était pas encore. Enfin, elle sort de son appartement : une robe de velours noir, un voile de mousseline arrangé agréablement sur la tête, des manches courtes, pas de bijoux. D'abord, elle ne me frappa point. Elle n'avait pas de rouge. Son organe est très doux, et il y a dans sa personne plus de charme encore que de beauté. Elle a de la douceur et quelque chose de timide dans le regard.

Au fil des ans et au contact de Mme de Staël, l'irrésistible Mme Récamier, silencieuse et timide à ses débuts, acquiert une plus grande aisance et plus de confiance en elle. À l'instar des jeunes gens qui ont fréquenté Germaine, celle-ci révèle Juliette à elle-même, la prend pour confidente et l'incite à être sa médiatrice.

> Chère Juliette, vous êtes charmante en tout, et ce rôle de confidente, qui va si mal à votre ravissante personne, vous le faites d'autant mieux qu'il ne vous convient pas. C'est un grand calme en tout que la supériorité... Voyez Benjamin, voyez-le souvent. Vous avez plus de crédit sur lui que moi si vous lui parlez. Vous savez si bien faire valoir vos amis, et je vous devrai peut-être une vie. Il n'en est pas pour moi sans l'ami de toute ma jeunesse et tous les succès, tous les hommages de la terre ne valent pas Coppet avec lui.

Les effets de cette amitié sont éclatants. Ils se décèlent en particulier, quand les deux amies sont ensemble. Le fin observateur qu'est Benjamin Constant les décrit ainsi :

Le rendez-vous manqué

Rien n'était plus attachant que les entretiens de Mme de Staël et de Mme Récamier. La rapidité de l'une à exprimer mille pensées neuves, la rapidité de l'autre à les saisir et à les juger ; cet esprit mâle et fort qui dévoilait tout et cet esprit délicat et fin qui comprenait tout ; ces révélations d'un génie exercé communiquées à une jeune intelligence digne de les recevoir : tout cela formait une réunion qu'il est impossible de peindre sans avoir eu le bonheur d'en être témoin soi-même [1].

Germaine est à Vienne quand elle écrit la lettre relative à Benjamin. Ce dernier a profité du voyage en Autriche de Mme de Staël pour se marier clandestinement. On a vu que Germaine n'apprendra qu'un an plus tard la terrible nouvelle. Heureusement, ses amis et Juliette sont là pour la consoler durant cet été 1809 et l'amitié qui lie les deux femmes semble alors se renforcer et devenir plus intime.

> Vous m'avez fait connaître, chère Juliette, un sentiment tout nouveau pour moi, une amitié qui remplissait mon imagination et répandait sur ma vie un intérêt qu'un autre sentiment m'avait seul inspiré. Vous avez, cette année surtout, quelque chose d'angélique, ce charme qui daignait se concentrer en moi ébranlait mon âme ; et je me suis crue séparée d'une influence céleste, quand vous avez disparu... Enfin, vous avez produit sur toutes les âmes une impression surnaturelle. J'ai peur de cette impression. Il faut qu'il se passe en vous quelque chose d'extraordinaire pour émouvoir à ce point.

---

1. Chateaubriand, *Mémoires d'Outre-Tombe*, Librairie générale, 1973, p. 1098. À lire ce fragment de Benjamin Constant, on comprend plus facilement que Chateaubriand soit lui aussi tombé amoureux de la belle des belles. La légende – créée par Chateaubriand lui-même – veut que ce se soit concrétisé le 28 mai 1817, lors d'un dîner chez Mme de Staël.

La religion de l'amitié

Il y a plus. Non seulement la douce présence de Juliette apaise Germaine, mais elle la réconcilie pour ainsi dire avec la gent féminine et la conforte dans son féminisme :

> Vous m'avez fait connaître dans ce dernier séjour ce qu'il y a de vraiment doux dans la tendresse pour une femme. C'est l'alliance de deux êtres faibles qui regardent ensemble leurs oppresseurs. Si nous vivions ensemble à Paris, nous pourrions nous passer d'une vie à nous en regardant couler celle des autres... J'ai le cœur serré que vous n'ayez pas trouvé de lettre de moi à Chaumont. Je ne pourrais supporter un doute de vous sur mon affection, à présent que vous êtes ma jeune sœur, mon amie chérie, celle qui suffirait à ma vie si je pouvais contempler avec vous le tableau mouvant des arts et du monde. Mathieu serait notre ange tutélaire à toutes deux [1].

Cette amitié a pourtant connu des orages. À force de lui rendre visite, on a vu Prosper tomber amoureux de la belle Juliette – quelques mois de 1808-1809 et puis, au printemps 1810, et, si elle ne lui a rien accordé, Juliette l'a écouté, voire encouragé. Germaine en a été peinée, sans pour autant rompre avec aucun des deux. Il y a eu tout au plus trois mois de brouille entre elles ; brouille qu'elles ont bien vite voulu oublier. Il en ira différemment dans les années suivantes, quand Auguste, le fils aîné de Germaine, s'amourache de la belle et tarde à rejoindre sa mère en Suède. Germaine est contrainte d'insister, de menacer, de faire intervenir son ami Mathieu [2], avant que le jeune homme ne se décide à prendre la route du Nord. Germaine en rendra Juliette responsable. Dans deux lettres sévères,

---

1. *Choix de lettres*, p. 391-392. **2.** Mathieu de Montmorency en vient même à parler à ce sujet de « mauvaises amitiés » et demande à Juliette de les fuir ! C'est sur ses instances que Juliette se décide enfin à partir en Italie, ce qui libère le jeune Auguste.

Le rendez-vous manqué

elle accuse en filigrane la plus coquette des coquettes de faire perdre son temps à son fils et de gâcher son avenir [1].

Mais le clou de l'histoire, c'est à n'en pas douter l'épisode Benjamin Constant. Une fois marié, Benjamin est resté semblable à lui-même : à savoir, éternellement insatisfait. Le voilà qui regrette de temps à autre son mariage et, dans son journal intime, se lamente sur la rupture avec la dame de Coppet. Pis. Le voilà brusquement fou amoureux de celle qu'il a côtoyée durant des années, sans que la plus belle femme de son temps ne lui fasse aucun effet : Juliette le laisse faire, voire l'encourage, sans rien lui concéder ! La crise dure plus d'un an, entre fin août 1814 et fin 1815. Madame de Staël en a été terriblement blessée. À lire les notes intimes de Benjamin, il semblerait que cette fois-ci, elle en ait vraiment voulu à Juliette, et bien plus qu'on ne l'a dit. Elle se serait ainsi querellée plusieurs fois avec son amie, à propos de ce même Benjamin, et, aurait tout fait pour détacher celui-ci de cette femme « fausse et perfide [2] ». Et Germaine d'expliquer à l'infidèle le ressort qui meut Juliette : « au fond elle ne veut des hommes que l'espèce d'émotion physique que leurs désirs lui causent, faute de mieux... [3] »

---

1. Belle analyse dans Catherine Decours, *op.cit.*, p. 289-293. On se doute que Juliette en fut blessée, voire humiliée. **2.** À l'issue d'une discussion avec Auguste de Staël, Benjamin en conclut que Juliette est « un vrai roué en femme ». Il est alors un amoureux éconduit. Ceci explique cela (*Journaux intimes*, p. 667). Mais de là à justifier Juliette, comme le fait Françoise Wagener, il y a un pas que nous ne franchirons pas. Mieux vaut insister, comme le fait Catherine Decours, sur la cruauté avec laquelle Juliette traite ses soupirants. Voir p. 321-327. Une autre de ses victimes était Schlegel, qui lui aussi avait un beau jour prononcé la phrase fatale : « Si j'osais... ! » et, comme Benjamin, il avait reçu pour réponse : « Osez ! » **3.** *C.G.*, IX, p. 659 ; p. 693 ; p. 716. Le 17 août 1810, Germaine écrit aussi qu'un génie malfaisant

La religion de l'amitié

Contre Constant, Mme de Staël avait du reste d'autres motifs de mécontentement, car il refusait de lui rembourser la moitié des 80 000 francs que Necker et elle lui avaient prêtés, alors même qu'ils avaient conclu un accord à ce sujet. Or, elle en avait besoin pour le mariage de sa fille – les deux millions de son père n'étant toujours pas remboursés [1]. On a vu et revu que Mme de Staël n'était pas rancunière, mais Constant avait parallèlement prononcé des phrases impardonnables [2] et s'était montré particulièrement odieux en cette occasion. Malade, elle refusera de le recevoir en 1817. Désespéré, Constant écrit à Schlegel :

> N'y a-t-il donc aucun moyen de voir Mme de Staël ? D'autres la voient. Je ne puis vous peindre ce que j'éprouve. Est-ce qu'elle ne veut pas me voir ? Croyez-moi, le passé est un spectre terrible quand on craint pour ceux qu'on a fait souffrir.

Si Germaine refuse de recevoir Benjamin en 1817, elle ne refuse pas la présence de Juliette – ce qui pourrait suggérer que les deux amies sont bel et bien réconciliées. C'est

---

pousse Juliette à séduire tout un chacun : « il me semblait que la fée Guignon guignonnante l'obligeait à tout cela, et qu'elle n'en était pas moins excellente en faisant ce qui n'était pas bon » *C.G.*, VII, p. 207. Constant en vient à conclure que Juliette aimait l'amour, et non son objet. Todorov, *op.cit.*, p. 111. **1.** Le 21 mars 1810, ils avaient conclu un arrangement. Germaine acceptait de renoncer à la dette de Benjamin – mais la somme lui reviendrait à elle et à ses enfants, en cas de décès de Constant et faute d'héritier direct. Mais début 1815, Germaine avait désiré la moitié de la somme pour la dot d'Albertine. Il semblerait que Benjamin ait tout d'abord accepté, avant de se dédire. *C.G.*, VII, p. 116-117 et IX, p. 155, note 5 ; p. 188-89. **2.** Notamment – et en présence de leur fille Albertine – qu'il était incapable d'aimer une femme plus de trois mois d'affilée. Il menaçait par ailleurs Germaine de rendre publique sa correspondance privée si elle lui faisait un procès pour le remboursement de sa dette. *Choix de lettres*, p. 506.

Le rendez-vous manqué

bien ce que craignait Benjamin : qu'elles se réconcilient à ses dépens ! Mais cette réconciliation n'est que de façade, ou, en d'autres termes, leur amitié est bel et bien ébréchée – ainsi qu'en témoigne une lettre de Mme de Staël de la mi-septembre 1816, où elle reproche à la belle des belles de ne pas professer une véritable religion de l'amitié et de susciter en elle tout à la fois enthousiasme *et* humeur [1]. Si les deux femmes n'en laissent rien paraître en public, c'est qu'elles sont conscientes qu'ensemble, elles sont un puissant pôle d'attraction. Cette grande amitié entre l'Esprit et la Grâce est en définitive un *faire-valoir*. Pour l'une comme pour l'autre [2]. Elle participe du mythe construit par les contemporains – dont Chateaubriand n'est pas le moindre.

---

1. Juliette a su séduire les deux génies de son siècle : la décoration de son salon de l'Abbaye-aux-Bois avec ses deux portraits de Mme de Staël et celui de Chateaubriand témoigne bien de l'aura recherchée par la belle allumeuse. Se voyait-elle comme leur muse ? Cela se pourrait ! Notons encore que ses lettres ont pour la plupart disparu, ce qui la rend encore plus mystérieuse. Juliette a laissé avant tout une image visuelle à la postérité : celle du portrait de Gérard, plus valorisant que celui de David. **2.** Disons que c'est une véritable amitié pour 50 % et une relation valorisante pour le reste. Mme de Staël n'a rien légué à Juliette – mais elle lui avait déjà offert son portrait par Firmin Massot, d'après celui de Mme Vigée-Lebrun.

Sœur d'esprit et d'âme

Très différente est l'autre amie intime, mais discrète, qui, en définitive, a joué un plus grand rôle dans la vie de Germaine que le cercle mondain de ses amis et connaissances. Celle-là même qui correspondait avec Mathieu de Montmorency et se préoccupait autant que lui des splendeurs et misères de la fille de Jacques Necker : Albertine Necker de Saussure, sa cousine germaine par alliance. Si leurs contacts ont longtemps été irréguliers, en raison des longs séjours à Paris de Mme de Staël et de ses voyages, l'exil de cette dernière rapproche les deux femmes. Un rapprochement amorcé à la mort de Necker, qui décède dans les bras de sa nièce.

À partir de là, leur amitié s'intensifie, n'en déplaise leur caractère très différent : Albertine est sage et raisonnable, plutôt conformiste et croyante, là où Germaine est exaltée, extravagante et peu soucieuse du *qu'en-dira-t-on* ! Mais elle a besoin d'être écoutée et consolée, et cela, Albertine le fait à merveille.

Consciente des défauts de son illustre cousine, Albertine n'en apprécie pas moins sa « vivacité d'amitié » et sa « bonté de cœur ». Aussi prend-elle régulièrement la défense du « phénomène éclatant », que serait Germaine.

Le rendez-vous manqué

Quant à cette dernière, elle estime le caractère et l'esprit de sa cousine et l'encourage à écrire. Qu'Albertine ait suivi les conseils de sa célèbre amie, c'est notamment perceptible dans la *Notice sur le caractère et les écrits de Mme de Staël*, publiée en préface aux *Œuvres complètes*, dont Auguste de Staël assure la première édition de 1821 [1]. Leur amitié sera la plus longue et la plus stable qu'ait connue Germaine. À sa mort, Albertine se serait ainsi écriée : « Ah ! Qu'il est affreux de souffrir sans elle ! [2] » Germaine ne l'oublie pas non plus dans son testament et lègue à sa « chère sœur d'esprit et d'âme » tout à la fois une somme d'argent et son portrait par Mme Vigée-Lebrun [3].

Albertine, en un sens, était plus proche de Germaine que ne le fut jamais Juliette. Jamais non plus, elle ne l'a déçue ou trahie. Mais elle était moins valorisante que la sublime nymphe, qui illuminait de sa grâce le salon de la femme la plus extraordinaire de son temps [4] !

---

1. Elle traduit également les *Cours de littérature* de Schegel en français et publie un traité sur l'éducation. **2.** Kohler, p. 440-450. Albertine, qui plus est, était devenue sourde, ce qui la désolait. Elle non plus n'était pas d'un naturel très gai. Notons enfin que Germaine a donné son prénom à sa fille ! **3.** Kohler, p. 672-674. Madame Récamier est la grande absente du testament de Germaine. On comprend mieux pourquoi. Quant à Constant, il a déjà eu bien plus qu'il ne méritait, puisqu'il a conservé les 80 000 livres – qu'il devait léguer aux enfants de Germaine, si lui-même n'avait pas d'héritiers directs ! **4.** Lorsqu'elle lance des invitations à des tiers, Germaine mentionne expressément la présence de la belle des belles, comme pour attirer le plus de convives possible. Constant signale ainsi qu'en 1807, lors de la première visite de Juliette à Coppet, les Genevois se pressent en masse pour la voir.

Ses adorables qualités lui restent

Mathieu de Montmorency pourrait incarner à lui seul la figure de l'ami fidèle. Germaine le nomme toujours dans sa Sainte Trinité. Il est le seul à y demeurer jusqu'à la Restauration. Depuis 1790, il a suivi de près la jeune femme, a été amoureux d'elle avant de devenir l'ami dévoué, dont on a eu maintes preuves tout au long de ces pages. Elle l'a recueilli à deux reprises ; il l'a écoutée, secourue, consolée. Il est un des seuls à comprendre une des raisons de la mélancolie de Germaine : en son for intérieur, elle penserait avoir raté sa vie de femme. Durant ces années terribles, elle a pu compter sur son indéfectible amitié. Il est le dernier avec Juliette à lui rendre visite en 1811, quand elle est confinée dans son château de Coppet [1].

Et pourtant, en 1816, cet homme qui avait d'abord lutté pour la liberté, puis pour la religion, est soupçonné par Germaine d'ambition – « la troisième période des enthousiasmes de sa vie » – depuis qu'il a été propulsé chevalier d'honneur de la duchesse d'Angoulême et fréquente les

---

1. Germaine n'en est pas moins entourée, mais entourée de ses amis et connaissances suisses, auxquels s'ajoutent le prince et la princesse Lubormiski, des Polonais qu'elle avait rencontrés à Vienne et qui passaient alors six mois à Genève.

ultras [1]. La déception est grande. Et si elle dit l'aimer encore, elle n'est plus tout à fait sûre de vouloir demeurer son amie. L'a-t-il su ? S'en doutait-il ? Le fait est qu'il lui a fallu quelque temps avant de consacrer un éloge funèbre à sa grande amie. Jusque-là, dit-il, le chagrin le dévorait :

> Pendant vingt-cinq ans, j'ai lu dans son âme... j'ai pu y découvrir des trésors de bonté, des mystères de génie et de sensibilité... je ne suis jamais rentré en moi-même sans y retrouver l'image de mon amie... j'ai été trop souvent dans le cas de la défendre contre les ennemis qu'elle a eus par un triste héritage, par l'effet inévitable de nos dissensions civiles, par son talent même qui n'était pas celui d'une femme... j'aurais pu leur dire à tous : je n'ai jamais rencontré une femme qui eût plus d'esprit ou meilleur cœur... [2]

Cette femme, qui l'a aimé jusqu'à sa mort, ne le suivait plus du tout. Elle lui en voulait d'avoir renié les idéaux de leur jeunesse et de se ranger aux côtés des royalistes intransigeants – dont la figure de proue était donc la duchesse d'Angoulême, fille de Louis XVI. Germaine, qui défendit jusqu'au bout la Révolution et qui disait préférer périr plutôt que de perdre « les institutions voulues pendant vingt-cinq ans », ne pouvait accepter une telle trahison. Son amitié s'en ressentit, ce qui ne l'empêcha pas ni de lui léguer un portrait d'elle – « en mémoire d'une amitié... inaltérable », ni de le recevoir chez elle [3]. Sa présence est attestée le 13 juillet, la veille de sa mort.

---

1. Elle écrit à Juliette qu'elle ne veut pas « risquer de lui déplaire en blâmant tout ce qu'il approuve ». Elle ajoute à propos d'une lettre de lui qu'elle vient de recevoir : « l'esprit de parti le plus amer s'y fait voir ». À tel point qu'elle en vient à douter de leur amitié. *C.G.*, IX, p. 414 et p. 500. **2.** De Luppé, *Cahiers staëliens*, vol.14, 1972 p. 4. **3.** Auguste de Staël était chargé de faire faire un portrait de sa mère pour Mathieu. Kohler, p. 672-677.

De nouveaux amis

Ce ne sont là que quelques exemples, mais ils sont représentatifs. Autant Mme de Staël attire à elle des admirateurs et conserve des amis intimes, autant elle en effraie d'autres par son impétuosité et son extravagance ou bien elle en rebute d'autres encore, qui ne se retrouvent ni dans ses idées ni dans ses actions. Il est de petits miracles cependant : l'amitié qui la lie à Pedro de Souza, futur duc de Palmella, et qui ne se démentira pas. Elle-même a jugé pertinemment ce qui les différenciait et ce qui aurait pu les éloigner l'un de l'autre :

> Tout est mouvement en moi ; tout est réflexion en vous. Tout ce que je sens, je le dis ; un voile couvre toutes vos impressions. Et cependant j'étais plus attachée par ce secret de votre âme que par tout ce qui jamais m'a été révélé. Le temps prouvera si ce sentiment est une illusion de l'imagination ou un instinct du cœur qui m'a fait vous deviner. Si vous êtes ce que je crois, vous m'aimerez quelque temps ; pas toujours ; car la destinée ne nous a pas faits contemporains, mais ce ne sera pas facilement que vous donnerez ma place dans votre cœur et vous ne ferez qu'un choix qui justifie mon enthousiasme pour vous.

Elle reverra Pedro à Auxerre, à Paris et à Coppet, mais aussi lors de son séjour à Londres en 1813-1814. Ils correspondent régulièrement, avec quelques interruptions, dues aux événements politiques ou à la maladie. En 1813, il la retrouve à Bowood, en Angleterre. Sa dernière lettre connue est de novembre 1815, et c'est pour rappeler à Germaine que « son amitié peut bien rester dans le silence, mais jamais dans l'oubli ». Il est aussi le premier à comprendre ce qui la lie réellement à Rocca, son second époux. Ce qui démontre bien que leur amitié était véritable, partagée et attentionnée. Dans une lettre de 1805, elle ajoutait avec tendresse :

> Votre esprit et vos sentiments sont quelquefois prisonniers au-dedans de vous-même. Je serai le chevalier qui les délivrera ; je vous apprendrai à vous connaître, à vous montrer tel que vous êtes... [1]

C'est là un de ses dons, on s'en souvient : découvrir la vérité sous les apparences ; révéler les qualités cachées de l'individu à lui-même ; les lui faire admettre et les valoriser. Que ce soit Benjamin ou Prosper, ils lui en seront éternellement reconnaissants. Leur ami Sismondi éprouve le même sentiment.

Au lendemain du décès de Mme de Staël, il a ainsi laissé un témoignage éloquent de ce qu'elle représentait pour lui :

> C'est une amitié qui a duré dix-huit ans et dont le lien se brise aujourd'hui. Elle était trop aimée, elle avait elle-même trop d'attachements, et son caractère était trop passionné pour que j'aie jamais aspiré à tenir auprès d'elle la première place... cependant, il y avait entre nous une intimité... à laquelle je n'arriverai jamais peut-être avec une autre. Je lui dois prodigieusement, elle m'a créé en

---

1. *Choix de lettres*, p. 309-310. Voir aussi leur *Correspondance*, publiée par Gallimard, 1979.

La religion de l'amitié

quelque sorte, en éveillant toutes mes pensées, en me donnant le désir et l'avant-goût de la célébrité, en m'apprenant ma langue et les raffinements d'une société que je n'ai commencé à voir que par elle, en me sortant de mes habitudes étroites de l'esprit des petites villes. Je lui ai dû beaucoup de bonheur dans la vie. J'avais pour elle le sentiment qu'on a pour une parente intime ; il ne me semblait pas que nous nous fussions choisis, mais plutôt que nous ne pouvions pas cesser d'être amis... c'est une grosse perte pour le monde... [1]

---

1. Robert de Luppé, « Lettres inédites », *Cahiers staëliens*, n° 8, 1969, p. 23-32.

Un monde de pensées tout nouveau pour moi

Sa sublime faculté à se faire de nouveaux amis est particulièrement perceptible en Allemagne, où lors de son séjour de 1804, elle apprivoise en quelques visites et quelques conversations des écrivains et philosophes plutôt sceptiques, voire hostiles. Une femme romancière et philosophe, française de surcroît, ce ne pouvait être qu'insupportable ! Le célèbre Goethe cherche autant que possible à l'éviter. Mais elle insiste, et finalement, Goethe décide de se rendre à Weimar et d'affronter la fameuse amazone. Schiller l'avait pourtant averti :

> Madame de Staël vous paraîtra telle absolument que vous vous l'êtes sans doute déjà figurée *a priori*. Elle est tout d'une pièce. En elle, pas un trait faux, étranger, pathologique : ce qui fait que, malgré l'énorme différence des natures et des manières de penser, on se trouve parfaitement bien avec elle, on peut tout entendre d'elle et tout lui dire. Elle représente la culture française dans toute sa pureté et sous un jour infiniment intéressant… chez elle, le naturel et le sentiment valent mieux que la métaphysique et sa belle intelligence s'élève à la puissance du génie [1].

---

[1]. Goethe, *Écrits bibliographiques 1789-1815*, Bartillat, 2001, p. 126-127 ; p. 130-134.

La religion de l'amitié

Goethe a un peu plus de mal à apprécier Germaine, la soupçonnant de vouloir avant tout faire valoir ses idées plutôt que de pénétrer celles de ses collègues allemands. Il consent malgré tout à philosopher avec elle et y prend bientôt un malin plaisir. Il constate ainsi qu'elle n'écoute pas toujours ce que dit son interlocuteur et discourt vivement sur des problèmes insolubles :

> Par-là, elle éveilla en moi la malicieuse fantaisie de contredire, de disputer sur tout, de réduire tout en problèmes, et de la mettre souvent au désespoir par une opposition obstinée. C'est alors qu'elle était tout à fait aimable, et qu'elle faisait paraître avec le plus d'éclat la prestesse de son esprit et de ses répliques.

Si Goethe est tout à la fois élogieux et critique sur le météore qui ébranle son repos, bien des personnalités marquantes de Weimar sont ravies de sa présence – y compris la duchesse Louise. D'autres, telles madame von Stein ou Henriette Knebel louent sa bienveillance et se félicitent de sa visite sur un ton bien différent de Goethe :

> Personne ne s'impose moins, de sorte que les rapports avec elle sont toujours agréables. La conversation de Mme de Staël révèle réellement le talent le plus rare qu'il m'ait encore été donné de constater, car il est fait de puissance et de douceur ; jamais rien de tranchant, de décidé, qui rend une femme en particulier souvent désagréable et disgracieuse.

Germaine savait manier plusieurs registres et les hommes de lettres qu'elle a rencontrés témoignent donc d'une autre attitude – l'exemple de Goethe susnommé vaut pour Schiller, Wieland et les autres. Avec les grandes dames de la Cour, elle adopte donc un autre langage et se donne la peine de les séduire. Les écrivains sont plus sceptiques au début, choqués par le rationalisme cartésien d'une femme curieuse, mais peu au fait, du moins au début de son séjour parmi eux, de la spiritualité allemande. Ce qui ne l'empêche pas d'admirer ses homologues allemands, de s'informer sur la philosophie de Kant et de vouloir la comprendre. « C'est un monde de pensées tout à fait nouveau pour moi... », écrit-elle avec enthousiasme à son père.

C'est donc en Allemagne aussi qu'elle rencontre Wilhelm Schlegel, en qui elle découvre des talents supérieurs et des connaissances inouïes. Cet homme dont « la figure n'est pas jolie, ni séduisante » devient le précepteur de ses enfants et son conseiller littéraire. Il ne la quittera plus jusqu'au voyage en Suède de 1812-1813. Leur amitié n'a pourtant pas toujours été au beau fixe. Schlegel est bougon et jaloux. Il voudrait Germaine toute à lui, alors que, bien souvent, elle le néglige. Mais au moment de la séparation de 1813, elle comprend combien elle tient à lui :

> Je ne peux me passer de votre entretien. Il me semble que je n'ai plus d'idées depuis que nous sommes séparés. N'oubliez pas que nous sommes *votre famille*.

Alors qu'elle séjourne à Londres, Schlegel est resté en Suède auprès de Bernadotte et du jeune fils de Germaine, Albert [1]. Il sert de secrétaire à l'un et de surveillant à l'autre, et il semblerait qu'il s'en porte fort bien. Il lui répond :

---

[1]. Albert de Staël, le "Lovelace d'auberge", ainsi que Mme de Staël appelait son cadet, est tué en juillet 1813, lors d'un duel avec un cosaque. Incontrôlable et excessif en tout, Albert avait toujours causé des problèmes à sa mère. C'était pourtant lui dont le caractère était le plus proche de celui de Germaine. Physiquement, il semblerait qu'il ressemblât avant tout à son père, Narbonne.

La religion de l'amitié

À présent, vous me regrettez. Je parais vous manquer. Lorsque j'y serai, vous me trouverez de nouveau maussade, difficile à vivre, insupportable, et vous m'accablerez comme par le passé, en traitant mes peines comme des défauts.

Schlegel n'a pas toujours eu la vie facile à Coppet. Soit Germaine se plaignait de son caractère taciturne, soit elle ne se préoccupait pas du tout de lui ou plaisantait sur ses crises de jalousie dont elle ne tenait aucunement compte. Qu'il ait été mélancolique et déçu, c'est aussi ce qu'il révèle dans une lettre du 3 août 1813 :

> Chère amie, je ne doute pas de votre amitié. Mais vous-même avez souvent approuvé le poète qui peint l'amitié comme une faible ressource contre d'autres pertes. J'ai des blessures dans le cœur qui ne guérissent pas. Vous m'en avez fait aussi. Ma jeunesse est perdue. Ma vie est manquée et je me trouve isolé au déclin de l'âge. L'amour m'a trahi. La poésie m'abandonne... et je cours encore après cette chimère de considération dans le monde [1].

Il était en adoration devant elle. Et chaque nouvel arrivant était dûment scruté et vivement critiqué. Schlegel boudait longuement quand Germaine s'amourachait de l'un d'entre eux. Elle l'aimait pourtant, mais comme un ami intime, et, non comme un soupirant. Cette première absence depuis leur rencontre lui ouvre les yeux en quelque sorte : cet Allemand triste et indolent lui manque !

> Ah ! Si vous aviez besoin de moi comme j'ai besoin de vous... ! J'ai tant perdu en vous perdant ! Si je vous retrouve jamais, je ferai tout pour vous retenir. Je suis abîmée de spleen, quoiqu'on soit très bon pour moi, et c'est votre silence qui en est la cause ! [2]

---

1. *Choix de lettres*, p. 454. 2. *Ibid.*, p. 448.

Le rendez-vous manqué

Fin avril 1814, Schlegel quitte enfin la Suède et rejoint Mme de Staël à Londres, d'où ils se dirigent vers Paris au mois de mai suivant.

Schlegel fut en vérité le plus fidèle ami de Germaine. Tout comme Mathieu de Montmorency. Mais contrairement à ce dernier, lui n'est jamais cité dans ses trinités successives, ce qui montre bien qu'aux yeux de la baronne de Staël-Holstein, il avait un statut à part ! Bien qu'elle ne le traite pas vraiment comme un domestique, elle ne le confondait pourtant pas avec ses amis de cœur. On comprend mieux pourquoi, en 1813, une fois qu'il a la chance de remplir un rôle à sa mesure, il tergiverse avant de la rejoindre et de reprendre sa place subalterne. Germaine en est blessée :

> La prospérité vous tourne la tête, mon cher Schlegel et vous oubliez les amis qui vous sont le plus attachés [1].

Elle lui rendra pourtant justice. À sa mort, Schlegel figure dans son testament, tel un membre de la famille. Il hérite de ses « papiers littéraires » et des droits afférents, ainsi que d'une pension et d'un appartement à Coppet [2].

Mais laissons là Schlegel et sa maussaderie et revenons en arrière. Lors du voyage à Vienne de 1808, Mme de Staël a rencontré régulièrement une figure légendaire, icône du XVIIIe siècle : Charles-Joseph, prince de Ligne qu'elle parvient à apprivoiser et dont elle publie en français un condensé des mémoires [3]. Ouvrage qui connaît un grand

---

[1] *Ibid.*, p. 467. [2] Pour les détails, voir Winock, p. 491-492 et Kohler, p. 672-677. Les enfants de Mme de Staël proposèrent à Schlegel de renoncer aux manuscrits et ouvrages imprimés ou inédits contre le bénéfice exclusif des droits d'auteur attachés à la première édition des *Considérations sur la Révolution française*, ce qu'il accepta. [3] Le prince de Ligne éblouissait les héritiers des Lumières européennes par son esprit, ses connaissances, ses conquêtes. Talleyrand lui-même

La religion de l'amitié

succès et lui rallie définitivement le célèbre prince. Grâce à ce dernier, elle rencontre l'ennemi allemand numéro un de Napoléon : Frédéric von Gentz, bientôt subjugué à son tour par sa conversation et son intelligence. Lui aussi avait appréhendé la rencontre et lui aussi fut charmé : « nulle part au monde, je n'ai trouvé une telle universalité et profondeur d'âme avec tant de facilité, d'adresse, de gentillesse et de grâce dans la conversation ». Le charme est si puissant que leur conversation ne dure pas moins de sept heures d'affilée.

Ces hommes et femmes pour une bonne part étaient *a priori* hostiles à Mme de Staël. Royalistes, épris de bonnes manières et de bonnes mœurs *et* victimes des guerres révolutionnaires et napoléoniennes, ils auraient pu honnir une femme écrivain française – on disait à l'époque, un bas bleu – non-conformiste, libérale, républicaine, dont les mœurs n'étaient pas connues pour être particulièrement vertueuses. Sa bonne volonté y remédia et ce séjour en terre germanique sème les graines de sa célébrité future – qui aura une tout autre envergure que celle de ses années de jeunesse.

En dépit de quelques faux amis et de quelques récalcitrants, le cercle de Mme de Staël n'en demeure pas moins impressionnant. À ceux de sa jeunesse s'ajoutent bon an mal an ceux qu'elle recueille en route, que ce soit à Paris, Vienne ou Berlin, à Rome ou à Milan, sans oublier Florence où elle a noué une tendre amitié avec la comtesse d'Albany – célèbre pour sa longue liaison avec le poète dramaturge Alfieri et celle avec le peintre François-Xavier Fabre. Puis viennent les Anglais et les Russes, qui

---

l'admirait. Il a donc écrit ses mémoires, comme Casanova dont il était l'ami.

rejoignent Allemands et Italiens. Certains ont été perdus en chemin, mais nombreux sont ceux qui sont restés fidèles à la grande dame que fut la fille de Necker, châtelaine de Coppet.

Parmi eux, il y avait des personnes de tous bords et de toutes tendances : hommes et femmes de lettres, dont la poétesse Friederike Brun ; auteurs dramatiques et comédiens, dont Talma ; philosophes ; journalistes ; une ou deux femmes peintres [1], et sans doute d'autres artistes – dont le sculpteur prussien Friedrich Tieck ou le peintre suisse Firmin Massot. Il y avait aussi bien des politiques français ou étrangers que des princes et des princesses allemands ; des roturiers ; des mystiques, dont Mme de Krüdener. En 1816, Germaine parvient même à apprivoiser Byron, le poète maudit, qui réside à deux pas de chez elle. Tant et si bien que Stendhal décrira Coppet comme « les états généraux de l'opinion européenne ». Et puis, Germaine correspond régulièrement et amicalement avec Thomas Jefferson, ex-président de la République des États-Unis ou avec le vainqueur de Waterloo – Wellington – et le tsar Alexandre.

Un nom est évidemment absent de cette longue liste : celui de Napoléon ! Il n'a voulu ni être aimé de la fille de Necker, ni lui accorder une quelconque amitié. On peut le regretter et se prendre à rêver de ce qui serait advenu si ces deux êtres exceptionnels avaient sympathisé. Après tout, ils avaient plus d'un point en commun : ambition ; autorité ;

---

1. Angelica Kauffmann et Mme Vigée-Lebrun, qui toutes deux ont peint son portrait. Celui de Kauffmann a disparu. Le portrait de Mme Vigée-Lebrun figure Mme de Staël en Corinne. Germaine n'en était pas vraiment satisfaite et en fit faire des copies améliorées par le peintre genevois Firmin Massot.

La religion de l'amitié

désir de gloire ; charisme ; génie. Une amitié était-elle vraiment impossible ?

Imaginons-les redessiner ensemble le monde ; le remodeler ! Ils se seraient bien des fois querellés et insultés, puis raccommodés. Mais ce monde aurait été bien différent de celui que, par la force de sa seule volonté, Napoléon a imposé aux Français. Il eût sans nul doute été non pas plus paisible, mais plus pacifique, plus démocratique et plus libéral. Plus créatif aussi !

C'est plus ou moins ce qu'admet à Sainte-Hélène l'empereur déchu, se réservant évidemment le meilleur rôle : « D'un mot, cette femme aurait été enthousiasmée. Elle n'attendait qu'un mot, qu'une caresse. Elle put être fort utile. Elle serait entrée dans mon système. C'était une femme de talent, intelligente, ambitieuse. Comme disait Talleyrand, elle parle comme elle écrit et une telle femme est bien intéressante [1] ». Il était trop tard pour s'y essayer.

---

1. Général Bertrand, *Cahiers de Sainte-Hélène*, 3 vol., Albin Michel, 1959, vol.3, p. 389. À Sainte-Hélène, il avoue du reste avoir trop méprisé les femmes en général, ce qui lui aurait causé du tort.

III

La petite guerre

« L'empereur, si puissant, si victorieux, n'est inquiet que d'une chose dans le monde, les gens qui parlent, et à leur défaut les gens qui pensent[1]*. »*

Louis de Narbonne

---

[1]. Et d'ajouter : « Et cependant [...] il veut [...] que son règne soit signalé par de grands travaux d'esprit, de grands ouvrages littéraires. Être loué comme inspirateur de la science et des arts, être le chef éclatant d'une époque glorieuse pour l'esprit humain, c'est l'idée qui le flatte le plus. » Cité par M. Villemain, 1874.

Le vainqueur de l'Orient

Amour impossible ! Amitié impossible ! C'est la guerre – la « *petite guerre* », à en croire Napoléon, lequel, à Sainte-Hélène, reconnaît bon gré mal gré sa responsabilité en ce domaine – qui va caractériser le face-à-face des deux protagonistes : le bras de fer de deux rivaux en gloire. Leur rivalité était en germe dès 1797, quand ils se rencontrent pour la première fois. Au lieu de s'améliorer, au fil des ans, leur relation ne fera que se détériorer. Faute de sympathie, il aurait pu y avoir de l'indifférence, mais elle aussi s'avérait impossible ! Non seulement de la part de Napoléon, qui supporte de moins en moins contradictions et critiques ou mots d'esprit et sarcasmes, mais aussi et progressivement du côté de Mme de Staël, qui n'en peut plus d'être chassée de Paris et persécutée. À la période d'admiration et d'enthousiasme pour le héros italique et le vainqueur de l'Orient – qu'elle a pensé être nécessairement réciproque – succède alors le désenchantement, suivi bientôt de la haine contre celui qu'elle ne tarde pas à nommer tyran, monstre ou despote [1]. Génie littéraire et génie militaire vont ainsi

---

1. On ne suivra donc pas ici l'analyse de Henri Guillemin, qui frôle la caricature. *Madame de Staël et Napoléon ou Germaine et le Caïd ingrat*, éditions du Panorama, Bienne, 1966.

s'affronter une quinzaine d'années durant. Ils vont se faire la guerre !

En mars 1798, on n'en est certes pas là. Le héros italique entreprend une expédition en Égypte et réquisitionne les meilleures troupes françaises, de même qu'une grande partie de la marine. Son départ coïncide avec la reprise de la guerre en Europe, car celle-ci s'inquiète des changements à l'œuvre en Suisse et en Italie [1] et soupçonne le gouvernement français du Directoire de vouloir démocratiser le continent tout entier.

Pour la première fois, la Russie rejoint activement la coalition et la Turquie est de la partie. C'est que l'expédition a été fort mal préparée par Talleyrand, qui l'a du reste conseillée à Bonaparte et qui devait faire en sorte que la Sublime Porte ne se sente pas menacée. Il avait même promis de se rendre sur place. D'autres intérêts plus pressants le retiennent à Paris. La guerre continentale reprend de plus belle, jusqu'en Suisse qui, depuis sa révolution de 1798 et le traité qui la lie à la France, a perdu sa neutralité.

Durant ces mois de troubles et les violences qui menacent la République helvétique, Necker et sa fille oublient quelque peu le héros dont ils se sont entichés. Et s'ils l'évoquent, c'est sous le nom de Vainqueur de l'Égypte. En Suisse, c'est Masséna qui combat les assaillants austro-russes, et il le fait fort bien, puisqu'il parvient à les repousser. L'Helvétique est sauvée. En Italie, le théâtre des combats s'étend du nord au sud. Les républiques sœurs, créées par Bonaparte et le Directoire

---

[1]. En 1798, le Directoire annexe la république de Genève, soutient les patriotes suisses en vue de l'établissement d'une République helvétique et crée de toutes pièces une République romaine – en représailles d'un attentat contre le général Duphot. Jourdan, *La Révolution française, une histoire à repenser*, Champs Flammarion, 2021.

La petite guerre

tombent tour à tour – ce qui montre bien leur faiblesse et l'absurdité de les avoir créées sans leur donner les moyens de subsister [1]. En République batave, en revanche, le général Brune parvient à chasser du territoire les Anglo-Russes avec l'aide des troupes bataves. Nous sommes en 1799. Bonaparte est toujours en Égypte. Sa flotte a été bombardée par les Anglais. Se pourrait-il qu'il demeure prisonnier de sa conquête ? Qu'il ne puisse revenir en France ?

En France, justement, l'opinion publique est catastrophée. Elle ne songe qu'à la paix et, devant les défaites infligées aux armées françaises, elle se met à regretter le départ du Héros. Et d'accuser le Directoire de l'avoir exilé ! Germaine partage l'espoir général d'un retour triomphal. Elle ne sait point que Joseph et Lucien Bonaparte ont demandé à leur frère de revenir au plus vite. Et, soudain, en ce mois d'octobre 1799, on apprend que Genève tire le canon pour l'arrivée de Bonaparte à Fréjus et à Lyon où il est passé dans la nuit du 12 au 13 : « on dit qu'il a débarqué avec mille hommes de son armée et après avoir fait un traité avec la Porte. Quoi qu'il en soit, c'est un grand événement et cet homme de plus vaut une armée [2] ». La nouvelle s'avère fausse en partie, puisqu'aucun traité n'a été signé avec la Turquie, mais Bonaparte est bel et bien de retour en France. Germaine est folle de joie et communique à ses amis son enthousiasme :

---

1. J'ai démontré ailleurs les erreurs de Bonaparte à la fois dans la création des républiques italiennes et dans la paix de Campo Formio, qui a mené le Directoire à faire lui aussi des erreurs, ce qui a entraîné sa chute : « The Age of Revolutions : Napoleon Bonaparte », in : *The Cambridge History of Napoleonic Wars*, Cambridge, 2022, 3 vol., I, p. 88-107. Par le traité de Lunéville (1801), Bonaparte corrige quelques-unes de ces erreurs. **2.** D'Haussonville, *Mme de Staël et M. Necker d'après leur correspondance inédite*, Paris, 1905, p. 74-79.

Le rendez-vous manqué

Que dirais-je de votre part au héros ? La République est sauvée. Saura-t-on se conduire de manière à ce que le genre humain en soit plus heureux ? J'espère moins cela que la victoire, mais la victoire est un plaisir : une nation se nourrit de triomphes ; les jouissances de l'imagination existent pour toutes les classes.

Victoires et triomphes, certes, mais après devra venir la paix. Les Français sont las d'une guerre qui s'éternise. Germaine aussi ! La question est plutôt de savoir ce qui va désormais se passer du point de vue politique. Le retour de l'abbé Sieyès au timon de l'État – il vient d'être élu au directoire exécutif – promet des avancées dans tous les domaines, notamment pour la paix générale. Et voilà Bonaparte qui revient sain et sauf, auréolé de gloire !

La suite de l'histoire est bien connue. Sieyès cherchait une épée afin de renverser le Directoire et de donner à la France une nouvelle constitution. Il avait pensé à celle du général Joubert, mais ce dernier décède en Italie. Moreau aurait pu être une alternative, mais hésite et se dédit. Bernadotte serait trop proche des Jacobins – tout comme Brune ou Jourdan. Reste le revenant, celui qu'on appelle désormais, et, en dépit de ses échecs, le Vainqueur de l'Orient !

« Un changement de scène absolu »

Le coup d'État du 18 Brumaire an VIII, qui renverse le Directoire a donc été organisé par l'abbé Sieyès et le général Bonaparte. Ils ont trouvé des alliés auprès des politiques, des financiers et des hommes éclairés. Ceux que Bonaparte ne tardera pas à vilipender sous l'étiquette d'idéologues sont aussi de la partie : Volney, Cabanis, de Gérando, Daunou, Garat, Chénier, etc. Tous des amis de Mme de Staël et de Benjamin Constant. Ils partagent leurs espoirs d'un retour à l'ordre et à la liberté. Que Germaine soit enthousiaste sur ce qui se passe, c'est aussi ce qui ressort de la réponse de son père à une de ses lettres :

> Tu me peins avec des couleurs animées la joie de Paris et la part que tu prends à la gloire et au pouvoir de ton héros. Je souhaite et j'espère que votre contentement à tous se soutiendra, et je crois comme toi que Sieyès, n'ayant plus son génie contrarié, donnera une constitution sans défaut, et peut-être parfaite, ainsi que tu dis à l'avance [1].

Les résultats ne se font pas trop attendre. En décembre, et après bien des concertations, des discussions et des

---
1. D'Haussonville, *Mme de Staël et Necker*, p. 101-102.

concessions, la constitution est prête. Mais les résultats ne sont pas à la hauteur des attentes de Necker. Sieyès, en effet, serait cause que « Bonaparte a acquis une autorité au-delà de ce qu'on présumait ». Très tôt, et malgré son admiration pour le jeune guerrier, Germaine elle aussi est perplexe devant plusieurs lois projetées par le gouvernement consulaire, né au lendemain du coup d'État. Ce coup d'État, elle n'y était donc pas opposée. Comme son père, elle se réjouit que Sieyès, l'auteur du célèbre *Qu'est-ce que le Tiers-État ?*, revienne sur le devant de la scène et promette une autre constitution à la France. Père et fille s'attendent à ce qu'elle surpasse toutes celles qui ont précédé. Sieyès a eu tellement de temps pour y penser et peaufiner ses idées en la matière !

Forts de leur expérience directoriale, Benjamin et Germaine comptent bien s'en mêler. À la mi-décembre 1799, Mme de Staël publie à cet effet une nouvelle édition de *l'Examen de la Constitution de l'an III* de Necker, pourvue d'une préface de sa plume, où elle met en garde contre le despotisme qui découlerait d'un texte de lois fondamentales mal conçu.

Dans cet ouvrage, Necker prévoyait les problèmes qu'allait provoquer « une séparation complète et absolue » des deux premières autorités, telle celle qu'il décelait dans la Constitution de 1795. Et il prenait pour modèle l'Angleterre et les États-Unis, où les pouvoirs législatif et exécutif sont entremêlés. de sorte qu'aucun n'empiète sur l'autre. La France de la Révolution avait dès ses débuts rejeté un tel système. Cette réédition de madame de Staël est surtout un signe qu'elle compte bien se mêler de haute politique. Fin 1799, Bonaparte ne semble pas avoir réagi à cette publication, ni en bien ni en mal.

La petite guerre

Au cours de leurs discussions avec Necker, Benjamin Constant et Mme de Staël avaient plus d'une fois réfléchi au problème : comment insuffler de la force au gouvernement, sans qu'il n'en devienne pour autant despotique ? Leurs publications réciproques portaient en partie sur ce dilemme [1]. Et tous deux rejoignaient en somme l'oracle en la matière qu'était devenu à leurs yeux le fameux abbé. En l'an VIII, il s'avère bien vite que ce dernier n'a rien rédigé et que ses idées ne sont pas encore fixées. L'oracle cette fois-ci se trouve en défaut, tandis que Bonaparte parvient à imposer ses vues en faveur d'un exécutif puissant [2].

Pour se consoler de leurs premières déceptions, les observateurs se félicitent que soient prises des mesures d'apaisement et de justice. Les émigrés non dangereux sont progressivement rayés de la liste funeste et les Français semblent peu à peu se réconcilier. Alexandre de Lameth, constituant en exil depuis huit ans, se réjouit ainsi que la République soit ramenée à des principes de modération et de justice. Ce sont aussi les attentes et les vœux de Mme de Staël et de ses amis.

Et puis, le Premier consul a bien des places à distribuer, toutes lucratives. Nombreux alors sont ceux qui veulent leur part du gâteau. Germaine ne fait pas exception. Elle se fait fort d'en obtenir une pour Benjamin, qui, grâce à elle, à Sieyès et à Joseph Bonaparte, intègre le Tribunat dès le 25 décembre 1799. Or, le Tribunat est l'instance où se

---

1. Voir H. Grange, *Benjamin Constant*, p. 57. **2.** Annie Jourdan, *L'Empire de Napoléon*, p. 242. Notons aussi que Mme de Staël désapprouvait les listes de notabilité qui réduisaient à néant le suffrage populaire. Une idée de Sieyès que Bonaparte n'apprécie pas non plus et qu'il remplacera en 1802 par des élections populaires, mais au suffrage indirect. Il sacrifiera le fond à la forme, ainsi qu'il le fera avec ses constitutions.

discuteront les lois. Benjamin aura donc l'occasion de se faire remarquer, pour le meilleur et pour le pire. Il ne tarde pas en effet à faire parler de lui, comme il le pressent d'ailleurs le 5 janvier 1800, quand il avertit Germaine : « Voilà votre salon rempli de personnes qui vous plaisent ; si je prononce un discours qui me classe dans l'opposition, demain il sera désert. Pensez-y. »

Stoïque ou inconsciente, Germaine l'incite à prononcer le discours. Et le lendemain, à l'issue de l'intervention de Constant, ses invités se décommandent les uns après les autres. C'est l'hécatombe. Ce soir-là, son salon est désert. Germaine en est désespérée. Son rêve tourne au cauchemar. Elle s'adresse aussitôt à celui qu'elle croit encore être son ami : le fameux Roederer. Mais Roederer comme Talleyrand ont très vite choisi leur camp : ce sera celui du glorieux vainqueur. Et on l'a vu, les anciens amis deviennent dès lors des ennemis. Devant Bonaparte, Roederer traitera même Germaine de « tricoteuse de faux bruits [1] ». Elle ne le sait pas encore. Ce qu'elle sait, c'est que « je comptais sur vous comme défenseur et j'apprends que c'est vous que Bonaparte a cité comme lui ayant dit ce qu'on prétend qui se dit chez moi ». Elle s'insurge à cette idée, car « quelle femme s'est montrée de tous les temps plus enthousiaste que moi de Bonaparte ! [2] »

---

[1]. À moins qu'il n'ait dit : « tricoteuse des faubourgs ». Les spécialistes ne sont pas d'accord sur l'expression précise. [2]. *C.G.*, IV, p. 251.

Persona non grata

Benjamin a parlé et c'est Germaine qui est punie. C'est trop injuste ! Quelques jours plus tard, elle se rend chez Fouché, le ministre de la Police, pour s'expliquer : il lui conseille de se faire oublier et de s'éloigner de Paris. D'aller à Saint-Ouen, par exemple, où Necker a une propriété qu'il vient tout juste de récupérer. Informé, son père ne s'affole pas trop, mais ne comprend pas que Bonaparte disgracie une femme qui a toujours manifesté le plus vif enthousiasme à son égard. Il lui conseille de ne plus se mêler de politique, la console et lui rappelle qu'elle a « assez d'esprit pour être recherchée pour ses agréments personnels ».

La disgrâce ne durera qu'un temps, il lui faut patienter. Et Necker continue de se féliciter de la politique mise en œuvre par le Premier consul : « De Buonaparte, nous en disons tous des merveilles et il y a de quoi. Il s'entoure bien [1]. » En administration, mêmes progrès et mêmes résultats : « tout lui réussit ». Mais Necker conseille à sa

---

[1]. Le fait de parler à cette date de Buonaparte en lieu et place de Bonaparte suggère malgré tout une certaine ironie et dénote une distance assumée envers le Premier consul. D'Haussonville, p. 123-129.

Le rendez-vous manqué

fille de se concentrer sur son prochain livre et à Benjamin d'être silencieux ou plus complaisant. En son for intérieur, il s'inquiète malgré tout de la direction que prend le nouveau régime. Et, dès lors, il étudie la Constitution de l'an VIII et ce qu'elle implique. Cela donnera *Dernières vues de politique et de finance*, publiées deux ans plus tard.

Pendant ce temps, Germaine se morfond à Saint-Ouen. Pour peu de temps ! Début février, la voilà de retour dans la capitale. Mais elle s'aperçoit bien vite qu'elle est *persona non grata*. Talleyrand ne l'invite plus ; il la prie même de ne pas venir à sa grande réception du 25 février 1800 ; elle n'est pas non plus conviée aux fêtes officielles. Seule, une grande dame, madame de Montesson, ose affronter les foudres du Premier consul. Elle accepte la présence de Germaine à son bal, mais comme on sait celle-ci en disgrâce, personne ne lui adresse la parole. Ce jour-là, qui plus est, Germaine n'a rien pour plaire, puisqu'elle est de nouveau attifée d'une « grosse robe de satin gris ardoise » – alors que toutes les convives portent de légères robes blanches.

L'héroïne de la soirée, du moins pour Germaine, c'est Delphine de Custine qui est la seule à l'aborder et cherche à la mettre à l'aise [1]. Peu à peu, l'ambiance se déride. Joséphine elle-même prononce quelques mots aimables, mais le mal est fait. Germaine comprend ce qu'il en coûte de fronder Bonaparte. En tirera-t-elle des leçons pour l'avenir ? Ce serait mal la connaître !

Sa correspondance dévoile ses moindres pensées – du moins dans le courrier dont elle sait qu'il ne sera pas intercepté [2].

---

1. De là sans doute le prénom de son héroïne Delphine dans le roman du même nom, paru en 1802. **2.** Il y a toutes sortes d'astuces pour échapper au cabinet noir de Lavalette – directeur général des Postes. Faux noms ; fausses adresses ; courrier diplomatique ; voyageurs et intermédiaires ; etc.

La petite guerre

C'est ainsi que, dès lors, elle constate qu'en France, on ne connaît plus qu'un seul nom : celui du Grand Consul, le nouvel Alexandre. Au lendemain de sa disgrâce, elle a beau affirmer ne plus vouloir se mêler de politique, se faire oublier et « populariser sa réputation auprès des femmes [1] », il est difficile de la croire, quand on lit ce qu'elle dit et écrit.

Ses lettres à Dupont de Nemours révèlent ainsi ce qu'elle pense vraiment [2] – et c'est de la politique pure et dure : sur la guerre qui recommence et l'influence néfaste qu'elle aura pour la France ; sur la réconciliation nationale mise en œuvre par Bonaparte qui emploie tour à tour aristocrates et jacobins – « Les partis ne s'en aiment pas mieux, mais ils se voient ». Bonaparte appellerait tous les talents distingués aux places stratégiques quels que soient leurs antécédents. Et cela est propice à la réconciliation nationale. Elle a déjà repéré qui sont ses ennemis au sein du gouvernement – Roederer et Talleyrand – et craint beaucoup plus les courtisans que le maître. Mais, en ce 2 mai 1800, elle voit encore et toujours « un très grand homme » en Bonaparte, qui fera à n'en pas douter « quelque chose d'extraordinaire soit dans la guerre, soit dans la paix [3] ». C'est l'époque de Marengo, dont Germaine attend un grand succès et une véritable pacification.

Sur la route qui le mène en Italie, via les Alpes, Bonaparte a l'amabilité de s'arrêter à Genève pour y rencontrer Necker. Il a été affable, ce qui promet un retour en grâce de la fille prodige. Germaine arrive quelques jours plus tard à Coppet et apprend très vite l'exploit du mont Saint-Bernard – Bonaparte a grimpé le mont à pied comme un

---

1. Elle écrit : « On commence à ne plus se mêler de politique ». Lettre du 27 avril 1800, *C.G.*, IV, p. 268. **2.** L'économiste Pierre Samuel Dupont de Nemours avait émigré aux États-Unis après le 18 Fructidor. **3.** *C.G.*, IV, p. 270-272.

simple soldat ! De là son admiration : « cet homme a une volonté qui soulève le monde ». En ce printemps 1800, Mme de Staël n'en finit pas de célébrer son héros : « le vrai tribun, le vrai sénateur, le vrai législateur, c'est Bonaparte. Le pays s'en trouve beaucoup mieux. N'est-ce pas alors le cas d'oublier les principes ? » Ces principes, elle ne les oublie pourtant pas, bien qu'elle reste confondue devant les « merveilles » d'Italie :

> J'ai cédé à l'enthousiasme moi-même que la flatterie éloignait de l'admiration. Les gouvernementistes seront bien contents de moi cet hiver, du moins ceux qui veulent la louange sans la bassesse [1].

Ces prodiges ne l'aveuglent pas au point de ne voir qu'en Bonaparte un héros. Ainsi se demande-t-elle pourquoi la presse officielle parle si peu des exploits du général Moreau, qui a conquis la Souabe tout entière et signé lui aussi un armistice, avant de reconnaître : « mais rien n'a l'éclat de Marengo, et il faut convenir que s'exposer sa fortune faite est plus brillant que s'exposer pour la faire ». Il n'empêche, la victoire du général Moreau aurait pu être mise plus en avant ! Mais, dès 1800, la presse est sous contrôle.

Marengo, c'est pour Bonaparte l'occasion d'affermir son pouvoir. Et cela ne passe pas inaperçu. En août suivant, Germaine constate, désabusée, que le gouvernement français n'est rien moins qu'une « dictature glorieuse par les armes... Mais comment n'être pas enthousiaste de tant d'exploits mémorables ? [2] » Et puis, la paix générale va sans nul doute mener à plus de liberté, à plus de bonheur. Il n'y a pas encore de quoi s'inquiéter.

---

1. *C.G.*, IV, p. 283 ; p. 289-291. **2.** *C.G.*, IV, p. 299-302.

La petite guerre

Un signe encourageant, c'est le retour en France de ses amis – les victimes des épurations directoriales successives – dont sont seuls exceptés les émigrés qui ont porté les armes contre la France. Du coup, Germaine se plaît à penser que le Premier consul poursuivra les mesures de pacification nationale et ne tardera pas à rendre à Necker les deux millions que la France lui doit. À cette date, elle croit encore que Bonaparte est un digne héritier des Lumières et que si répression il y a, elle est due à ses courtisans, qui, pour lui faire la cour, louent le pouvoir et écartent de la scène publique « ceux qui ont l'habitude de l'analyser » ! Elle sait de quoi elle parle, car son livre *De la littérature* vient de paraître et s'attire les foudres des réactionnaires et des antiphilosophes, lesquels contestent la pensée des Lumières et l'idée de perfectibilité de l'esprit humain. Ce n'est que le début d'une longue campagne de dénigrement contre les philosophes du XVIIIe siècle [1].

---

[1]. Déjà, dans cet ouvrage et outre ses attaques contre le sort subalterne accordé aux femmes, elle met en garde contre le pouvoir militaire et contre la force brutale, susceptible de tuer la pensée.

Un idéophobe

Il n'empêche. Le printemps et l'été sont pour elle plus agréables que l'hiver précédent. Son salon a retrouvé son éclat et ses amis sont aussi nombreux qu'autrefois. Et si elle part pour Coppet en mai, c'est pour y passer l'été auprès de son père, comme elle en a pris l'habitude. Déjà, elle s'attelle à un nouvel ouvrage, un roman. Ce sera un récit sur la destinée des femmes et sur cette « mauvaise dignité » qui les condamne à ne pas se servir de leurs talents : « il semble qu'être femme est ce qui attire le plus la plaisanterie et permet le moins de la repousser. On est là comme la cible pour recevoir les coups et n'en jamais rendre ». Allusion aux multiples critiques des journalistes qui n'en finissent pas d'ironiser sur la célèbre baronne et son *De la littérature*. Germaine, en tout cas, a décidé de « renoncer à toutes ses idées politiques » et de jouir pleinement de l'amitié et du repos. C'est du moins ce qu'elle affirme le 25 septembre 1800. Son roman lui non plus ne sera pas politique, claironne-t-elle – comme si la fiction était forcément apolitique ! Bonaparte n'en sera pas persuadé.

De retour à Paris pour l'hiver, Mme de Staël rouvre son salon et commente pour ses amis l'actualité. Elle évoque l'odieux attentat de rue Saint-Nicaise du 24 décembre

La petite guerre

1800, qui visait le Premier consul et qui a coûté la vie à cinq personnes et en a blessé une dizaine. Tout cela en vue de « faire périr un grand homme ». Conséquence : jamais Bonaparte n'a excité un tel intérêt populaire ! En cette fin d'année où s'ouvrent les pourparlers de Lunéville qui annoncent la paix continentale, l'attentat a provoqué un si vif désarroi qu'il serait question d'établir la « formule romaine de la dictature » et des tribunaux d'exception [1].

On se doute de la réaction de Mme de Staël, qui répugne tant aux mesures répressives. Le Tribunat où siège donc Constant, va s'opposer à ces tribunaux, acceptés de justesse par 49 voix contre 41. Cela suffit pour exciter la colère de Bonaparte contre l'institution où siégeraient selon lui d'incorrigibles bavards ; colère qui mènera à l'épuration de mars 1802.

L'opposition du Tribunat est-elle à l'origine de la nouvelle attaque de Bonaparte contre Germaine ? Ou bien cette attaque est-elle un signe que s'organise un nouveau complot contre la célèbre baronne ? Elle qui croyait que tout allait pour le mieux dans le meilleur des mondes ; elle qui pensait que sa discrétion nouvelle allait lui attirer les faveurs du régime, apprend bientôt que le Premier consul est furieux à son encontre. Il se serait plaint à son frère Joseph que la riche héritière de Necker laisse son mari dans le plus profond dénuement, alors qu'elle-même mène une vie mondaine débridée [2].

---

1. Une centaine d'« anarchistes » – à savoir d'ex-jacobins – ont ainsi été déportés, bien qu'ils aient été innocents. L'attentat avait été fomenté par des royalistes que Fouché découvrit ultérieurement. Ce ne fut pas une raison pour rappeler les prétendus « anarchistes ». Dans *Dix années d'exil*, Germaine s'en afflige explicitement. *C.G.*, IV, p. 342-345. **2.** Napoléon Bonaparte, *Correspondance générale*, Fayard/Fondation Napoléon, 15 volumes, 2004-2015, vol.3, p. 622 Sera abrégée *C.G.* Napoléon.

Le rendez-vous manqué

Et de fait, des témoins signalent qu'en ce début 1801, Germaine reçoit un grand nombre de convives, tant républicains que royalistes. Du coup, le bruit court qu'elle serait désormais à la tête de l'opposition : elle soutiendrait et dirigerait les quelques membres du Tribunat qui osent parler contre les mesures proposées par le gouvernement [1]. Raison suffisante pour Bonaparte de s'en prendre à cette *virago* qui n'est décidément pas à sa place dans la société patriarcale, voulue par le Héros. Germaine en est réduite à écrire une lettre au deuxième consul Lebrun, pour s'expliquer et prouver que cette accusation est mensongère : son père et elle-même ne cessent d'aider monsieur de Staël et ont dépensé une fortune pour annuler ses dettes. Pas moins du tiers de sa dot aurait été gaspillé par l'époux prodigue. Qui plus est, Necker est désormais contraint de l'entretenir. Ces explications lui permettent par ailleurs de revenir sur la dette de la France envers sa famille – les fameux deux millions ! Et de rappeler l'admiration qu'elle a de tout temps éprouvée pour le plus grand général du monde !

Bonaparte est bien obligé de se satisfaire de cette justification, mais sa sympathie n'en est certes pas accrue. Cet incident est d'ailleurs l'occasion pour Germaine de demander et d'obtenir une séparation de biens avec M. de Staël. Séparation qui scelle la séparation de fait de 1798. L'attaque mesquine de Bonaparte témoigne avant tout que l'égérie de l'opposition est l'objet d'une attention aiguë et que son salon est sous surveillance permanente.

---

1. *C.G.*, IV, p. 355, note 1. Cet éclat de Bonaparte date du 19 mars. Une lettre du 21 février précédent évoquait déjà les dîners de Mme de Staël et la présence chez elle de tribuns indociles. Voir la réponse de Mme de Staël à Lebrun, *ibid.*, p. 358-360.

La petite guerre

Il n'y a pas jusqu'à sa correspondance qui ne soit espionnée. Cela ne l'empêche pas d'écrire ce qu'elle pense vraiment à plusieurs amis et connaissances, mais c'est donc par des voies non officielles. En avril 1801, elle communique ainsi à Dupont de Nemours ce qu'elle pense de la situation politique en France et c'est pour prédire que celle-ci marche à toute allure vers la monarchie. Pis ! Le Premier consul prépare un Concordat avec le pape : « nous allons avoir des évêques et des curés, une religion dominante ». Si encore c'était le protestantisme, ce serait un moindre mal, mais le catholicisme, quelle hérésie pour la liberté ! De fait, la France serait « en rente viagère sur la tête de Bonaparte ». Deux mois plus tard, elle est en mesure de confirmer ses premières impressions : à quoi bon être sur une liste nationale... « vous oubliez donc qu'il n'y a qu'un homme en France pour premier, pour second, pour troisième. On aperçoit un brouillard qu'on appelle la nation, mais on n'y distingue rien. Lui seul est sur le devant du tableau [1] ». Lui, c'est évidemment Bonaparte !

Ses pronostics pour l'année à venir ? Une « religion catholico-consulaire, assez difficile à arranger », qui procurera à Bonaparte le ralliement de pas moins de 40 000 prêtres. Quel soutien n'en obtiendra-t-il pas ! Et quel contraste avec l'Amérique ! Quel contraste avec les principes énoncés par Jefferson lors de son investiture [2] ! Heureusement, le Concordat n'est pas la seule mesure adoptée par le gouvernement. Au même moment s'amorcent les

---

1. La liste des notabilités, à savoir les personnes dignes d'être élues. *C.G.*, IV, p. 367-369 et p. 390-393. **2.** *C.G.*, IV, p. 392, note 3. Comme Dupont de Nemours est expatrié aux États-Unis, Mme de Staël doit lui écrire par voie diplomatique. De là l'intérêt de cette correspondance.

négociations en vue de la paix avec l'Angleterre. Joseph Bonaparte en est chargé et Germaine de s'en féliciter.

Malgré cet incident avec Bonaparte au sujet de son époux, l'année 1801 se passe plutôt bien pour la fille de Necker : « on me traite bien cette année », se réjouit-elle. Lebrun aurait même dit du bien d'elle à Bonaparte, et ce dernier serait ravi de ne plus en entendre parler. C'est tout ce qu'il demande en vérité. Qu'elle se taise et ne fasse pas parler d'elle !

Germaine de Staël pose aux côtés du buste de son père bien-aimé, Jacques Necker, l'ancien ministre des Finances de Louis XVI : il incarne pour elle l'homme idéal et le grand homme qu'elle a vainement cherché durant son existence tumultueuse.

Conversation entre madame de Staël et ses amis.
La scène résume bien ce qui était l'une des grandes ambitions de Germaine :
être « un centre actif de bonheur pour tout ce qui l'entoure ».
Lui ôter son salon et ses amis, c'était en quelque sorte lui ôter la vie.

Bonaparte au pont d'Arcole par le jeune peintre Gros,
qui était alors élève à Rome et séjourna un temps
à la cour de Bonaparte à Mombello. Ici figure le général victorieux,
le héros italique dont s'éprit follement Germaine.
Serait-il le grand homme dont elle rêvait ?

Benjamin Constant.
Le grand amour intellectuel de Germaine entre 1794 et 1815,
en dépit de leurs querelles et de leurs désaccords.
Constant fut quasiment inconsolable de l'avoir
définitivement perdue en 1817.

Eric Magnus de Staël-Holstein. Baron et diplomate suédois. Il fut le premier époux de Germaine de Staël de 1786 à 1802. Joueur et dépensier, il lui donna un titre, mais bien peu de bonheur.

Albert Jean Michel de Rocca, dit John Rocca (1788-1818), officier des Hussards. Le deuxième époux de madame de Staël à partir de 1811. Ils restèrent ensemble six ans seulement et John ne survécut qu'une année à Germaine. On disait de cet officier, de vingt-deux ans son cadet, qu'il avait la plus magnifique tête du monde. Madame de Staël avoue avoir vécu avec lui quelques années de bonheur.

Charles-Maurice de Talleyrand-Périgord,
l'un des premiers grands amis de Germaine de Staël.
Elle admirait son esprit incomparable et il a longtemps
fait partie de sa « sainte Trinité » (avec Louis de Narbonne
et Mathieu de Montmorency). À partir de 1800,
il l'a délaissée et trahie au profit de Bonaparte et de sa fortune.

Le château de Coppet sur le lac Léman, acquis par Necker en 1784. Coppet ne se trouve pourtant pas dans la République de Genève (annexée par la France en 1798 et réunie à la Suisse par le traité de Vienne), mais dans le canton de Vaud. Au rythme des séjours forcés que madame de Staël dut y faire, il devint un centre d'échanges internationaux et donna naissance à ce qu'on a appelé depuis le Groupe de Coppet – à savoir une constellation d'intellectuels de toutes nationalités, réunis autour de madame de Staël et de Benjamin Constant, auxquels s'ajoutaient hommes politiques, poètes, dramaturges, etc. Coppet a détrôné Ferney où, cinquante ans plus tôt, Voltaire s'était réfugié et qui avait lui aussi attiré une foule d'admirateurs et de personnalités.

Madame de Staël en sibylle ou en Corinne.
Madame Vigée-Lebrun a peint l'original. Elle l'a entrepris lors d'une visite à Coppet en septembre 1807 et l'a fait remettre à Germaine en juillet 1809. Mais si celle-ci s'empressa d'envoyer mille écus à l'artiste, elle n'appréciait pas ce qu'elle appelait « l'exagération d'inspiration » de l'œuvre et en fit réaliser une copie améliorée par le peintre suisse Firmin Massot (ci-dessus).

« On n'entend plus vivre personne »

C'est pourtant fin 1801 que débutent les problèmes avec plusieurs généraux, qui murmurent contre le Concordat ou récriminent contre la médiocrité des faveurs qui leur sont accordées. Et puis, le Tribunat n'est toujours pas devenu servile. Marie-Joseph Chénier fait des siennes et est menacé. Constant a de nouveau irrité le « Grand Consul » à propos du droit d'aubaine. Quant au Sénat, il ferait preuve d'une indépendance inouïe, puisqu'il veut élire en son sein l'abbé Grégoire – en lieu et place d'un énième général. Or, Grégoire, ancien conventionnel montagnard n'a pas l'heur de plaire à Bonaparte. Pas plus que Daunou [1], que proposait également un Sénat décidément indocile ! Tout cela, Mme de Staël le sait pertinemment ou l'apprend peu à peu. Elle a également des contacts avec plusieurs généraux, tels Bernadotte et Moreau. Mais elle se souvient de la disgrâce de janvier 1800 et ne souhaite en aucun cas attirer l'attention du gouvernement.

---

1. Daunou était pourtant un des rédacteurs de la Constitution de l'an VIII, mais Bonaparte était parvenu à modifier du tout au tout son projet initial. Ancien Girondin, Daunou faisait partie des idéologues et était soupçonné en conséquence.

Le rendez-vous manqué

Curieusement, elle se plaint en cette année 1801 de l'ambiance morose de la vie mondaine, où il y aurait trop de disparités. La société ne lui conviendrait plus. Il est certain que les réceptions de Fouché, de Lebrun, des généraux Berthier ou Marmont qu'elle fréquente désormais, ne lui permettent pas de s'exprimer en toute franchise, ainsi qu'elle en avait coutume. Désormais, il faut tourner sa langue plusieurs fois dans sa bouche, avant que de prononcer un mot. Du coup, la vie parisienne a moins d'attraits. Ce qui ne l'empêche pas de recevoir chez elle « des gens de toutes les classes et formes, des ambassadeurs, des émigrés de qualité, des gens en place…, des savants, des artistes, des jacobins, etc. [1] » À ces vastes réunions où se trouvent parfois une centaine de personnes s'ajoutent les dîners plus intimes, où Germaine peut enfin s'exprimer en toute liberté.

En février 1802, elle lance ainsi un de ses sarcasmes ; un de ses bons mots : « Bonaparte a mis la tranquillité sur sa tête et la liberté sous ses pieds. » Ce ne sera pas le dernier. Le plus célèbre est sans nul doute celui que lui inspire l'épuration du Tribunat – qui a lieu en mars suivant. Un Tribunat « écrémé », ironise-t-elle à la grande hilarité de ses amis, qui en regrettent évidemment la mesure. Et puis, la voilà qui invente le néologisme d'idéophobe, quand Bonaparte s'attaque à l'idéologie et aux « métaphysiciens » – dont elle-même est inséparable ! Or, Bonaparte l'apprend, comme il apprend les sarcasmes et plaisanteries qui circulent dans son salon.

Le Premier Consul a beau dire que les jeux de mots, les traits d'esprit pour ou contre son gouvernement le laissent indifférent, et que ce qu'il craint le plus, ce sont les intrigues de la trop célèbre baronne, il apprécie peu qu'on se moque

---
1. *C.G.*, IV, p. 482-486.

La petite guerre

de lui et de sa famille. Le Maître est susceptible ! C'est sans doute dans ce contexte qu'il conseille à ses frères de dire à leur illustre amie de ne pas lui barrer le chemin quel qu'il soit…, « sinon je la romprai, je la briserai. Dites-lui qu'elle reste tranquille. C'est le parti le plus prudent [1] ».

Cette année 1802, qui promet une pacification générale accentue encore ce que redoutent nombre de républicains. La paix de Lunéville et la paix d'Amiens ne mènent pas en effet à un relâchement, mais à un renforcement du pouvoir exécutif. Dès le 21 janvier 1802, Bonaparte fait part de son irritation à propos des discussions infinies du Tribunat, qui ralentissent l'introduction des mesures qu'il souhaite imposer au plus vite – dont le Code civil – et il exige que « les vingt mauvais membres du Tribunat soient ôtés ». Il refuse même « de porter d'autres projets de lois, tant que Thiesse, Chazal, Chénier et Garat seront au Tribunat ». C'est dans ce contexte que Constant avoue à sa tante :

> Nous sommes dans un grand désœuvrement… on a trouvé que nous traitions le Code civil avec trop peu de déférence et on nous a punis en nous laissant dans l'inaction [2].

Le 24 janvier, Bonaparte réitère : il faut ôter les vingt membres dissidents du Tribunat et y mettre « vingt hommes bien-pensants [3] ». Ce sera donc chose faite en mars suivant. Benjamin Constant fait évidemment partie des exclus. Le voilà sans emploi et bien triste de l'être. Il ne lui reste plus qu'à reprendre la plume et à se livrer à des activités strictement littéraires. De politique, il ne saurait être question.

---

1. *Lucien Bonaparte et ses mémoires*, II, p. 238. **2.** Benjamin Constant, *Journal intime et lettres à sa famille*, p. 306. **3.** *C.G.* Napoléon, vol.3, p. 892 et p. 894.

« Imiter Charlemagne »

La réaction de Germaine à cette épuration se veut discrète. Elle confie toutefois à Dupont de Nemours ses déceptions : « Toutes vos belles idées ne seront pas accomplies. Nous avons un but plus secret : nous voulons recommencer une quatrième dynastie et imiter Charlemagne... et pour le mieux imiter, ne faut-il pas ramener les esprits au temps où il a vécu ? ... Il n'y a plus qu'un homme sur le continent. Mais cet homme choisit pour instrument des personnes que vous aimez... [1] » De fait, nombre de leurs amis ont prêté allégeance au nouveau régime.

Depuis l'épuration du Tribunat, ce dernier « se tait à faire plaisir » – se félicite de son côté le Premier consul. Pourtant l'opposition était faible et peu dangereuse, mais « comme l'anarchie a fait croire qu'il n'y avait rien à désirer que l'ordre dans l'état social, on est content dès qu'il n'y a plus de bruit dans la rue ». On est content quand tout est

---

1. Elle évoque déjà le personnage de Charlemagne, qui sera à l'ordre du jour l'année suivante. *Choix de lettres*, p. 199, en date du 25 avril 1802. Voir aussi *Dix ans d'exil*, p. 20. Le premier à avoir réactualisé Charlemagne était Lucien Bonaparte dans son *Parallèle entre César, Cromwell, Monck et Bonaparte* de novembre 1800 (p. 10).

La petite guerre

stationnaire, quand « on n'entend plus vivre personne », commente Mme de Staël avec amertume.

À l'été 1802 est proclamé le Consulat à vie, sanctionné par un plébiscite et accompagné d'une nouvelle constitution « qu'on vient de se donner sans bruit ». Benjamin Constant en parle comme du « code noir » et la compare à la « constitution d'Alger », ce qui en dit long sur ce texte – qui confère les pleins pouvoirs à Bonaparte [1]. À sa lecture, Germaine s'écrie : « Ce farago, ce logogriphe dont le mot est despotisme ». Déjà, à l'annonce du plébiscite et bien avant quiconque, elle prévoyait la marche à venir : « l'hérédité et la couronne impériale [2] ». Les références à Charlemagne qui se multiplient en 1803 corroborent ses pressentiments et suggèrent un glissement dans ce sens. Il est même question d'ériger sur la place Vendôme une statue de l'empereur à la barbe fleurie ! Cela fera long feu. Les courtisans prôneront en ses lieu et place une statue du Héros de la France.

L'opinion publique n'est pourtant pas aussi calme et résignée que ne le croient les opposants ou que ne le souhaite le gouvernement. Surtout chez les militaires.

En 1802 est ainsi découverte la conspiration des libelles ou des pots de beurre, selon la remarque ironique du général Moreau. Le chef de ce complot serait le général Bernadotte [3], qui fréquente donc le salon de Germaine et avec qui elle est dès lors plus ou moins liée. Ces libelles, qui s'adressent aux militaires, sont virulents :

> BRAVES FRÈRES D'ARMES ! Frémissez avec nous, vous qui avez combattu pour la liberté ! La République,

---

1. *Journal intime et lettres*, p. 310. **2.** *C.G.*, IV, p. 509-510 en date du 3 juin 1802. **3.** Cela n'a pas été prouvé. Quoi qu'il en soit, Bernadotte était proche de Fouché et donc protégé en haut lieu. De même, il n'y a aucune preuve que Mme de Staël y ait directement contribué.

ouvrage de vos soins, de votre courage, de votre constance, n'est plus qu'un vain mot ! Bientôt un Bourbon sera sur le trône, ou bien, Bonaparte lui-même se fera proclamer empereur ou roi... Un petit tyran nous dicte ses lois... De quel droit cet embryon bâtardé de la Corse, ce pygmée républicain veut-il se transformer en Lycurgue ou en Solon ?

Ou le placard suivant qui ne lui cède en rien :

Jusqu'à quand souffrirez-vous qu'on vous asservisse ? Qu'est devenue votre gloire, à quoi ont servi vos triomphes ? Est-ce pour rentrer sous le joug de la royauté que, pendant dix ans de guerre la plus sanglante, vous avez prodigué vos veilles et vos travaux, que vous avez vu périr à vos côtés plus d'un million d'hommes ? SOLDATS, vous n'avez plus de PATRIE : la République n'existe plus... Un TYRAN s'est emparé du pouvoir ; et ce tyran, quel est-il ? BONAPARTE [1] !

De là à penser que Germaine trempe dans cette conspiration, il y a un pas que Bonaparte hésite à franchir. Mais il soupçonne son salon d'être un foyer d'opposition – latente ou effective, peu lui importe ! « On est coupable quand on inquiète celui qui gouverne », fulmine-t-il à l'endroit du chef royaliste Bourmont. Or, Mme de Staël, elle aussi, l'inquiète depuis qu'elle a laissé entrevoir qu'elle désapprouvait le Concordat et appréciait très modérément le Consulat à vie. Le Premier consul a-t-il eu vent des moqueries suivantes qui ne pouvaient que l'agacer ?

Je vous aurais souhaité à la grande fête de Notre-Dame. Vous auriez vu les plus étranges contrastes qui aient jamais

---

1. H. Gaubert, *Conspirations au temps de Napoléon Ier*, p. 142-143.

La petite guerre

frappé les regards : Fouché, Talleyrand, Cambacérès, faisant le signe de la croix avec une vraie componction, et l'archevêque d'Aix prêchant en mémoire du sacre, etc. [1]

---

1. *C.G.*, IV, p. 493. La fête est celle du 18 avril 1802 pour célébrer le Concordat.

L'empire du silence

Dès 1802-1803, les témoignages sont légion pour suggérer que les Français n'osent plus parler ni écrire. Mme de Staël se plaint ainsi que « depuis qu'on n'a plus rien à penser ni à dire, on a de la peine à remplir son temps ». Elle est loin d'être la seule. Constant gémit lui aussi d'avoir perdu sa place et d'être condamné au silence : « Rien n'est plus difficile que d'écrire actuellement. Dire son opinion est à la fois dangereux et superflu [1] ». Et d'ajouter qu'il ne parle plus de politique, même avec ses voisins.

De visite à Paris en février-mars 1803, sa cousine, Constance Cazenove d'Arlens signale pour sa part qu'on va beaucoup au spectacle en ce moment, parce « qu'on n'ose plus parler avec abandon dans la société ». Même constatation au restaurant, où, certes, il « n'y a qu'à imaginer une gourmandise, et vous êtes servi », mais où règne un silence de plomb : « c'est que chacun craint d'être envoyé au Temple si on se permet une réflexion sur le moment présent ».

La sociabilité parisienne perd de son charme. Le « grand petit homme » – ainsi que Mme Cazenove d'Arlens surnomme Bonaparte – sèmerait la terreur dans le Tout-Paris.

---

1. *Journal intime et lettres à sa famille*, p. 316.

La petite guerre

Il serait despotique et détesté ; redouté et bassement servi. Ce qui n'empêche pas le faubourg Saint-Germain d'ironiser sur l'étiquette consulaire et la grossièreté de la cour : « L'étiquette est chez Mme Bonaparte plus sévère qu'elle n'était chez la reine. Comme toutes ces manières n'étaient pas d'habitude chez eux, ils font cent choses ridicules... les *ci-devant* se pâment de rire des manières des *ci-derrière* ! [1] » Madame de Staël y participe plus ou moins discrètement : le bruit court ainsi qu'elle aurait dit que les dames Bonaparte avaient fait allonger la queue de leurs robes – comme si, dès lors, elles étaient princesses ! De quoi irriter un peu plus le Premier consul contre cette impertinente !

En 1802, Bonaparte a en vérité beaucoup à se plaindre de la baronne rebelle, bien qu'elle n'en soit pas personnellement responsable. À peine le complot des libelles a-t-il été découvert et démantelé, que paraissent en effet des publications jugées intempestives. La première est celle de Camille Jordan, un ami de madame Récamier et de Germaine qui s'oppose au Consulat à vie et à l'hérédité, s'ils ne sont pas assortis de protections législatives : il faut organiser une véritable représentation nationale, et un pouvoir qui tempère celui du Premier consul, afin que soit évitée toute tentation de tyrannie [2]. La brochure anonyme est aussitôt interdite et l'éditeur emprisonné, mais le texte circule en secret. En août suivant, Necker publie ses *Dernières vues de politique et de finance*, où il désapprouve haut et fort la prééminence conférée au pouvoir exécutif dans la Constitution de l'an VIII. Il a beau décrire Bonaparte comme « l'homme nécessaire », son analyse dénonce avec

---

1. *Journal de Constance d'Arlens*, p. 96-97. **2.** *Vrai sens du vote national sur le Consulat à vie* paru le 20 juin 1802 par un auteur anonyme. C.G., IV, p. 524.

finesse le despotisme qui risque de découler des lois nouvelles et il invite le gouvernement à les corriger au plus vite. Le livre a été envoyé au Premier consul, dans l'espoir qu'il adopte les bons conseils de l'ancien ministre de Louis XVI. Il n'en fera rien, évidemment ! Puis vient en décembre le roman de Mme de Staël, *Delphine*. Roman, qui, pensait-elle, favoriserait son retour en grâce. Peut-être que Bonaparte serait sensible à son talent de romancière ! Peut-être l'apprivoiserait-elle enfin !

Aussi intelligente que soit Germaine, elle ne comprend pas encore très bien celui qu'elle continue d'admirer, malgré ses critiques sur le cours autoritaire que prend le régime. Et elle manque décidément de tact. Dans ce roman, en effet, elle célèbre l'Angleterre, le protestantisme, la liberté et le divorce – et, partant, les droits des femmes. On y cherchera en vain un éloge ou un mot sur le grand homme que la France s'est donné pour maître. Pis ! L'ouvrage est dédié à « la France silencieuse » – et non au Premier consul.

Aussitôt fusent les critiques. Le roman est mal accueilli par la presse qui, de plus en plus, hésite à déplaire en haut lieu. Un journal risque à tout moment d'être supprimé. Dès 1800, Bonaparte en a réduit drastiquement le nombre et il est sur le point d'en condamner d'autres. Désormais les journalistes ne sont que « les commentateurs de la force, … des stipendiés du pouvoir » – soupire Mme de Staël. Aussi l'ami des Necker, rédacteur du *Publiciste*, Jean-Baptiste Suard, n'ose-t-il commenter le livre du père de Germaine et s'en excuse-t-il auprès d'elle.

« J'ai bravé quelques dangers »

Trois écrits donc en quelques mois, dont aucun n'est de nature à plaire à Bonaparte. Une fois en exil, il avouera au sujet de l'autre roman de Germaine, *Corinne* : « Il lui était bien facile de faire là un ou deux chapitres, de parler de moi. Elle eût dit la vérité… Pas un mot de moi » [1]. La même critique vaut évidemment pour *Delphine*. Au lieu de cela, elle aurait écrit un roman immoral, antisocial et antifrançais. Un roman où régnerait « désordre d'esprit et d'imagination [2] » !

Germaine en est plus ou moins consciente, quand elle écrit : « J'ai bravé quelques dangers pour conserver mes opinions. » Elle n'est pourtant pas excessivement inquiète, car, désormais, elle se flatte de ne se mêler de rien, de n'écrire sur rien et de ne parler sur rien, « mais jamais mon cœur et mon esprit n'ont été plus pénétrés et plus convaincus de l'amour de la liberté ». Quoi qu'elle dise ou décide, c'est trop tard ; sa liberté à elle est bel et bien menacée. Elle a beau promettre de ne pas dire un mot, de ne

---

1. Bertrand, *Cahiers de Sainte-Hélène*, II, p. 388-389. **2.** Las Cases, *Mémorial de Sainte-Hélène. Le manuscrit retrouvé*, Tempus, 2021, p. 362. Défauts, ajoutait Napoléon « qui l'avaient jadis éloigné de son auteur ».

pas écrire une ligne, qui puisse déplaire au maître suprême. Elle a beau assurer qu'il n'entendra pas plus parler d'elle « politiquement que de la femme égyptienne du général Menou » ! Rien n'y fait. Le 17 août 1802, son ami Garat l'a déjà avertie qu'on l'arrêterait si elle venait à Paris. Fausse alerte ou vérité ? Et Germaine de s'interroger :

> On veut m'inquiéter de Paris sur l'ouvrage de mon père. On prétend qu'il pourrait nuire à mon repos en France. Je n'en crois rien. Bonaparte est un trop grand homme... pour rendre une fille responsable des actions d'un père [1].

C'est prendre ses désirs pour des réalités. D'autant que Mme de Staël est aussi soupçonnée d'avoir contribué à la brochure de Jordan. Ainsi le *Journal des Défenseurs de la patrie* du 25 juillet 1802 croit-il y découvrir « l'influence de la philosophie de Mme de St... [2] » Et, quand, en décembre paraît *Delphine*, la coupe est pleine pour le frais émoulu Consul à vie. Il n'est plus d'humeur à plaisanter sur ce qu'il pense ou non de la dame. Son pouvoir vient d'être renforcé. Il n'a plus à ménager l'opinion publique ou le faubourg Saint-Germain. Le roman lui déplaît, il le trouve antisocial et ne supporte ni l'éloge du protestantisme, ni celui des Anglais. Sans oublier l'héroïne, Delphine, aux antipodes de son idéal féminin ! Le 10 février 1803, il ordonne au Grand Juge, Régnier, d'interdire à « cette étrangère intrigante » que serait la baronne de Staël d'entrer en France. Or, elle avait justement prévu de revenir de Suisse et de s'installer à 10 lieues de Paris, par précaution. Quand est rendu public l'ordre du 10 février, le projet tombe à l'eau. Exit la France !

---

1. *C.G.*, IV, p. 545. **2.** *C.G.*, IV, p. 536.

La petite guerre

La situation est telle dans ces années où s'établit peu à peu un régime vraiment despotique qu'il est impossible de prévoir ce dont le proche avenir sera fait. Constant en témoigne vis-à-vis de sa tante :

> Vous me plaignez de n'avoir plus ni plans ni projets comme s'il y avait quelqu'un qui put en former dans l'état où se trouve le monde ; quant à moi, il m'est impossible de voir à deux jours de distance. Nous sommes à la merci d'une puissance aveugle, car les gens ou pour mieux dire l'homme qui dispose de nous me paraît bien plus dirigé par son caractère que le dirigeant...

Quels regrets pour les républicains qui ont soutenu le coup d'État ! Quels remords pour ceux qui ont tant admiré le Héros ! Comment diable en est-on arrivé là ?

> On a fait une révolution pour la liberté. Dieu sait avec quel succès ! Aujourd'hui qu'on a ôté la liberté pour nous donner la paix, on ne songe qu'à recommencer la guerre.

Le résultat, c'est qu'actuellement on ne peut plus ni parler ni écrire :

> Dire son opinion est à la fois dangereux et superflu. Il ne peut exister qu'une opinion sur certaines choses, elle se devine par tous ceux qui la partagent... ne parlons donc point sur des objets sur lesquels j'espère que pour nous entendre, nous n'avons point besoin de paroles [1].

C'est là l'opinion de Benjamin Constant, qui a choisi de se taire. Si elle partage son opinion sur le gouvernement consulaire, Germaine, elle, est incapable de se taire durablement. Elle s'interroge et interroge ses amis sur les causes

---

[1]. *Journal intime et lettres de Benjamin Constant à sa famille*, p. 312-316.

de sa nouvelle disgrâce et conteste qu'on lui interdise les environs de Paris. Pourquoi dix lieues déplairaient-ils plus que cent, quand elle renonce à la capitale ? Et de protester qu'à être confinée en Suisse, elle perd tout, car « ma défense, c'est mon éclat ! » Et si elle laisse pâlir celui-ci, il ne lui restera plus que ses fidèles. Pis. On s'accoutumera à l'idée de son exil et on s'étonnera qu'elle veuille en sortir. Ce n'est là qu'un argument – qui ne pouvait toucher en aucun cas Bonaparte, puisque c'est justement ce qu'il visait ! Un autre tient à son caractère : « ces ajournements, ces promesses vagues, tout cela révolte [sa] nature ». Pourquoi donc la persécuter ? Car c'est bien de persécution qu'il s'agit.

Est-ce mon roman ? Est-ce l'ouvrage de mon père ? Se souviennent-ils de ce dernier grief, et comment se fait-il qu'un ouvrage où le Consul est si bien loué l'ait blessé ? Je demande sur cela une réponse détaillée.

« La maladie de l'exil »

Seul Bonaparte aurait pu rédiger une réponse adéquate. Il n'en avait cure. Lui désire ne plus entendre parler ni de Necker ni de sa fille. Elle a beau affirmer qu'elle se tiendra tranquille, qu'elle mènera une « vie obscure » ; elle a beau donner sa parole d'honneur qu'elle renoncera à son talent de parler et d'écrire, rien n'y fait. En 1803, Bonaparte est plus intraitable encore que l'année précédente.

> Est-il raisonnable de ne pas aimer mieux me tenir sous sa patte à Paris que me lancer à Londres avec de l'esprit et du ressentiment ? Est-ce que Roederer et Talleyrand même ne doivent pas aimer mieux la conversion de mon imprudence, la conversion de tout désir de succès, la résolution de renoncer à tout éclat, pour vivre avec ses amis, que le hasard de ma destinée ailleurs ?... Ah ! l'exil est une trop grande douleur [1].

Ailleurs, elle soupire qu'il y a « une maladie de l'exil ». Et, de fait, les Anciens préféraient souvent la mort à l'exil. Cicéron en souffrit terriblement et Ovide en serait mort. Certains de ses amis ne veulent pourtant pas comprendre à quel point il est dur de vivre loin de sa patrie. Coppet

---
1. *C.G.*, IV, p. 592-595.

n'est-il pas un lieu charmant ? Son château et son père ne lui suffisent-ils pas amplement ? Le problème, c'est que tout le monde n'est pas attiré par la nature ou par la botanique [1]. Mme de Staël n'est pas Rousseau. Pour exister et créer, elle a besoin de vie et de mouvement. Or, rester à Coppet, c'est s'enterrer de son vivant. Coppet « est un couvent », gémit-elle.

Germaine promet à tout un chacun de ne plus dire un mot, de ne plus écrire une ligne, qui puisse déplaire au chef suprême. Il n'entendra plus parler d'elle, répète-t-elle à loisir ! Mais Bonaparte a d'autres chats à fouetter. Qui plus est, il ne la croit pas. Une lueur se fait jour, quand Joseph Bonaparte lui promet que d'ici six mois, si elle prend patience... D'ici six mois, Bonaparte sera sans doute plus indulgent. Patienter six mois, c'est aussi ce que suggère le consul Lebrun dans une lettre à Necker, où il s'explique sur les raisons de l'irritation de son éminent collègue :

> Des propos échappés à Mme de Staël, des démarches plus qu'indiscrètes de gens qu'on sait être ses confidents les plus intimes l'ont convaincu qu'elle avait travaillé votre opinion et influé sur vos ouvrages. Il pense qu'elle veut du mouvement dans quelque sens qu'il s'opère, et, quoiqu'il ne craigne rien des rumeurs de société, il ne veut pas qu'on le croie assez faible ou assez imprudent pour laisser l'administration en proie aux sarcasmes [2].

Necker aura beau rétorquer qu'il est seul responsable de sa publication, cela ne changera rien à l'affaire. Des

---

1. Ce sont les arguments de Dupont de Nemours et de Chateaubriand – lequel en rajoute ! C'est que lui rêve d'une vie calme et solitaire, à l'abri des importuns. De là aussi la relative impunité dont il jouit sous l'Empire. **2.** D'Haussonville, p. 241 et p. 242-243 pour la réponse de Necker.

La petite guerre

témoins affirment même que Bonaparte a juré que « jamais la fille de M. Necker ne rentrera à Paris ». Et de menacer : « que les amis de Mme de Staël ne l'avisent pas de venir à Paris, je serais obligée de la faire reconduire à la frontière par la gendarmerie » !

Dans un premier temps, Germaine ricane : « Il me craint. C'est là ma jouissance, mon orgueil. » Mais réaliste, elle ajoute tout aussitôt : « Et c'est là ma terreur.[1] » De quoi corroborer les propos de Napoléon de Sainte-Hélène sur la « petite guerre » que se faisaient les deux virtuoses du siècle : il me craint ; elle me craint ; je lui ferai peur ; je l'aurai à l'usure ; etc.[2] ; autant de charmantes réciprocités que marmonnent en leur for intérieur les protagonistes !

Désespérée à l'idée de devoir rester plus longtemps encore dans cette Suisse qu'elle abhorre, Germaine remue ciel et terre dans l'espoir d'amadouer son ci-devant héros.

À partir de 1802, et bien qu'elle admire à sa juste valeur l'activité impressionnante du « Grand Consul », elle est pourtant de moins en moins enthousiaste à son égard. Les superlatifs élogieux se raréfient. S'y substituent les invectives. Rosalie, la cousine de Benjamin en témoigne : « toute la visite s'est passée en explosion contre Bonaparte. C'est sa passion dominante aujourd'hui... il devient tous les jours plus tyran[3] ». La décristallisation est à l'œuvre depuis l'automne 1802 et ne fera que s'amplifier les années suivantes.

---

1. Gautier, *Madame de Staël et Napoléon*, p. 95-106. **2.** Rappelons dans ce contexte de menaces réciproques ce que notait Lucien Bonaparte pour 1802-1803 : « son génie étonné tremble devant le mien... et c'est cela que je trouve bien » – C'est Bonaparte qui parle de Mme de Staël. Inversement, Joséphine avertissait son époux qu'à craindre une femme à ce point, on pourrait croire que le pouvoir de Bonaparte avait bien peu de solidité. Diesbach, p. 250. **3.** *C.G.*, IV, p. 567.

Le rendez-vous manqué

Dans cette situation, elle en est réduite à quémander – ce qui n'est jamais agréable. Elle inonde de suppliques ses amis et les frères Bonaparte, pour qu'ils interviennent au plus vite et qu'il lui soit permis de se rendre à Paris ou, du moins, en France. Parmi ceux qui la défendent, il y a évidemment Benjamin Constant, qui prend son courage à deux mains pour réagir à la lettre de Lebrun. Choqué par l'injustice de la décision et ému du chagrin de Mme de Staël, il s'adresse directement au Premier consul pour justifier son amie :

> Dans une lettre écrite à M. Necker par le citoyen consul Lebrun, l'exil de Mme de Staël est motivé sur des démarches plus qu'indiscrètes de gens qu'on sait être ses confidents les plus intimes. Je ne connais que moi seul parmi les amis de Mme de Staël qu'on ait accusé de n'être pas attaché au gouvernement. Cette phrase m'a donc fait éprouver une douleur amère. C'est à moi que je dois attribuer les peines de Mme de Staël. Elle est punie des torts qui me sont reprochés... J'ignore de quelles démarches je suis accusé. Je sais qu'aucune accusation n'est fondée... L'on m'a attribué des complots, l'on a supposé des réunions. J'ai plus d'une fois prouvé d'un mot que ces complots étaient chimériques, que ces réunions n'avaient pas eu lieu... Mais quoi qu'il en soit..., il est certain que sans mes liaisons avec Mme de Staël, les amis qui l'entourent, l'éducation de ses enfants, ses relations de société, l'auraient détournée de la politique. C'est son affection pour moi qui lui enlève sa patrie, et nul que moi ne peut apprécier les maux qu'elle endure, nul ne connaît l'intensité de sa douleur, ses regrets du pays où elle est née, des amitiés de toute sa vie, des habitudes qui font son bonheur. L'idée d'avoir bouleversé sa destinée est un tourment que je ne puis supporter... [1]

---

1. *Lettres de Julie Talma à Benjamin Constant*, Plon, 1933, p. 155.

La petite guerre

La démarche sera vaine. Curieusement, et, pour l'instant, Bonaparte ne se soucie guère de Benjamin, ni même de Necker. Une seule personne l'obsède et est à ses yeux coupable : Germaine ! Ce serait elle qui intrigue et qui influence ses proches. Avec le recul, ce qui semble devenir chez lui une obsession paraît quelque peu ridicule ou outré. À ses frères, il tente d'expliquer pourquoi elle lui est insupportable :

> Tous ces fameux jeux de mots, ces traits d'esprit pour ou contre mon gouvernement, me sont indifférents. Ce qui ne l'est pas, ce sont les intrigues de votre illustre femme... Ah ! Je la connais, accoutumée qu'elle fut à fronder ou à entendre fronder les gouvernements qui m'ont précédé... je ne suis ni un Louis XVI, ni un La Revellière-Lepeaux, ni un Barras [1].

N'a-t-elle pas osé par ailleurs prétendre que « le génie aussi est une puissance » ? Talleyrand s'est fait un malin plaisir à le rapporter aussitôt au Premier consul. C'est que l'éloignement du ministre pour Germaine n'a fait que s'amplifier depuis la parution de *Delphine*, où il s'est découvert dans l'antipathique personnage de Mme de Vernon. Aussi Germaine le soupçonne-t-elle de vouloir se venger.

---

1. *Lucien Bonaparte et ses mémoires*, p. 235-236.

« Cette étrangère intrigante »

En vérité, Bonaparte supportait très mal les traits d'esprit et s'emportait quand on les lui rapportait. On se souvient de l'affaire de la queue des robes qui l'avait outré. Or, voilà Germaine qui désormais se moque des grands seigneurs devenus domestiques de bourgeois d'Ajaccio ! Elle, l'étrangère ! La qualification d'étrangère est récurrente dans les ordres qu'il donne à son encontre. Surprenant de la part d'un Corse [1] ! A-t-il oublié qu'il n'est lui-même français que de fraîche date ? Ce que ne manqueront pas de lui rappeler à outrance les Français de 1814-1815 !

Le 12 avril 1803, Germaine décide de renoncer à son voyage en France. C'est trop risqué. Elle avoue à son ami Pictet-Diodati qu'elle a « fait la sottise de parler avec imprudence », mais, ajoute-t-elle, aujourd'hui, elle est tout à fait « domptée ». Elle a commis une autre imprudence. Celle d'apprendre à ses ennemis comment lui faire du

---

1. Ses ennemis ne se priveront pas d'insister sur son origine corse – durant le règne et surtout après sa chute. Notamment Chateaubriand dans son pamphlet *De Buonaparte et des Bourbons* de 1814. Quant à Mme de Staël, de parents genevois, elle est née en France et peut à juste titre se donner pour Française – d'autant que Genève est devenue française en 1798.

La petite guerre

mal – maladresse qu'elle-même condamne en 1804 dans son introduction aux *Œuvres complètes* de Necker. À voir les suppliques qui s'amoncellent sur les bureaux des uns et des autres, tous savent désormais à quel point la privation de Paris lui est insupportable et ils en usent et mésusent à volonté. L'ordre d'exil de 1803 n'est donc que le premier d'une longue série.

Six mois plus tard, Germaine prend au mot les promesses ou espérances que Joseph Bonaparte lui a fait miroiter et se prépare à partir pour la France. Elle écrit une lettre au Premier consul où elle manifeste une humilité singulière [1]. Elle promet d'être sage, de ne pas approcher de Paris et en appelle à la protection et à la bienveillance du gouvernement. Ses prétextes : l'éducation de ses enfants et le règlement des dettes de son mari, décédé en 1802 [2]. Aussitôt dit, aussitôt fait, la voilà sur la route. Elle s'installe à Maffliers, dans le Val d'Oise, à dix lieues de la capitale. Bientôt, elle apprend que Bonaparte a bien reçu sa lettre, mais qu'il ne répondra pas.

Le bruit court qu'elle aurait pu venir directement à Paris, ce qui la convainc de s'y aventurer d'ici à quinze jours – sous prétexte que sa fille est malade. Si on la refoule, elle partira en Allemagne. Faute de réponse, elle est dans l'incertitude, avec l'impression que le pire se prépare ! Qu'un gendarme va se présenter à sa porte ! Un sentiment indicible d'angoisse ! C'est ça la terreur, la véritable terreur ! Elle écrit à son père : « cette existence proscrite et solitaire, au milieu d'un pays tel que celui-ci est peu de mon goût et de mon cœur ». L'affection de Benjamin, qui

---

[1]. Ce doit être ce genre de lettres et de promesses qui hérissent Constant, quand il parle de « manque de fierté ». *C.G.*, V, 1, p. 18-19.
[2]. Elle l'avait recueilli et soigné. Mais il décède en chemin, alors qu'elle l'amenait à Coppet.

est à ses côtés comme chaque fois qu'elle est désespérée ou menacée, ne lui suffit plus. Le pire, c'est que personne ne viendrait la voir à Maffliers, ce qui serait « le vrai symptôme de la peur que je fais [1] ». Elle brûle d'envie de se précipiter à Paris, mais n'ose pas. Le 1er octobre, on lui assure qu'elle ne risque rien à s'aventurer dans la capitale ; le lendemain, autre son de cloche : « on m'écrit sans cesse : Ne revenez pas, vous seriez arrêtée, renvoyée ». À Joseph Bonaparte qu'elle sollicite une fois de plus, elle avoue : « c'est un des plus grands malheurs de la persécution de vous obliger à demander l'air qu'on respire, comme les autres demandent des places et de la fortune ».

Pourtant, même à cette date, elle est encore et toujours impressionnée par l'énergie du chef de l'État, qui travaille nuit et jour, épuise ses chevaux dans une revue, n'oublie rien, pas même les plus petits détails et contraint la nation à l'activité comme lui-même : « il se porte mieux que jamais, tant il est vrai que le mouvement est la vie de l'homme [2] ». Ce mouvement auquel elle-même aspire, mais qui lui est, à elle, interdit !

Bien qu'éloignée de la capitale, elle suit donc au jour le jour ce qui s'y passe et ce qui s'y concocte. De la « farce de la descente » en Angleterre dont, avec la reprise de la guerre, il est à nouveau question aux réformes du gouvernement, à la création de la Légion d'honneur et des sénatoreries – un moyen de pression pour « s'assurer de la docilité des sénateurs » – et aux mesures pour introduire l'hérédité. Sans oublier le rétablissement de la chasse dans toute sa splendeur et toutes ses outrances, n'en déplaise aux paysans et à leurs récoltes.

---

1. C'est du moins ce que Mme de Staël affirme, contrairement à ses ennemis qui parlent d'une foule de visiteurs. Voir plus bas. **2.** *C.G.*, V, I, p. 18-19 ; p. 30-31.

La petite guerre

Ce qui la bouleverse le plus, c'est ce qui se passe à Saint-Domingue, où les Noirs sont massacrés pour « complaire au général Leclerc », écrit-elle à son père. Dix-huit cents d'entre eux auraient été jetés à la mer sans aucune forme de procès – « les noyades ont été exécutées là comme à Nantes » ; d'autres ont été amenés aux galères de Toulon, où ils végètent dans une misère absolue. Et les horreurs continuent [1]. Elle en est catastrophée.

Qui l'informe ? Benjamin, sans doute, qui lui aussi suit avec méfiance les réformes en cours et à venir. Mais d'autres amis sont forcément venus lui rendre visite et l'ont dûment informée, si bien qu'une méchante femme, Mme de Vaines, a fait savoir à Bonaparte que « les chemins étaient couverts de gens qui allaient [lui] faire visite ». Il s'avère alors que Maffliers se trouve à six et non à dix lieues de Paris. Cela suffit pour rendre furieux Bonaparte. Et de s'écrier « que si elle avançait, il la ferait arrêter par quatre gendarmes et reconduire à Coppet ». Ce n'était pas des paroles en l'air. Fouché confirme la menace. Elle espérait être en sûreté. Rien n'est plus faux [2].

---

1. *C.G.*, V, 1, p. 23-26. **2.** *C.G.*, V, 1, p. 48.

« La mort en miniature »

Le 3 octobre 1803, Bonaparte ordonne qu'au 15 vendémiaire, si elle est encore à Maffliers, elle soit reconduite à la frontière : « l'arrivée de cette femme, comme celle d'un oiseau de mauvais augure, a toujours été le signal de quelque trouble. Mon intention est qu'elle ne reste pas en France ! [1] » À la même époque se trame contre le Premier consul une conspiration autrement menaçante et dont personne ne sait rien encore. Germaine l'ignore également et n'y participe en aucune façon. C'est l'affaire dite de Cadoudal, ourdie par des royalistes. Les généraux Pichegru et Moreau seraient impliqués [2]. Fouché n'est plus ministre à cette date. Le ministère de la Police a été supprimé et c'est celui de la Justice qui assume ses fonctions. Quoi qu'il en soit, Germaine est au courant de la nouvelle décision le 7 octobre et écrit tout aussitôt une lettre déchirante au Premier consul. Elle refuse de croire que l'ordre d'exil émane de son héros :

> Il n'est pas de vous le mouvement qui vous porte à persécuter une femme et deux enfants : il est impossible qu'un héros ne soit pas le protecteur de la faiblesse. Je vous en conjure encore une fois : faites-moi la grâce tout entière.

---

1. *C.G.* Napoléon, vol. 4, p. 372. **2.** Gaubert, p. 161-261.

La petite guerre

Laissez-moi vivre en paix dans la maison de mon père à Saint-Ouen ; elle est assez près de Paris pour que mon fils puisse suivre de là les cours de l'École polytechnique, et assez loin pour que je n'y tienne point de maison. Je m'en irai au printemps quand la saison rendra les voyages possibles pour les enfants [1].

Et de lui promettre une reconnaissance infinie. Pour toute réponse, elle reçoit la visite d'un gendarme, qui lui enjoint de partir dans les 24 heures pour une destination éloignée de Paris d'au moins une quarantaine de lieues. Elle parvient à gagner quelques jours, sous prétexte de préparatifs, et se hâte aussitôt vers Paris, rue de Lille, afin d'organiser son départ et tenter une fois encore d'amadouer le Consul, mais ce qu'elle apprend la décourage.

Il a répété sans cesse : je ne hais pas Mme de Staël. Si c'était elle que je haïsse [sic] ! je l'atteindrais mieux que je ne le fais ; mais elle monte les têtes et je ne veux pas qu'elle soit à Paris. Elle peut aller chez Melzi, où elle voudra, même à Lyon, à Bordeaux, mais pas à Paris ni aux environs [2].

Il aurait même répété à Junot et à Joseph qui s'étaient entremis en sa faveur : « Je n'ai rien contre elle, mais elle monte les têtes ; vous le voyez bien, puisque tout ce qui m'aime s'intéresse à elle, quoiqu'ils sachent bien qu'elle ne m'aime pas. » Il lui en veut donc d'avoir pour amis ses frères et ses proches et craint qu'elle ne les endoctrine à ses dépens. Ne vient-il pas de perdre son frère Lucien [3], qui

---

1. *C.G.*, V, 1, p. 55. **2.** *C.G.*, V, 1, p. 66-68. Melzi d'Esril était président de la République italienne et un proche de Bonaparte *et* de Mme de Staël, qui l'estimait fort. **3.** Lucien vient d'épouser une femme divorcée, Alexandrine Jouberthon, dont il a un fils en 1803. Devant son refus d'abandonner sa nouvelle épouse, il est exclu de la famille impériale et se réfugie à Rome, avant d'embarquer en 1810 pour les États-Unis et d'être pris par les Anglais.

refuse de renoncer à la femme qu'il aime et préfère se réfugier en Italie plutôt que d'obéir aux ordres du Maître de la France ? Lucien, le frère ingrat qui déserte le clan Bonaparte !

Dans la France consulaire, l'espionnage est si bien fait que Bonaparte est au courant de toutes les plaisanteries et tous les sarcasmes qui circulent dans les cercles de Germaine. Qui les communique ? Qui trahit ? C'est à douter de tout un chacun. Parmi les convives, il se trouverait quelques faux amis qui rapportent tout ce qui se dit au gouvernement. De là, la méfiance accrue des protagonistes. Dès lors, Bonaparte inspirerait une terreur telle qu'on « se croirait seul dans la grande galerie de Saint-Cloud, quand le Premier Consul ne parle pas, tant le silence est profond [1] ». Mais, même intimidée, Germaine ne se laisse pas durablement impressionner.

Opiniâtre, elle tente un dernier essai : une résidence à vingt lieues de Paris ! Et, elle rêve qu'on va lui permettre de s'établir dans un charmant appartement, entouré de ses amis. Au lieu de cela, sans doute va-t-elle être obligée de tout quitter demain : « c'est *la mort en miniature, cela* ». L'ordre d'exil lui parvient le 15 octobre et elle en fait part à son père.

> L'ordre est arrivé, cher ami, et tous les efforts humains n'ont pu le faire révoquer. Je suis livrée aux plus affreux tourments de l'incertitude. Mon cœur froissé aurait besoin de se reposer près de toi, mais l'idée d'arriver un mois après le départ a quelque chose qui me fait souffrir horriblement... Enfin, que me conseilles-tu ? Je n'ai pas besoin de te peindre mon malheur ; il dépasse ce que mon imagination avait conçu [2].

---

1. *C.G.*, V, 1, p. 71. **2.** *C.G.*, V, 1, p. 65-67 ; p. 71.

La petite guerre

L'incertitude, c'est ce qui tue en effet ! Cette angoisse incessante l'empêche de dormir et la pousse à prendre trop fréquemment de l'opium. Son usage inconsidéré sera une des causes de sa mort précoce. En attendant, elle réside trois jours chez Joseph Bonaparte, à Mortefontaine et ne prend le chemin de l'exil que le 21 octobre. La situation est cocasse, et elle en est consciente : « Bizarre destinée d'être exilée par le frère et d'aller chez le frère [1]. »

Benjamin Constant l'accompagne sur la route qui la mène en Allemagne. Désespérée, elle veut encore croire que l'inflexibilité de Bonaparte est due à d'implacables ennemis personnels : Talleyrand et Roederer pour n'en citer que deux [2]. Le pire, c'est qu'elle ne sait pas jusqu'à quand cet ordre sera valable ; si l'exil est définitif ou non. Et cela même effraie Germaine. Elle non plus, pas plus et même moins que Constant, elle ne peut faire de projets d'avenir. Désespérante incertitude !

La voilà donc devenue une « pestiférée dans la disgrâce » aux yeux des honnêtes gens ! Tout au long de l'hiver alors qu'elle se trouve à Metz, à Francfort et puis à Weimar, elle accable son père de ses lamentations, lui fait part de son *Heimweh* [3]. Elle s'inquiète aussi de la santé de Necker et avoue son sentiment de culpabilité : n'aurait-elle pas dû le rejoindre à Coppet ? N'y a-t-il pas une malédiction de Dieu et de sa mère qui pèse sur elle ? Son désespoir est grand et son père a dû insister pour qu'elle entreprenne son grand tour d'Allemagne et qu'elle ne se soucie pas de lui en cette occasion. Mais déjà elle a des remords : n'aurait-elle pas dû désobéir ? À son âge avancé, que ne risque-t-il pas d'arriver à ce père bien-aimé ?

---

1. *C.G.*, V, 1, p. 69. **2.** Parmi ses autres ennemis, il y a des femmes : Mme de Vaines donc, et Mme de Genlis, qui entretient une correspondance secrète avec Napoléon. **3.** Le mal du pays en allemand.

Le rendez-vous manqué

Avant même de pouvoir jouir de son séjour à Weimar, où elle rencontre tous ceux dont s'honore l'Allemagne, elle est en proie à une tristesse et à une oppression insoutenables. À peine l'arrestation du général Moreau a-t-elle eu lieu qu'elle s'inquiète pour Benjamin : « il n'y a de garantie pour personne… car il [Bonaparte] a le système de faire le tour de tous ses ennemis et de les éteindre tous l'un après l'autre ». Moreau, on l'a dit, est soupçonné d'avoir contribué à la conspiration de Cadoudal. Il est arrêté et jugé, puis condamné au bannissement. Il se réfugiera aux États-Unis. Benjamin et Germaine en sont si tristes qu'ils versent des larmes sur son sort. Si Germaine continue d'être impressionnée par l'intense activité de son meilleur ennemi, quand elle écrit notamment : « On est abasourdi tellement par sa volonté et par son agitation que personne ne reprend haleine [1] », elle le juge de plus en plus sévèrement : « Ah ! Quel homme ! Sa force comme son abomination viennent de n'avoir aucune nature humaine [2]. »

---

1. Cela l'impressionne autant que cela la terrifie. **2.** Cette certitude date donc de début 1804 et non de 1812-1816. *C.G.*, V, 258.

« Ils me traitent comme une divinité ! »

Peu à peu, elle se console de ses chagrins devant l'accueil enthousiaste qu'elle reçoit à Weimar, dont on a déjà vu quelques manifestations. Son bonheur sera plus intense encore à Berlin, où elle savoure l'honneur d'évoluer à la cour de Prusse, flattée de la bienveillance du roi et de la reine, et entourée de princes et de princesses. On la fête et elle s'étourdit à grand renfort de festivités et de distractions. Quelle revanche ! On la célèbre à l'étranger, alors qu'elle est *persona non grata* en France ! C'est ce qu'elle s'empresse de communiquer à Joseph Bonaparte :

> J'ai été reçue en Allemagne incroyablement bien ; et le jour de ma présentation ici, j'ai été comblée de tant de marques d'intérêt qu'il y aurait de quoi être heureuse, si la plus brillante réception des étrangers pouvait faire oublier sa patrie. La reine m'a dit, au milieu de cinq cents personnes, qu'elle espérait que je la croyais d'assez bon goût pour être flattée de mon arrivée à Berlin, et que depuis longtemps, elle m'admirait. Le roi m'a adressé des paroles très obligeantes ; toutes les princesses sont venues m'embrasser, et la cour presque en totalité s'est fait présenter à moi [1].

---

1. *C.G.*, vol. V, 1, p. 328-329.

Le rendez-vous manqué

Et de préciser que ce n'est pas par vanité qu'elle lui communique ces succès, mais pour lui prouver que son soutien n'a pas été vain et qu'elle est « considérée ailleurs ». Sans doute espère-t-elle avant tout que Joseph en fasse part à son bourreau et le persuade du mal fondé de sa politique à son encontre. Ah ! Si Bonaparte la voyait !!! Il faut absolument que cela se sache, répète-t-elle à ses correspondants ! La « pestiférée » encensée comme « une divinité » par la monarchie prussienne, l'intelligentsia allemande et l'aristocratie européenne, cela ne pourrait-il modifier les sentiments de Bonaparte à son égard ? Tout événement est ramené à ce but : son seul et unique but !

En dépit de ces satisfactions d'amour-propre, une seule chose lui importe donc vraiment : son prochain séjour en France ! C'est là son idée fixe ! C'est là seulement que se trouverait l'esprit de société qui est indispensable à son bonheur. Après tout, l'affaire Cadoudal a prouvé que c'étaient les royalistes qui complotaient contre le Premier consul. Il devrait désormais être convaincu « qu'il n'a rien à craindre de l'opinion républicaine et que ceux qui écrivent et parlent dans le sens philosophique servent ses véritables intérêts ». Inutile de dire qu'elle a tout faux ! Comme si elle se refusait à comprendre que c'est elle et sa personnalité que Bonaparte ne supporte pas ! À Sainte-Hélène, il avouera même qu'il l'avait prise en grippe [1] ! Qu'importe qu'elle soit royaliste ou républicaine ! L'amour-propre de Germaine l'aveugle.

Alors qu'en son absence se meurt son père, elle continue de lui faire part de ses succès mondains et lui communique la réaction prussienne aux dernières nouvelles : « on attend ici la nomination de l'empereur des Gaules, et l'on répand

---

1. Las Cases, II, p. 187.

La petite guerre

le bruit qu'il va se divorcer pour épouser la reine d'Étrurie. » La lettre est du 17 avril et Necker est décédé le 9. Germaine l'ignore. C'est Benjamin Constant, lui-même bouleversé, qui se charge de lui annoncer la triste nouvelle et qui retourne dans ce but en Allemagne.

« Il vous reste un avenir, je n'en ai plus »

Ce décès interrompt l'aventure allemande. Le retour à Coppet est déchirant. La disparition de Necker est insupportable à Germaine. Ainsi qu'elle l'avoue au duc de Saxe-Gotha, « ce n'était pas des relations de fille et de père : c'était la fraternité, l'amour, la religion, tout mon être moral [1] ». Sa douleur s'entremêle de remords. Elle aurait dû être aux côtés de son père dans ces moments ultimes, au lieu de parader à Berlin. Des semaines et des mois lui seront nécessaires, de même que beaucoup d'opium pour retrouver une certaine sérénité.

Son deuil ne modifie en rien l'attitude de Bonaparte à son égard. Lui a d'autres préoccupations, combien plus glorieuses ! Son avenir paraît serein : il prépare le passage à l'Empire ! Ce nouveau glissement vers le pouvoir absolu ne laisse pas Germaine indifférente. Et elle ironise à loisir sur « l'empereur des Gaules », mais la grande affaire qui l'obsède avant tout, c'est toujours la même : encore et toujours son exil. La proclamation de l'Empire ne mènera-t-elle pas à une amnistie générale ? Durant les mois suivants, c'est là l'objet premier de sa correspondance. Parallèlement, elle prépare

---

1. *C.G.*, V, 1, p. 337 et 2, p. 360.

La petite guerre

donc la publication des œuvres complètes de Necker, avec une notice de sa plume ; elle met de l'ordre dans ses affaires et s'occupe de la gestion de sa fortune, des investissements à modifier ou à compléter. À lire les nombreuses lettres qu'elle adresse à ses chargés d'affaires, elle a un certain talent en ce domaine et gère son patrimoine avec un soin infini.

Elle se veut digne de son père et désire laisser à ses enfants pas moins que ce dont elle-même a hérité. Mais son sens des affaires ne freine nullement sa générosité. Les lettres sont légion où elle propose un prêt à tel ou tel ami pour le dépanner. À Claude Hochet, notamment mais aussi à quiconque est dans le besoin. Par contre, elle est inflexible sur les promesses non tenues et les dettes impayées. Son amitié pour Dupont de Nemours en pâtira, quand il sera dans l'incapacité de rembourser ce qu'il lui doit [1].

Ses activités multiples lui permettent de surmonter son chagrin et d'accomplir son deuil. Elle demeure malheureuse, certes, et, nostalgique des jours heureux : « je n'ai plus dans le présent que la contemplation du passé ; je ne vis que pour y songer [2] ». Elle croit, affirmait-elle à Pictet-Diodati, au culte des souvenirs. Mais cela ne l'empêche pas de suivre les nouvelles du jour et de s'informer sur la situation de la France. Elle aime à noter le mécontentement de l'opinion ; l'esprit presque insurrectionnel qui a accueilli le verdict du procès de Moreau ; le peu d'enthousiasme pour le plébiscite de 1804. Et malgré son chagrin, elle partage avec ses correspondants les calembours et sarcasmes qui se font à l'occasion des célébrations du sacre : « on en fait de tous les côtés. Il en est d'innocents que je puis écrire, par

---

1. *C.G.*, V, 2, p. 425. **2.** *C.G.*, IV, p. 612-613.

exemple, qu'il y a eu une insurrection de chevaux parce que l'âne avait été fait maréchal de France [1] ».

Ses amis lui manquent plus que jamais. Elle supplie Joseph de faire quelque chose en sa faveur :

> Je vis dans un tombeau qui sera bientôt le mien, si mon exil ne se termine pas. Je n'ai plus la force de vivre loin de mes amis... et si l'empereur pouvait voir dans quel état je suis tombée, il saurait qu'il ne fera qu'un acte de pitié en me laissant me traîner dans quelque coin solitaire auprès de mes amis... Si cependant la fin de mon supplice n'est pas encore possible, ... j'irai errer encore jusqu'à ce que mes enfants et moi, vous nous ayez rendu notre patrie [2].

La proclamation de l'Empire du 18 mai 1804 ne change rien à l'affaire. Napoléon Ier ne décrète aucune amnistie en faveur des proscrits. Mme de Staël est contrainte d'assumer son choix second : le voyage en Italie ! Et c'est la mort dans l'âme : « J'aimerais mieux le plus obscur de tous les nids avec mes amis et ma patrie... que de refaire de nouvelles habitudes avec un cœur déchiré [3]. »

Elle a tout essayé, confié une lettre à Hochet pour Regnaud de Saint-Jean d'Angély, un de ses amis, proche de Napoléon, et fait part de sa décision de vivre à Paris avec ses intimes, sacrifiant toute idée d'éclat, toute pensée ou tout écrit remarquable *ou bien* aller ailleurs faire de son talent tout ce qu'elle peut en faire. Ce n'est pas la première fois qu'elle fait ce chantage et ce n'est pas la première fois que Bonaparte y reste indifférent. Jusqu'à fin 1807, il se soucie fort peu de ce qu'elle écrit à l'étranger et de ce

---

1. *C.G.*, V, 2, p. 387. Il s'agit du général Jean Lannes, qui venait d'être nommé maréchal de France. **2.** *C.G.*, V, 2, p. 367. **3.** *C.G.*, V, 2, p. 401 ; 415.

La petite guerre

qu'elle y dit de lui [1]. C'est lui, et non elle, qui a dans sa manche tous les atouts. Ce serait à elle de céder dans le bras de fer à l'œuvre depuis 1800 !

Justement, elle quémande, mais ne cède pas. Ou comme le constatera plus tard Napoléon : elle combat d'une main, et sollicite de l'autre ! Mais solliciter n'est pas céder ! C'est chercher à obtenir justice [2]. Ses arguments à ce sujet sont plutôt convaincants. Ce sont ceux qu'elle va égrener jusqu'à son départ final de 1812. On les retrouvera tout au long de ces pages. Convaincants ou non, Napoléon n'en a cure. Ce qu'il désire encore et toujours, c'est qu'elle ne fasse pas parler d'elle, et, le mieux pour cela, c'est qu'elle reste à Coppet.

Le régime paraît de plus en plus despotique à Germaine comme à Benjamin, beaucoup plus discret. « Il me semble qu'il est interdit de parler sur tout ce que défend Figaro… », ironise-t-elle. À Gouverneur Morris, elle avoue craindre l'arbitraire impérial : « un gouvernement qui peut tout prendre à tout le monde, puisqu'il repose tout entier sur la force et… dans cette force, il n'y a pas un seul élément d'opinion [3] ».

À l'approche du Sacre de décembre 1804, elle se plaît malgré tout à rêver de nouveau d'une amnistie générale. Elle persiste à croire que Bonaparte n'a pas vraiment d'animosité contre elle ; simplement « il trouve que j'ai trop d'existence parmi les étrangers et que sans m'avoir fait faire quelque chose qui me diminue, il ne veut pas de moi debout ». Elle

---

1. Le 5 mai 1807, il écrit à Fouché : « C'est une affaire finie. Elle est d'ailleurs maîtresse d'aller à l'étranger et d'y faire autant de libelles qu'il lui plaira. » *C.G.* Napoléon, vol.7, p. 738. Tout change après 1808 et sa rencontre avec Gentz, comme on le verra. **2.** Par là, je nuance fortement l'interprétation d'Henri Guillemin, trop porté à discréditer Germaine et Benjamin, en dépit de leur opposition réelle et constante au pouvoir impérial. Jusqu'en 1815 pour Constant, du moins. **3.** *C.G.*, V, II, p. 407 et p. 411.

ne perçoit pas là une antipathie personnelle irrémédiable [1] et préfère penser qu'il s'agit d'un malentendu. Aussi veut-elle faire savoir au plus vite qu'elle se prononce contre la dynastie des Bourbons et pour la dynastie actuelle ! Comme si cela allait changer quelque chose. Et d'ajouter :

> Si j'avais reçu ce qu'on me doit, j'aurais sans doute exprimé publiquement ma reconnaissance. Il est bizarre quoi qu'il en soit que la dynastie de Napoléon ne veuille rien faire pour me captiver !

Mais c'est là inversement ce que Napoléon attend d'elle ! Qu'elle fasse quelque chose pour le captiver ! Dans ce bras de fer, qui date de plus loin, le problème est donc de savoir qui fera le premier pas. Qui sacrifiera son amour-propre à une réconciliation relative ? Napoléon aurait pu lui dire en 1804 ce qu'il rapporte plus tard à Sainte Hélène : vous voulez rentrer en grâce, « faites quelque chose qui me plaise, je verrai alors » !

L'amour-propre de Germaine est tout aussi gigantesque que celui du maître. Aussi renâcle-t-elle : « si aujourd'hui j'écrivais pour, je ne ferais aucun effet, car on se moquerait de moi d'un bout de l'Europe à l'autre... quant à tenir une maison à Paris, je ne le ferai qu'une fois réconciliée [2] ». Mieux vaut attendre l'amnistie ou partir en Italie. Mais ce n'est donc pas de gaieté de cœur.

Pour le couronnement qui a été déplacé plusieurs fois et qui a lieu finalement le 2 décembre 1804, aucune amnistie ne sera non plus accordée. Les espoirs sont déçus. L'empereur des Gaules est demeuré inflexible.

---

1. Elle-même ne connaît ni rancune durable ni animosité cruelle. Elle pardonnera même à Talleyrand après 1814. *C.G.*, V, 2, p. 424-427. **2.** *C.G.*, V, II, p. 425-426.

« J'ai été merveilleusement applaudie »

Quelques jours après, elle part donc pour l'Italie. Son voyage la déçoit très vite, car si la France devient un pays despotique, l'Europe n'est pas non plus ce qu'elle était ou ce qu'elle aurait dû être. Ce que Germaine y découvre, c'est que des gouvernements absolus remplacent partout les gouvernements républicains. Qui plus est, ils sont sous la domination de la France : « L'Europe entière, à l'exception de l'Angleterre, est dépendante d'un seul homme. Telle est notre situation présente. »

Avant même ce voyage, elle a décidé de consacrer un roman à la belle Italie. Son périple la mène dans les plus grandes villes : Milan, où elle rencontre donc le poète Monti avec qui elle lie une véritable amitié ; Rome qui la déçoit dans un premier temps ; Naples qui l'enchante et la réconcilie avec le Midi. Le plus curieux, c'est que, parmi les hommes qu'elle rencontre, elle apprécie avant tout les cardinaux parce qu'ayant gouverné, « leur tête est beaucoup moins vide ». C'est qu'elle ne retrouve pas dans l'Italie moderne ce qui l'a séduite en Allemagne : la profondeur de la pensée ; la philosophie ; l'idéalisme ; le romantisme. L'antique Rome n'est plus dans Rome – mais pas non plus à Paris, n'en déplaise à Sa Majesté l'Empereur et Roi.

Voyage oblige ! Peu à peu, elle se laisse séduire par l'accueil chaleureux qu'elle y rencontre – même à Naples où règne la sœur de Marie-Antoinette. Elle sympathise avec le cardinal Ruffo, coresponsable du massacre des républicains de 1799, ce qui ne semble pas l'incommoder : « J'ai été merveilleusement applaudie, proclamée, etc. et peu s'en est fallu que la reine de Naples ne me fît sa dame d'honneur. Savez-vous qu'il y a quelque chose de triste à se sentir ainsi louée par les étrangers et exilée de son pays ? » La réception amicale des uns et des autres compense la haine qu'on lui manifeste en France, mais ne saurait effacer le manque immense qu'elle éprouve de se voir séparée de ses amis et de son environnement familier.

Flattée par les éloges et les attentions qu'elle reçoit, sans doute en fait-elle un peu trop. Ne se laisse-t-elle pas trop bercer par les louanges qu'elle reçoit ? C'est ainsi qu'à Rome, encouragée par ses succès, elle a lu un sonnet sur la mort de Jésus-Christ à l'Académie des Arcades. Ce qui agace Benjamin : « Il y a du saltimbanque dans cette conduite ! », regrette-t-il [1]. Avec tant de moyens, comment peut-elle se satisfaire de si petits succès ? Mais Germaine essaie seulement de faire passer le temps, de survivre aux menaces et d'oublier ses malheurs. Elle se sent orpheline, doublement orpheline, pour avoir perdu son dieu de père et sa véritable patrie ! Benjamin le sait bien et lui aussi pardonne et pardonnera.

Que ce soit à Rome ou à Venise, Germaine ne perd toujours pas de vue son seul et unique objectif. Napoléon

---

1. *Journaux intimes*, p. 318.

La petite guerre

doit venir à Milan au printemps 1805 pour se faire couronner roi d'Italie. Elle se fait fort de le rencontrer et de solliciter la fin de son exil. Un bruit court du reste, selon lequel l'empereur n'aurait rien contre elle et qu'il aurait donné l'ordre à ses agents présents en Italie de la recevoir à merveille.

Cela peut être, mais il n'a certes pas ajouté qu'il lui rembourserait ses deux millions, ni qu'il la laisserait revenir à Paris. Pourquoi tenter alors de le rencontrer ? S'agit-il de se réconcilier avec lui et de tenter un rapprochement ? Ou bien veut-elle simplement demander un adoucissement de son exil et son remboursement ? Sans doute l'un ne va-t-il pas sans l'autre ! Il faut l'amadouer, avant qu'il ne consente à lâcher du lest.

Une chose est sûre et certaine. Mme de Staël n'est arrivée à Milan qu'après les fêtes du couronnement et alors que Napoléon était sur le point de partir [1]. Elle ne l'a pas rencontré en personne. Elle a vu son ami De Gérando, collaborateur à l'Intérieur qui s'est entremis auprès de Champagny, son ministre. Tous deux ont été ses intermédiaires auprès de Sa Majesté l'Empereur et Roi. Et il semblerait qu'ils aient enfin obtenu l'impossible : une résidence à 20 lieues de Paris

---

1. À ce sujet, une polémique entre Henri Guillemin, qui affirme que Germaine était présente au premier rang lors de la sortie de Napoléon de la cathédrale, et les spécialistes staëliens, qui contestent cette version. Le fait est que Germaine arrive le 4 juin à Milan, alors que le couronnement a eu lieu le 26 mai. Napoléon quitte Milan pour Brescia le 11 juin. La correspondance générale, publiée depuis, montre clairement que le 26 mai, elle avait quitté Bologne pour Padoue. Le 28 mai, elle était à Venise ; le 3 juin à Vérone et le 4, seulement, elle arrive à Milan. Sans doute a-t-elle en revanche et par l'intermédiaire de De Gérando rencontré Champagny, alors ministre de l'Intérieur. Guillemin, *op.cit.*, p. 100-101. Voir *C.G.*, V, 2, p. 578-581.

et un renvoi de l'affaire d'argent au ministre des Finances. Cela suffit pour que Germaine crie au bonheur et conclue : « la vie pour moi, c'est exister avec mes amis ! » Talleyrand lui-même a constaté que l'empereur s'était radouci sur tous ses intérêts : elle finira pas obtenir ce qu'elle souhaite. Nouvelles espérances, donc, qui permettent à Germaine de rentrer à Coppet le cœur léger.

Quelques semaines s'écoulent. Et, au moment où Germaine envisage de quitter la Suisse pour la France, elle apprend qu'il y a revirement ! Napoléon est revenu sur ses promesses italiennes. Le 29 août, il écrit à Fouché :

> Elle prétend que je lui ai permis de venir à Paris, et elle veut y rester. Qu'elle se rende à Coppet ; vous sentez que je ne suis pas assez imbécile pour la vouloir à Paris plutôt qu'à vingt lieues... Faire connaître à ses amis qu'elle s'arrêtera à quarante lieues. Tous les éléments de discorde, il faut les éloigner de Paris. Il n'est pas possible que, quand je serai à deux mille lieues, à l'extrémité de l'Europe, je laisse aux mauvais citoyens le champ libre d'agiter ma capitale [1].

Le cauchemar continue. La déception de Mme de Staël est immense. Et de se demander pourquoi Napoléon a changé d'avis. Aurait-il eu un mouvement d'humeur à cause de l'article de la *Gazette de Lausanne*, qui avait écrit : « Madame de Staël est arrivée à la fin du mois dernier dans cette capitale [Milan]. Outre la permission de revenir en France, S.M. l'Empereur et Roi a consenti, sur sa demande, à ce que les deux millions que M. Necker, pendant son ministère, avait avancés au trésor public, fussent portés sur le grand livre, avec la réserve s'entend, qu'ils

---

1. *C.G.*, V, 2, p. 661. *La Gazette de Lausanne* ne mentionnait pourtant pas un séjour à Paris !

La petite guerre

seront réduits au tiers, comme toutes les autres dettes de l'État [1] ».

Napoléon a pu croire que c'est Germaine qui lui avait communiqué ces détails. C'est la déduction que fait celle-ci, avant de harceler une nouvelle fois ses amis pour qu'elle puisse s'installer pour le moins à Rouen ou à Auxerre. De plus en plus, elle a le sentiment que ses deux affaires sont liées : « l'affaire de notre fortune est, je le crains bien, inséparable de celle de mon exil ». On l'exile pour ne pas la payer ; on ne la paie pas parce qu'elle est exilée ! Ou pour le dire en ses termes : « l'on m'éloigne pour que je ne puisse réclamer ce qui m'est dû ». Bientôt, le bruit court que l'Empire va même renier cette dette – dans le cadre de la liquidation de la dette publique. On se doute de la réaction de Germaine : elle est scandalisée et jette les hauts cris. Serait-il possible que sa famille soit dépouillée du dépôt sacré que Necker a confié à la loyauté française ? Aurait-on la cruauté de refuser à une mère de famille et son bien et sa patrie [2] ? Elle n'ose y songer et ne se donne pas pour battue ! Il n'y a « qu'à réclamer par un mémoire imprimé et une pétition à Napoléon ». L'empereur ne s'en tirera pas à si bon compte.

Pendant ce temps, son amie, madame Récamier est elle-même ruinée. Son mari a fait faillite. Germaine compatit aux malheurs de son amie, et la console en lui montrant tout ce qui lui reste : « beauté sans égale en Europe, réputation sans tache, caractère fier et généreux, quelle fortune de bonheur encore dans cette triste vie ! » Même ruinée, on peut l'envier et être prêt à « tout donner pour être vous ! [3] » Ce serait le cas de Mme de Staël. Ce qu'a pensé

---

1. *C.G.*, V, 2, p. 636 note 2 et p. 657. **2.** *C.G.*, VI, p. 52. **3.** *C.G.*, VI, p. 8-9.

Le rendez-vous manqué

Juliette de ces maigres consolations est inconnu ! Le fait est que cette ruine n'a pas d'impact important sur sa vie et que l'amitié des deux femmes semble se renforcer à partir de 1806 pour atteindre son apogée en 1809-1810 – si l'on excepte les trois mois de brouille due à l'incartade de Prosper. Ce renouveau d'intimité sera facilité par le séjour de Germaine en France et les visites de Juliette à Coppet. Ce qui est sûr aussi, c'est que Napoléon n'a fait aucun geste pour aider l'époux de la belle Juliette ! Il est vrai que celle-ci refusait d'être dame d'honneur à la cour impériale ! Un affront que le maître n'avait pas pardonné !

« Paris engloutit tout »

De retour d'Italie en juillet 1805, Germaine s'est d'abord réinstallée à Coppet et elle a pris ses quartiers d'hiver à Genève, où pour rompre la monotonie et tromper l'ennui, elle s'est mise au théâtre. Elle a monté six spectacles, joué onze pièces et mis tout son petit monde à contribution : connaissances, voisins, enfants, amis, admirateurs et visiteurs, chacun se voit imparti un rôle dans telle ou telle pièce. Et c'est au printemps 1806 seulement qu'elle part pour la France et s'installe fin avril à Auxerre – à quarante lieues de Paris. À peine arrivée, elle quémande un sauf-conduit à Fouché pour aller plaider sa cause à Paris. Elle se voit déjà établie dans le quartier Saint-Jacques – afin de ne pas gonfler le nombre d'opposants déjà nombreux au faubourg Saint Germain [1].

Une fois encore, c'est se montrer trop optimiste. Le 4 mai, elle reçoit la permission de se fixer à Auxerre, mais pas plus près de Paris. Elle ne comprend toujours pas pourquoi on ne la laisse pas revenir dans la capitale : « il n'y a

---

[1]. Madame de Staël a surtout vécu dans le quartier Saint-Germain : rue du Bac, rue de Grenelle, rue de Lille… C'était le quartier de l'ancienne aristocratie, celle qui se gaussait de la noblesse nouvelle.

pas parmi les chambellans une personne plus insensible à la politique que moi, et parmi les philosophes, un être plus dégoûté du grand monde ». Ce n'est pas pour son salon qu'elle voudrait se rapprocher de Paris. Ce qui lui manque, c'est le mouvement des rues et l'agitation de la grande ville. C'est l'esprit de société ! En province, elle ne peut vivre ; il n'y a aucune distraction ; aucune conversation ; aucun mouvement ; aucun talent ; aucun esprit : « Paris engloutit tout [1] ». Ses amis, même proches, tels Prosper de Barante, Camille Jordan, De Gérando, ne comprennent pas son opiniâtreté, son obsession :

> Ici, personne ne conçoit l'importance que vous pouvez attacher à revenir ici. J'entends tout le monde parler dans ce sens, dire qu'on ne conçoit pas comment vous ne trouvez pas une noble indifférence... Le séjour à Coppet, entourée des hommages de l'Europe, n'est-ce pas un superbe dédommagement ? [2]

Peut-être justement parce qu'elle ne veut pas se donner pour battue, qu'elle veut que justice lui soit faite – par défaut de liberté, qu'au moins, il y ait une justice ! À chaque cérémonie impériale, elle espère ainsi qu'adviendra l'amnistie générale ! Elle espère en vain. Peut-être pense-t-elle aussi que son ci-devant héros va reconnaître ses erreurs, relâcher du lest, oublier son antipathie, apprécier ses talents. Elle paraît croire que rien n'est perdu, que tout est une question d'opiniâtreté, de ténacité. Et elle poursuit les démarches et prie un tel ou un tel de s'enquérir des intentions du maître suprême. Murat parle ainsi en sa faveur en juin, mais c'est pour s'entendre répondre :

---

1. *C.G.*, VI, p. 80 ; p. 86. **2.** *C.G.*, VI, p. 100, note 9. Il semblerait qu'il manque une partie de la phrase de Prosper de Barante ! Peut-être faudrait-il lire : une noble indifférence à rester à Coppet...

La petite guerre

Il [Napoléon] a... parlé de vous de la même manière et dans le même sens qu'en Italie, disant qu'il craignait que votre conduite ici ne le forçât à user envers vous d'une rigueur qu'il voulait éviter... Cependant, il n'a pas laissé Murat sans espoir. Il croit qu'à une époque de fêtes ou de bonnes nouvelles arrivées, il pourrait obtenir... [?] Du reste, il a dû parler de votre liquidation à Defermon [1].

C'est la carotte de l'empereur... il n'est pas catégorique, il laisse espérer, suggère une amélioration à venir, mais sans avouer clairement ce qu'il attend en échange... sans doute désire-t-il avant tout que celle qui acquiert une célébrité internationale lui prête une bonne fois pour toutes *publiquement* allégeance et renonce à toute velléité de résistance. Mais pour lui non plus, ce n'est pas gagné.

Tenace, Germaine ne se donne donc toujours pas pour battue. Elle envoie un mémoire sur ses revendications à tous les ministres ; la réponse est peu surprenante : c'est l'empereur seul qui décide. Du coup, elle en vient à user de subterfuges : acheter une terre à dix ou quinze lieues de la capitale. Ne pas mentionner la distance ou dire qu'elle est à dix lieues plus loin qu'elle ne l'est en réalité. Il lui faudra une habitation de dix à douze appartements de maître meublés. Pas besoin de luxe. Elle n'y tient pas. En attendant de trouver la propriété idéale, elle décide de partir pour Rouen qui est « tout aussi triste » qu'Auxerre, mais « moins loin de Paris ». De septembre à novembre, elle y vit plutôt tristement.

Entre-temps, Napoléon est en route pour une énième bataille. Cela encourage Germaine à se rapprocher de Paris pour l'hiver. Fin novembre, elle s'installe à Acosta qui n'est

---

1. *C.G.*, VI, p. 102, note 2. Il semble ici aussi que la phrase ne soit pas complète.

Le rendez-vous manqué

qu'à dix lieues de la ville phare. Ses amis peuvent aisément s'y rendre ou lui donner rendez-vous à Saint-Germain-en-Laye, où elle établit un genre de relais à l'auberge du Grand Cerf. Le 29 novembre 1806, Fouché lui fait savoir qu'il lui permet d'y rester. Tout est presque pour le mieux dans le meilleur des mondes [1].

---

1. *C.G.*, VI, p. 117 ; p. 161-162.

Le chat n'est pas là et les souris dansent !

Le maître a beau être au fin fond de l'Europe, non loin de Varsovie, il est au courant de tout ce qui se passe à Paris. Le 31 décembre 1806, il rappelle à son ministre qu'il ne doit pas laisser approcher « cette coquine de Mme de Staël de Paris ». Il sait dès lors qu'elle n'en est pas éloignée. Ce jeu du chat et de la souris se poursuivra tout au long de l'année 1807.

Durant deux ou trois mois, Germaine et Benjamin font tous les efforts possibles et imaginables pour adoucir le fameux exil. Germaine est certes heureuse que Fouché lui ait permis de se rapprocher à dix lieues de Paris, mais elle ambitionne de revenir dans la capitale l'hiver suivant, quand elle sera réconciliée avec le Maître. Toujours ces illusions ! De politique pour elle, il ne serait plus question, écrit-elle à Monti, et par politique, elle entend ici l'évocation dans ses écrits de l'empereur et de ses hauts faits – ainsi que vient d'y sacrifier le poète italien, qui, selon Germaine, les aurait un peu trop bien célébrés. De cela, il ne saurait être question, « car si je le louais, j'aurais l'air de mendier ce qui m'est dû [1] ».

Le 2 février, Germaine espère donc qu'au retour de Napoléon, les mesures seront adoucies. Encore six mois

---

1. *C.G.*, VI, p. 184 ; p. 194.

d'ennui, mais « cela s'écrit plus vite que cela ne se passe ». C'est qu'à Acosta, il n'y a ni arts, ni spectacles, ni sociétés, pas même une belle nature. Ne restent que l'écriture et la visite des amis. Le problème, c'est que l'un est à Varsovie ; l'autre à Lisbonne. Entendez Prosper, en mission comme auditeur ; et Pedro de Souza, de retour dans son pays. Or, Mme de Staël ne se sent pleinement satisfaite que lorsque sa tribu est au complet. Du coup, elle en profite pour peaufiner son roman italien ! Et, avec Benjamin qui ne rêve plus que de rupture, elle fait des projets d'achat. Elle aurait ainsi voulu acquérir une propriété à Saint-Germain, mais c'est tout près de la Malmaison : « nos rayons se croiseraient » – ce qui risquerait de faire des étincelles... Quoi qu'il en soit, Napoléon n'accepterait jamais un tel voisinage ! Le projet est abandonné.

Pendant ce temps, Benjamin ne reste pas inactif. Depuis janvier 1807, il tente sérieusement ce qu'il appelle un « raccommodement » avec le gouvernement, *via* Fouché. Ce dernier l'a contacté pour lui commander des articles qu'il remet les 16 et 21 février. En compensation, Benjamin pense demander des faveurs au ministre pour Mme de Staël. L'idée est de trouver une propriété à dix lieues environ de Paris. Début mars, Benjamin reçoit l'accord tacite de Fouché. Germaine aussitôt se met à la recherche de la propriété idéale et la trouve à Cernay. Mais Cernay n'est qu'à cinq lieues et demie de Paris. Qu'à cela ne tienne :

> La différence n'est pas grande pour le gouvernement, elle est immense pour moi, car c'est la seule manière que j'aie de faire venir des maîtres pour mes enfants... Il y a un an que je mène une vie misérable, et cinq ans que je suis exilée... Avec des enfants, cette errance est impossible [1].

---

1. *Journaux intimes*, p. 482 ; p. 487. Mais ce raccommodement doit se faire « avec dignité et prudence » en vue de rétablir Germaine dans

La petite guerre

Et de promettre qu'elle ne demandera plus d'habitation à Paris et qu'elle ne rouvrira pas son salon ! Suit alors la menace – menace voilée, certes – « j'ai fait à ce que je crois un in-folio sur l'exil que je rédigerai si l'on me chasse [1] ». Même si elle ne le sait pas encore, elle tiendra parole : cela deviendra les *Dix années d'exil,* finalement rédigées à partir de 1810 et publiées à sa mort !

Fouché a donc donné son accord tacite. Mais, de Varsovie où il prépare son prochain combat, Napoléon ne l'entend pas de cette oreille. En cette année 1807, il n'a jamais été plus attentif à ce que concocte la baronne rebelle. Il n'a jamais été plus attentif aussi à ce que concocte son ministre. Le 15 mars, il exige de Fouché qu'il exécute ses ordres : « ne pas souffrir que Mme de Staël approche de quarante lieues de Paris. Cette méchante intrigante devrait enfin prendre le parti de rester sage ».

Le 26 mars, il réitère, mais défiant envers Fouché, il s'adresse aussi à l'Archichancelier, Cambacérès :

> Veuillez renvoyer Mme de Staël à Genève... Cette femme continue son métier d'intrigante. Elle s'est approchée de Paris malgré mes ordres. C'est une véritable peste. Mon intention est que vous en parliez sérieusement au ministre, car je me verrais forcé de la faire enlever par la gendarmerie. Ayez aussi l'œil sur Benjamin Constant, et, à la moindre chose dont il se mêlera, je l'enverrai à Brunswick chez sa femme [2]. Je ne veux rien souffrir de cette

---

une situation tolérable – avant de la quitter pour de bon. *C.G.*, VI, p. 208. À Rousselin de Saint-Albin, un ami proche de Fouché. **1.** *C.G.*, VI, p. 208-209. **2.** En 1789, Benjamin Constant avait fait un premier mariage avec la baronne de Cramm, dite Minna – cousine du prince de Hardenberg, connu pour son patriotisme prussien. Benjamin était alors employé en tant que chambellan à la cour du duc de Brunswick. Vivant séparé depuis mars 1793, il obtint le divorce en novembre 1795.

clique ; je ne veux point qu'ils fassent des prosélytes et qu'ils m'exposent à frapper de bons citoyens [1].

Tout en rappelant à Napoléon que Mme de Staël et M. Constant ont à Paris beaucoup de partisans et beaucoup d'amis [2], Cambacérès promet de s'exécuter – ce qui explique les volte-face de Fouché. Tantôt le ministre donne son accord tacite ; tantôt il est moins amical et plus soucieux. C'est qu'il vient d'être rappelé à l'ordre par le maître suprême ou son porte-parole. Lui aussi joue au chat et à la souris. Il veut à la fois ménager « la clique » *et* satisfaire l'empereur. Ce qui le contraint à jongler avec les ordres et les contre-ordres.

Le 30 mars, en tout cas, Constant est fixé. Il note dans son *Journal* : « tout est manqué. J'ai lutté avec bien de courage et je n'ai rien à me reprocher. Au fond, laissons faire le sort sans nous désoler. Je la reconduirai chez elle. J'aurai été bon [3] ». Tout au long des mois de février et de mars, il a fait tout ce qu'il a pu pour que Germaine puisse se rapprocher de Paris. Il s'est donc mis aux ordres de Fouché et a écrit pour lui plusieurs articles. Il se persuade qu'il n'est en rien responsable de son échec. Bonne conscience, dont il a besoin, parce qu'il est fermement décidé à quitter son amie. De là son dévouement extrême.

Suite à ces nouveaux ordres, le 30 mars, le préfet fait enjoindre à Germaine de quitter Ascona, qui est donc à dix lieues de Paris, pour une destination éloignée de quarante lieues au moins. Germaine tergiverse. Elle serait

---

1. *C.G.* Napoléon, vol.7, p. 344 ; p. 457. **2.** Cette certitude relative aux nombreux partisans et amis de Mme de Staël explique tant la complaisance de Fouché à son égard que l'animosité de Napoléon. Cambacérès, *Lettres inédites à Napoléon*, Klincksieck, 1973, I, p. 489. **3.** *Journaux intimes*, p. 504.

La petite guerre

malade et ne peut plier bagage aussi vite. La vérité, c'est qu'elle veut que son nouveau roman soit publié avant de repartir en exil. Qu'on lui accorde quelques semaines ! Fouché accepte un délai de quinze jours et lui remet un passeport pour Coppet. Aussitôt guérie et conquérante comme jamais, Germaine organise des rendez-vous à Saint-Germain-en-Laye. On y dînera en petit comité :

> Au reste, quel mal y a-t-il à dîner ensemble ? On est tout étonné de se trouver prudent pour les plus simples actions de la vie, comme on ne l'était pas autrefois pour les plus grandes [1].

C'est ça aussi l'Empire ! Un régime où tous sont espionnés, où règne la délation et où tout un chacun craint pour sa place ou pour sa liberté. Et que dire de Germaine, qui se plaint d'avoir un pied dans la tombe, mais renaît à la vie dès qu'elle obtient ce qu'elle désire ?

Durant ces journées d'incertitude, Benjamin s'active comme jamais, et c'est pourquoi Napoléon s'inquiète à son sujet. Mieux qu'autre chose, le journal intime de Constant dévoile combien il était difficile de savoir sur quel pied danser. C'est ainsi que le 6 avril, l'espoir renaît que les mesures contre Germaine soient adoucies ; le 9, ce sont de nouvelles persécutions ; le 10, les nouvelles sont de plus en plus mauvaises, mais le 12, trois jours de répit sont accordés. Le 14, Germaine parle de nouvelles négociations, pour ce qui concerne l'automne. Elle doit voir Fouché à ce propos. Réticente à l'idée d'abandonner la lutte, elle décide de garder sa nouvelle propriété de Cernay et pense y revenir, quand Napoléon sera rentré. Elle s'imagine désormais que le véritable problème, c'est qu'il ne veut pas qu'elle

---

1. *C.G.*, VI, p. 215-216 ; p. 219.

s'approche de Paris durant son absence. Il ne voudrait pas qu'elle y soit « sans lui », ce qui, ironise-t-elle, serait « bien tendre et bien dur [1] ».

---

1. *Journaux intimes*, p. 505-507 ; C.G., VI, p. 225.

« Cette femme est un vrai corbeau »

Les ordres des 18 et 19 avril envoyés de Finkenstein ne suggèrent pourtant aucune amélioration. Napoléon est toujours furieux contre Mme de Staël. Le 18, il écrit ainsi :

> Je vois avec plaisir que je n'entends plus parler de Mme de Staël... Cette femme est un vrai corbeau. Elle croyait la tempête déjà arrivée et se repaissait d'intrigues et de folies. Qu'elle s'en aille dans son Léman. Ces Genevois ne nous ont-ils donc pas fait assez de mal ? [1]

Le 19, c'est sur un ton très irrité qu'il s'adresse à Fouché :

> Aujourd'hui courtisant les grands, le lendemain patriote, démocrate, on ne saurait en vérité contenir son indignation en voyant toutes les formes que prend cette catin (et vilaine par-dessus !). Je ne vous dis pas les projets déjà faits par cette ridicule coterie, en cas qu'on eût le bonheur que je fusse tué, un ministre de la Police devrait savoir cela. Tout ce qui me revient de cette misérable femme mérite que je la laisse dans son Coppet, avec ses Genevois et sa maison Necker [2].

---

1. *C.G.* Napoléon, vol. 7, p. 638. Il songe sans doute à Rousseau et à Necker – peut-être aussi à Marat qui n'était pas de Genève, du reste, mais de Neufchâtel. **2.** Alors que la bataille d'Eylau vient de se terminer (8 février 1807) et que la guerre se poursuit, Napoléon se plaint des relations de Germaine avec les princes de la maison de Prusse. Et

Le rendez-vous manqué

À lire les missives haineuses de Napoléon sur Germaine et sa coterie, on voit sur quel malentendu se fondent les attentes de la fille de Necker. Rien n'y annonce une quelconque réconciliation. Le seul point constant et durable, c'est que l'empereur des Français ne veut plus entendre parler d'elle, ni directement ni indirectement. Le 10 avril, Regnaud de Saint-Jean d'Angély se sent ainsi contraint de s'excuser d'avoir entretenu des relations amicales avec cette « misérable femme ». Dix jours plus tard, Napoléon lui répond :

> Vous êtes fort le maître de voir mes amis et mes ennemis... Du reste, j'écris au ministre de la Police d'en finir avec cette folle de Mme de Staël, et de ne pas souffrir qu'elle sorte de Genève. On ne peut être plus mauvaise que cette femme, ennemie du gouvernement, et même de cette France dont elle ne peut se passer [1].

Faute de pouvoir s'établir immédiatement à Cernay, Mme de Staël envisage de repartir à Coppet, mais avant, elle ne peut résister à l'idée d'un séjour clandestin à Paris. Défiant l'autorité, elle y arrive le 20 avril et y demeure jusqu'au 27. Le 21, elle soupe chez un de ses amis, Rousselin de Saint-Albin ; le 22, elle dîne avec des hommes de lettres chez Hochet. Tout cela au nez et à la barbe de la police impériale [2] ! L'affaire se corse cependant. Une vieille connaissance et amie de son père, Mme de Tessé, qu'elle a invitée à dîner chez elle, décline l'invitation sous prétexte qu'elle n'aime point les choses clandestines, mais la prie de

---

de fait, en 1807, le prince Auguste de Prusse devient un fidèle de Coppet et s'y éprend de Mme Récamier. *C.G.* Napoléon, VII, p. 650.
1. *C.G.* Napoléon, vol. 7, p. 662. **2.** Nulle part n'est mentionné que Fouché l'a permis. En dépit de ce qu'écrit Napoléon le 7 mai suivant. *C.G.*, VI, p. 227-229.

La petite guerre

venir chez elle. Curieusement et au grand dam de Benjamin et de Germaine, elle demande au préalable la permission à la police de recevoir Mme de Staël. On se doute de la réaction de Fouché, qui n'était au courant de rien. De très méchante humeur, il s'y oppose. Mme de Tessé n'est pas la seule à avoir vendu la mèche. Napoléon est au courant de toute l'affaire, parce qu'un des écrivains du dîner offert par Hochet aurait dévoilé l'identité des convives. L'information est arrivée une fois de plus jusqu'à Finkenstein. Napoléon est furieux contre Fouché. Le 5 mai, il met les points sur les i :

> J'espère enfin que vous n'aurez plus la faiblesse de remettre sans cesse en scène Mme de Staël. Puisque j'entends qu'elle ne doive plus sortir du Léman, c'est une affaire finie. Je la laisse d'ailleurs maîtresse d'aller à l'étranger et elle est fort maîtresse d'y faire autant de libelles qu'il lui plaira [1].

Deux jours plus tard, il réitère et se flatte d'en savoir plus que son ministre :

> Je vois dans votre bulletin du 27 avril que Mme de Staël était partie le 21 pour Genève. Je suis fâché que vous soyez si mal informé. Mme de Staël était les 24, 25, 26, 27, 28 et probablement est encore, à Paris. Elle a fait beaucoup de dîners avec des gens de lettres. Je ne crois pas qu'elle soit à Paris sans votre permission ; toutefois, il ne faudrait pas me dire qu'elle est partie pour Genève... Si l'on n'avait pas rempli d'illusions la tête de Mme de Staël tout ce tripotage n'aurait pas lieu, et elle se serait tranquillisée. En ne lui ôtant pas l'espoir de revenir jamais à Paris

---

[1]. En 1807, il n'a donc pas conscience du tort qu'elle peut lui faire à l'étranger ! Cela ne viendra que l'année suivante. *C.G.* Napoléon, vol.7, p. 738.

Le rendez-vous manqué

et recommencer son clabaudage, c'est accroître les malheurs de cette femme et l'exposer à des scènes désagréables ; car je la ferai mettre à l'ordre de la gendarmerie et alors je serai sûr qu'elle ne reviendra pas impunément à Paris [1].

Toutes les espérances caressées depuis des mois par Germaine et Benjamin semblent bien être déçues. Le maître n'a pas changé d'avis et c'est son ministre de la Police qui, pour des raisons stratégiques, cherche à ménager et la chèvre et le chou. Qui sait en effet ce qu'il peut advenir sur le champ de bataille ! Qui sait si l'empereur ne sera pas tué ? On ne saurait être trop prudent. Il faut garder un fer au feu dans l'autre camp. On comprend mieux alors pourquoi Fouché ferme les yeux sur quelques infractions aux ordres officiels. Quand Napoléon n'est pas là, les souris dansent ! Les deux génies de l'intrigue et de la politique que sont Fouché et Talleyrand n'ont pas fini de lui jouer des tours de leur façon ! Un an plus tard, ils se réconcilieront dans ce but [2]. Cet épisode, en tout cas, en dit aussi long sur l'histoire du Premier Empire que sur celle de madame de Staël.

---

1. *C.G.* Napoléon, vol. 7, p. 764-765. 2. Sur Fouché et ses manœuvres, voir Emmanuel de Waresquiel, *Fouché. Les silences de la pieuvre*, Fayard/Tallandier, 2014, p. 445-448.

« Mon avenir est bien nébuleux »

Germaine est donc contrainte de quitter Paris juste avant que ne paraisse son nouveau roman *Corinne ou l'Italie* [1]. Elle s'empresse aussitôt de préparer les envois de ses propres exemplaires et distribue ses ordres à tout un chacun. À De Gérando, proche du gouvernement, elle demande qu'il en parle au ministre Champagny et que ce dernier en dise du bien à Napoléon, non « sous forme de louanges mais avec modération ». Et d'ajouter : « il y en a [de la modération] à ne pas mettre une ligne de préface dans un tel moment ». Dans son envoi à Joseph Bonaparte, elle réitère : « si ma persécution était finie, je me serais permis de parler de Votre Majesté, mais il ne m'est pas encore accordé d'aimer et de louer sans nuire à ce que j'aime et à ce que je loue ». C'est clair, plus clair que jamais. Germaine n'écrira aucune préface élogieuse sur Napoléon et sa famille, tant que se poursuivra sa persécution et qu'elle n'aura pas récupéré ses deux millions. Il y va de son honneur ! Pis ! Tout éloge de tiers est exclu. Ultime prétexte : cela risquerait de leur porter tort !

---

1. La date indiquée de la parution par Béatrice Jasinski est le 30 avril ou 1er mai. Mais Germaine a déjà ses exemplaires les 24 et 25, *C.G.*, VI, p. 230-233.

Le rendez-vous manqué

Le bras de fer se poursuit inexorablement. La publication de *Corinne* n'y change rien. Bien au contraire, puisqu'elle n'y a consacré aucune ligne au Héros de la France. L'Italie y est certes à l'honneur et cela peut faire plaisir à celui qui portait autrefois le nom de Napoleone Buonaparte et qui depuis a été couronné roi d'Italie. Mais que Mme de Staël passe sous silence les progrès enregistrés dans la péninsule grâce aux efforts du Maître, le met hors de lui. Le 11 mai, il éclate : « Cette folle de Mme de Staël m'a écrit une lettre de six pages, qui est un baragouin, où j'ai trouvé beaucoup de prétentions et peu de bon sens. » À Sainte-Hélène, il se fera plus explicite :

> *Corinne* – c'est Las Cases qui parle et reproduit les propos de Napoléon – lui plaît plus que *Delphine*, parce qu'on y parle de l'Italie. Il lui était bien facile de faire là un ou deux chapitres, de parler de moi. Elle eût dit la vérité... Pas un mot de moi. Elle voulait faire son marché pour *Corinne*. Je n'entendais jamais les choses comme cela [1].

Et pourtant ! Germaine songeait en son for intérieur que le livre lui plairait. Elle en attendait la fin de sa persécution. La déception est grande : « Je ne m'attendais pas à cette cruelle fin d'une année de pèlerinage et de pénitence. Mon avenir est bien nébuleux... »

Devant le succès unanime de *Corinne* à Paris et à la cour, elle était en effet confiante. Joséphine elle-même lui aurait fait savoir le bien qu'elle pensait du roman. Ce succès extraordinaire n'aurait-il pu l'aider à arranger ses affaires ? « On me flatte que *Corinne* me vaudra cet automne la permission d'aller dans ma terre, mais il y a

---
1. *C.G.* Napoléon, vol. 7, p. 776.

La petite guerre

encore bien des événements d'ici au mois de septembre ». On se frotte les yeux devant tant de naïveté. Prosper de Barante était plus perspicace, quand il la semonçait :

> Je suis toujours sans comprendre pourquoi vous l'offrez [le livre] à l'empereur... Toute chose qui fait que votre nom est rappelé à son souvenir me paraît essentiellement mauvaise [1].

Cela, elle ne pouvait ou ne voulait pas le comprendre. Comme si elle était persuadée que Napoléon reconnaîtrait dans ce nouvel écrit le signe de son génie et comme si la littérature importait vraiment au premier guerrier de la France. C'était bien mal le connaître, ainsi qu'en témoignent les propos signalés plus haut. Ce harcèlement risque à l'inverse de le pousser à bout. D'autant que son amour des belles lettres s'est beaucoup rétréci depuis qu'il a accédé au pouvoir. Désormais, la littérature doit avant tout servir la dynastie nouvelle et son génial fondateur. Elle ne doit en aucun cas célébrer d'autres peuples et nations – ceux que Napoléon tient sous le joug. Et puis, cette admiration pour l'Angleterre et cette exaltation des sentiments, tout cela ne peut plaire à l'ennemi de la Perfide Albion et au héros machiavélien qu'est devenu Bonaparte. Sa période Ossian est finie et enterrée. Sa période Rousseau aussi. Désormais, seul Voltaire trouve grâce à ses yeux, et encore... Ce que Napoléon prône haut et fort pour la France, c'est avant tout le classicisme du siècle de Louis XIV :

> Corneille, Bossuet, voilà les maîtres qu'il faut. Cela est grand, sublime, et en même temps régulier, paisible,

---

[1]. Cité par H. Guillemin, *op. cit.*, p. 135. Est-ce une véritable naïveté ou une stratégie pour ne pas décourager ses amis ? Voir sur ses stratégies, la lettre à son fils Auguste du 18 janvier 1808.

subordonné. Ah ! Ceux-là ne font pas de révolutions ; ils n'en inspirent pas. Ils entrent, à pleines voiles d'obéissance, dans l'ordre établi de leur temps ; ils le fortifient, ils le décorent [1].

Si Napoléon, à cette date, a quelque chose de romantique, cela réside exclusivement dans son action dévorante et son inflexible volonté. La littérature de son siècle, celle qu'incarnent Chateaubriand et Mme de Staël lui devient inaccessible. À ses yeux, Chateaubriand ne serait qu'« un cerveau brûlé », sans aucune justesse dans les idées : « Des phrases et voilà tout. Il ne prouve rien. Il ne dit rien qu'on n'ait dit au collège [2]. » Il faudra qu'il soit exilé à l'extrémité du monde civilisé, pour qu'il devienne lui-même l'incarnation du héros romantique ; de l'homme en proie à sa tragique destinée. Et c'est alors que Chateaubriand prendra en somme sa revanche : aucun auteur sinon celui des *Mémoires d'Outre-Tombe*, n'a su si bien évoquer le calvaire et l'apothéose qui étaient réservés à celui qui avait fait trembler la France et l'Europe durant une quinzaine d'années. Sans doute Napoléon lui en aurait-il été reconnaissant ! Lors de la parution du livre, il était depuis longtemps décédé.

---

1. Jourdan, *Napoléon. Héros, Imperator, Mécène*, p. 246. Voir aussi Villemain, p. 43. Napoléon affectionne Corneille ; Mme de Staël, Racine ! Ce qui en dit long sur chacun d'eux. **2.** Bertrand, *Cahiers de Sainte-Hélène*, II, p. 414.

« Chercher sa force dans la célébrité »

Pour Mme de Staël, écrire et publier est le seul moyen de survivre ; de ne pas sombrer dans l'obscurité où veut la plonger l'empereur des Français. Sa revanche contre l'exil et la solitude, c'est de « chercher sa force dans la célébrité ». Tant qu'elle ne pourra revenir à Paris et tant que « les amertumes de l'exil rentre[ront] dans [son] âme », tant que le « Paris social » ne lui sera pas accessible, Germaine n'aura pas de vie digne de ce nom. Par défaut de salon et d'existence sociale – et politique, la littérature est tout ce qui lui reste pour ne pas sombrer, pour raffermir sa renommée et cultiver son éclat !

À peine son roman publié, la voilà qui s'attelle donc à un nouveau projet sur la conversation. Ce serait évidemment une apologie et « cela déplairait beaucoup » en haut lieu, commente Regnaud de Saint-Jean d'Angély. Recréer par la fiction le centre de communication qui lui est ôté dans la réalité, ce pourrait être une belle idée [1], d'autant que l'automne pointe son nez, et qu'elle n'a toujours pas

---
1. Elle écrit : « Alors je suis venue ici [Coppet], ennuyée véritablement de la cruelle importance que l'Empereur met à mon salon à Paris : il ne veut pas qu'il y ait un centre de communication dans ma maison ». *C.G.*, VI, p. 250-251 ; p. 268.

reçu l'autorisation de s'établir dans sa résidence de Cernay. Il lui faut bien le reconnaître : le roman n'a pas eu l'effet escompté. Et comme Ulysse, Germaine se dit et se voit « tourner autour d'Ithaque » !

En réalité, elle va commencer son livre sur l'Allemagne et décide d'aller à Vienne pour peaufiner ses recherches. À tout prendre, elle préfère ce voyage à un périple italien, sous prétexte que ses enfants apprendront plus de choses en Autriche qu'en Italie. L'Allemagne aurait aussi pour avantage d'intéresser sous les rapports littéraires et philosophiques, tandis que l'Italie serait plus propice au roman. Tel est alors son point de vue. Germaine n'ira donc pas rendre visite au nouveau roi de Naples et des Deux Siciles [1] : son ancien ami Joseph Bonaparte !

À partir de cette époque – 1808 –, et n'en déplaise à la paix de Tilsit et à la pacification continentale, l'empereur désapprouve de plus en plus les contacts de Germaine avec les Allemands, et notamment avec ceux qui passent pour être ses ennemis. Cela débute par un incident à Berlin où est impliqué le prince Auguste de Prusse. Or, le prince est un habitué de Coppet, d'autant plus fidèle qu'en 1807, il y est tombé amoureux de madame Récamier – et non de Mme de Staël comme semble le supposer Napoléon. De retour chez lui, il se serait mal conduit. Aussitôt l'empereur impute l'origine de cette « inconduite » à ses mauvaises fréquentations. On se doute lesquelles :

> Cela ne m'étonne pas, parce qu'il n'a point d'esprit ; il a passé son temps à faire la cour à Mme de Staël, à Coppet, il n'a pu prendre là que de mauvais principes. Il ne faut point le manquer. Faites-lui dire qu'aux premiers

---

[1]. Joseph du reste est nommé roi d'Espagne en mai 1808. C'est Murat qui le remplace à Naples.

La petite guerre

propos qu'il tiendra, vous le ferez arrêter et enfermer dans un château, et que vous lui enverrez Mme de Staël pour le consoler [1].

Craindrait-il que la dame de Coppet n'endoctrine ses convives ? Que dirait-il alors s'il savait qu'elle tente de détourner Prosper de Barante de sa carrière dans l'administration impériale et de le convaincre de partir en Italie avec elle ? Prosper, de retour de mission en Allemagne et en Pologne, est justement peu lyrique sur ce qu'il a vécu à l'armée. Il se plaint de l'inhumanité de la guerre, des injustices des vainqueurs, de la bassesse des vaincus et des souffrances infligées aux populations. Ce faisant, il ne fait que corroborer ce que pense Germaine elle-même. Cela déplaît au préfet de Genève, qui craint que son fils ne soit trop influencé, par ce qu'il voit comme un antipatriotisme de Mme de Staël, susceptible de saboter une carrière prometteuse [2]. Confondre sentiment anti-français et sentiment antinapoléonien, ainsi que le fait abusivement le père de Prosper est une grave erreur de jugement, on le verra.

L'année 1808 est une nouvelle étape vers une sévérité accrue à l'égard de Mme de Staël et de ses amis. Cela trahit parallèlement une prise de conscience de l'empereur sur les dangers potentiels du patriotisme allemand. Fichte met la dernière touche à ses écrits et a déjà prononcé son *Discours à la nation allemande* [3] ; Arndt et Kleist vont publier leurs pamphlets ultra-patriotiques, tandis que d'autres rêvent d'assassiner le tyran et que le Tyrol est sur le point de se soulever, etc. La résistance allemande est en germe. Mais

---

1. *C.G.* Napoléon, vol. 7, p. 1344-1345. **2.** M. Laurent, *Prosper de Barante et Madame de Staël*, p. 37-40. **3.** Le 13 décembre 1807, à la suite de l'occupation française qui a lieu après Iéna, défaite qui fut un coup très dur pour le patriotisme prussien.

Le rendez-vous manqué

surtout, le voyage viennois de Germaine va la mettre en contact avec Friedrich Gentz, un des ennemis les plus acharnés de Napoléon.

« Il faut que les femmes tricotent »

Début décembre 1807, on n'en est pas encore là. L'empereur ne voit aucun problème à ce que Mme de Staël voyage en Allemagne. Il recommande à ses agents de bien l'accueillir et de la protéger. Peu après son départ de Coppet, son fils aîné est allé à la rencontre de Napoléon lors de son passage à Chambéry. Rien de nouveau sous le soleil. Il veut tenter de faire révoquer les mesures sévères touchant sa mère. Auguste parvient à obtenir une audience fin décembre 1807. Après les premières formalités, le fils informe l'empereur du départ pour Vienne de la baronne rebelle. S'ensuit une longue conversation, qui ne va pas précisément dans le sens désiré par Germaine :

> Eh, bien ! Elle est bien là, elle doit être contente, elle va apprendre l'allemand… Votre mère n'est pas méchante, elle a de l'esprit, beaucoup d'esprit, mais elle n'est accoutumée à aucune espèce de subordination… Votre mère n'aurait pas été six mois à Paris que je serais forcé de la mettre à Bicêtre ou au Temple ; j'en serais fâché, parce que cela ferait du bruit et me nuirait dans l'opinion. Dites bien à votre mère que mon parti est pris… Tant que je vivrai, elle ne remettra pas les pieds à Paris.

Le rendez-vous manqué

Voilà donc ce que risquent sous l'Empire les femmes et les hommes qui refusent de se soumettre aux injonctions du maître ou qui prononcent trop fort quelques impertinences ! Pour un ou deux mots ou propos, c'est l'exil ou l'emprisonnement ! Un maître conscient malgré tout que les mesures arbitraires risquent de choquer l'opinion publique – seule instance dont il reconnaît le pouvoir concurrent. Et d'ajouter :

> On lui ferait des visites, elle en rendrait, elle ferait mille folies, elle verrait du monde, elle ferait des plaisanteries ; elle n'y attache pas d'importance, mais moi j'en mets beaucoup ; mon gouvernement n'est pas une plaisanterie, et je prends tout au sérieux... Le règne des brouillons est fini. Je veux de la subordination ; respectez l'autorité, parce qu'elle vient de Dieu... Ne peut-elle aller à Rome, à Berlin, à Vienne, à Milan, à Londres ? Ah ! oui, qu'elle aille à Londres ; elle pourra si elle le veut y faire des libelles. Partout là je la saurais avec plaisir, mais Paris, voyez-vous, monsieur de Staël, c'est le lieu de ma résidence, et je ne veux y souffrir que des personnes qui m'aiment. Il est bon qu'on se le tienne pour dit. Voyez ce qu'il arriverait si je laissais votre mère venir à Paris, elle ferait de nouvelles sottises et j'en parle par expérience ; elle gâterait les gens de mes entours, elle achèverait de me gâter Garat. C'est elle qui a perdu le Tribunat ; elle promettrait monts et merveilles, mais elle ne pourrait se tenir de parler de politique.

Aux objections d'Auguste qui assure que Mme de Staël ne s'occupe désormais que de littérature, Napoléon rétorque :

> On fait de la politique en parlant de littérature, de morale, de beaux-arts, de tout au monde. *Il faut que les femmes tricotent.*

La petite guerre

À vos aiguilles, Mesdames ! Qu'on se le dise !

L'empereur n'est guère plus aimable en ce qui concerne Necker dont il nie les qualités et les talents et qu'il accuse une fois encore d'être à l'origine de la Révolution. Mais surtout, il refuse de revenir sur le problème des deux millions et d'envisager cette affaire comme « une dette sacrée » de la France envers la famille Necker. Ce ne serait qu'une créance parmi tant d'autres. Auguste pensait avoir un autre argument de poids, s'il invoquait la difficulté qu'auraient son frère et lui de poursuivre leurs études en France, alors que leur mère y était interdite de séjour. Que s'imaginait donc ce jeune impertinent ? La réponse est sans appel :

> Je n'y tiens pas du tout. Je ne vous le conseille même pas. Allez en Angleterre ! Là, on aime les Genevois, les ergoteurs, les politiques de salon ; allez-y, car je vous déclare qu'en France, je serais plutôt contre vous que pour vous.

Le jeune Auguste – il a dix-sept ans à cette date – communique aussitôt le résultat de ses efforts à sa mère [1]. Germaine reçoit la lettre vers la mi-janvier et lui répond le 18. Sa lettre est intéressante à plus d'un titre, car elle révèle les convictions profondes de Mme de Staël sur la situation et les stratégies qu'elle envisage pour mettre toutes les chances de son côté. Il s'avère alors que la dame est moins naïve que ne pourrait le laisser croire sa correspondance. Il s'agit tout d'abord de ne plus prononcer le nom de Necker qui semble agacer terriblement Napoléon, de ne plus parler de l'exil, lequel paraît pour le moment irrévocable, et de se

---

1. Le récit a été publié dans *Œuvres diverses de M. le baron Auguste de Staël*, Treutel & Würtz, 1829, I, p. XXIX-XXXVI. Bourrienne se serait inspiré de ce texte. *C.G.*, VI, p. 362-63.

concentrer sur la liquidation de la dette [1]. Mais d'autre part, il n'est pas question qu'Auguste ou elle-même rende publique cette conversation. Pas question non plus que l'on sache que l'exil est prolongé ou définitif. Et même si elle éprouve une vive douleur sur la conclusion de cet entretien, « c'est un grand principe du succès en toute chose que de ne pas paraître malheureux ». Il faudra donc faire comme si de rien n'était, ne penser qu'à la liquidation et concentrer toutes ses forces sur le paiement. Pas question non plus de présenter à Benjamin cette « affaire d'exil comme sans ressource ». Cela risquerait de le démotiver et de l'éloigner d'elle. Or, elle a plus que jamais besoin de son soutien.

La détestation de Napoléon pour Mme de Staël s'accroît donc en 1808, quand on lui fait part des relations qu'elle entretient à Vienne avec certaines personnes réputées dangereuses. Il est au courant en juin et écrit tout aussitôt à son ministre des Relations extérieures [2] :

> Monsieur de Champagny, Mme de Staël ayant une correspondance suivie avec l'écrivain Gentz, et cette liaison ne pouvant qu'être répréhensible, mon intention est que vous fassiez connaître à mes ministres et agents en Allemagne, et particulièrement à Weimar, que cette dame venant à passer dans les villes où ils résident, ils s'abstiennent de la voir et la fassent surveiller.

Et comme si tout cela ne suffisait pas, il précise à son ministre de la Police :

---

1. Auguste aurait dû essayer de revoir Napoléon vers le 1ᵉʳ février, avant le départ de celui-ci pour l'Espagne. **2.** À partir d'août 1807, son ministre des Relations extérieures est Champagny, ci-devant ministre de l'Intérieur. Talleyrand a perdu sa confiance.

La petite guerre

Mme de Staël a une correspondance suivie avec le nommé Gentz et s'est laissé engager avec la clique et tripoteurs de Londres [1]. Je désire qu'elle soit surveillée à Coppet, et que vous fassiez donner des ordres en conséquence au préfet de Genève et au commandant de la gendarmerie. Cette liaison avec cet individu ne peut être qu'au détriment de la France. Vous ferez connaître que, jusqu'à cette heure, on ne l'avait regardée que comme une folle, mais que, aujourd'hui, elle commence à entrer dans une coterie contraire à la tranquillité publique. J'ai ordonné également au ministre des Relations extérieures de faire connaître cela à tous mes agents dans les cours étrangères, et de la faire surveiller dans tous les lieux où elle passera.

Désormais, Germaine ne trouvera plus d'appui auprès des agents de la France à l'étranger. Ce qui va nécessairement limiter ses voyages – puisqu'en Allemagne et en Italie, les pouvoirs sont dépendants de Napoléon ou leur sont liés. Elle n'y sera donc plus protégée et sera à la merci de décisions arbitraires. Mais surtout, la surveillance va s'intensifier, jusqu'à Coppet inclus. Est-ce à dire qu'elle va se retrouver prisonnière chez elle ? Pas encore, mais ce ne saurait tarder.

---

[1]. Gentz, qui détestait Napoléon, était en contact et collaborait avec l'Angleterre et l'Autriche, qui le payaient pour ses publications antifrançaises. *C.G.* Napoléon, VIII, p. 810.

« Cette canaille sera-t-elle toujours protégée à Paris ? »

Ce que Germaine ne sait pas encore, c'est qu'en juin 1808, au moment même où il décide de sévir contre Mme de Staël, Napoléon est préoccupé par une étrange affaire : la première conspiration du général Malet, dans laquelle seraient impliqués deux républicains de haut vol, Jacquemont et Florent Guyot [1], ce qui le porte à soupçonner d'autres ci-devant républicains. L'affaire l'inquiète assez pour qu'il ordonne à Cambacérès de parler avec Fouché et d'éclaircir la situation. À son ministre de la Police, qui ne semble pas s'affoler, il écrit le 17 juin :

> Les interrogatoires de Jacquemont et de Florent Guyot m'ont fort surpris. Je suis loin de n'y voir comme vous rien de nouveau : j'y vois évidemment un complot, dont l'un et l'autre sont. Quelle est la société que fréquentent ces individus ? Benjamin Constant doit être là-dedans.

---

[1]. Tous deux des hauts fonctionnaires impériaux : Jacquemont fait partie de l'Institut et est directeur de l'Instruction publique au ministère de l'Intérieur ; Florent Guyot, ex-diplomate du Directoire est président du Conseil des Prises. Voir H. Gaubert, *Conspirateurs au temps de Napoléon I*^{er}, Flammarion, 1962, p. 289-303.

La petite guerre

Faites-le arrêter et saisir ses papiers [1]. Cette canaille sera-t-elle toujours protégée à Paris ? [...] Au reste, quand il sera prouvé qu'ils sont coupables, je ne veux exercer d'autre vengeance que celle de les faire connaître à la nation pour les marquer au sceau d'un éternel opprobre. On ne peut regarder comme des conversations philosophiques ces conversations avec des hommes tarés et aussi peu philosophes que Malet, Guillet et autres généraux, tous gens d'exécution. Ce n'est plus de l'idéologie, mais une véritable conspiration [2].

Un complot pour Napoléon, ce ne peut donc être le fait que de la coterie Staël ! À sa tête, il ne saurait y avoir que « cette canaille » de Constant, et derrière lui, évidemment, le « corbeau » de Coppet ! Il en faut peu à l'empereur pour désigner des coupables. Onze jours plus tard, il s'en prend donc à Mme de Staël. Comme si elle aussi était impliquée dans la conspiration ou sur le point de l'être.

En cette fin juin 1808, non seulement l'empereur redoute des intrigues royalistes, mais encore des complots « anarchistes », dont il n'est pas certain que Fouché le tienne au courant. Le ministre de la Police en effet cherche à lancer sur de fausses pistes et à discréditer son rival, le préfet de Police Dubois, lequel fait en la matière des excès de zèle et menace certains de ses protégés et de ses prérogatives.

On ne peut être plus mécontent que je ne le suis de ce ministre de la Police, qui laisse éclater sa haine contre le préfet de police, au lieu de le soutenir, de l'encourager et de le diriger. Le ministre cherche à jeter du blâme sur le

---

1. Le 22 juin suivant, la police reconnaît que Constant n'est pas impliqué. Il est chez son père à Dôle et va partir pour Coppet. Dossier « Mme de Staël et les polices françaises », *Cahiers staëliens*, n° 44, 1992-1993, p. 9-135. **2.** *C.G.* Napoléon, VIII, p. 772.

préfet de police, en disant qu'il jette de la défaveur sur le Sénat... Il est certain que, depuis l'an VIII, le parti anarchiste n'a cessé de tramer en France une conspiration sourde. J'ai constamment pardonné. Il faut faire aujourd'hui un exemple qui coupe court à toutes ces machinations [1].

Fouché aura beau jeu de prouver que tout cela n'est que de l'amateurisme ; que les conjurés « ont inventé de toutes pièces de prétendues réunions avec un prétendu groupe de sénateurs mécontents ». Ils seront discrètement enfermés à la prison de la Force ou à Sainte-Pélagie. De Benjamin Constant et d'idéologues ou d'anarchistes, il n'est bientôt plus question.

De retour de Vienne, en septembre 1808, Germaine n'est pas encore au courant de la nouvelle colère de Napoléon. Elle l'apprend autour du 24 octobre, date à laquelle elle s'enquiert auprès du ministre des Relations extérieures de la raison de ce regain de sévérité. Elle se fait fort de convaincre le ministre que sa rencontre avec Gentz s'est bornée à des discussions sur la littérature allemande :

> J'étais loin de penser, je l'avoue, qu'on pût à présent me supposer une idée politique quelconque. Il faudrait être stupide pour s'en occuper dans un temps où la destinée interprétée par le génie de S.M. l'Empereur dispose entièrement du sort de tous et de chacun. Quoique mon exil m'ait fait et me fasse un mal que l'éloquence la plus vive ne pourrait encore réussir à peindre, je me résigne,

---

[1]. Malet se serait targué d'avoir pour complices des sénateurs républicains, tels que Garat. Les dits sénateurs n'étaient au courant de rien. Pas plus que La Fayette dont Malet aurait voulu faire le chef du nouveau gouvernement. Fouché parviendra à apaiser la situation. Waresquiel, *Fouché*, p. 423-430.

La petite guerre

et, loin de chercher aucune relation suspecte, je passe ma vie dans les occupations les plus étrangères aux intérêts de ce monde. L'Empereur avait bien voulu m'assurer qu'il me protégerait partout ailleurs qu'à Paris. Maintenant dans quel pays puis-je aller si je n'ai pas l'appui de l'ambassadeur de France [1] ?

Sans protection en Europe, il ne lui resterait plus qu'une solution : se réfugier avec ses enfants en Amérique, ce qui est loin de l'attirer. Tous ses amis, même américains, le lui déconseillent. Reste le sempiternel Coppet, où elle s'ennuie à mourir. Et, ce n'est pas tout : Napoléon ajoute aux conditions d'exil une exigence nouvelle. Désormais, Germaine ne sera tolérée qu'à 50 lieues de Paris – au lieu des 40 devenues la norme. Plus de protection à l'étranger ; un éloignement de Paris encore accru ; une surveillance redoublée : il y avait là de quoi désespérer ! Et tout cela parce qu'elle avait échangé quelques mots avec un Prussien nommé Gentz [2] !

---

1. *Choix de lettres*, p. 374-375. **2.** En vérité, l'entretien avait duré sept heures.

« La vie est pour moi comme un bal où le violon a cessé »

Entre-temps, Napoléon a envahi l'Espagne, en a détrôné les souverains et mis son frère Joseph à la place [1]. Mais l'initiative n'est pas du goût des Espagnols qui se soulèvent dès mai 1808. Madrid a donné le ton et l'insurrection se généralise peu à peu à tout le pays. Ce qui devient une véritable guerre d'indépendance durera jusqu'à la chute de Napoléon. C'est la première brèche dans l'édifice impérial. Est-ce la résistance espagnole qui sensibilise l'empereur aux risques que font courir les oppositions européennes à son régime ? Sont-ce les bruits de complots en France même, où parallèlement à Malet et à ses acolytes, les chouans font à nouveau parler d'eux ? D'énièmes intrigues sont en effet découvertes au même moment ; un regain d'oppositions qui doit notoirement irriter Sa Majesté l'Empereur et Roi. D'autant que ses deux principaux ministres se comportent étrangement et s'affichent à Paris, bras dessus, bras dessous – alors que d'ordinaire, ils se détestent [2] ! De quoi éveiller les soupçons du maître suprême.

---

[1]. Le trône de Naples et des Deux Sicile est revenu à Murat, époux de Caroline Bonaparte. [2]. Waresquiel, *Fouché*, p. 444-446.

La petite guerre

Napoléon a manifesté envers Mme de Staël une sévérité inouïe dès 1803 – à une époque, il est vrai, où généraux et sénateurs se regroupaient déjà autour de Bernadotte et renâclaient devant le despotisme naissant [1]. Mais le fait est que la persécution, déjà bien réelle des années précédentes, s'intensifie à partir de l'automne 1808 pour culminer en 1810. À cette date, Napoléon entre pourtant dans la famille des rois. Sa légitimité en ressort grandie. Heureux époux de Marie-Louise, fille de l'empereur d'Autriche et nièce de Marie-Antoinette, il aurait pu faire preuve de générosité et de mansuétude envers la fille de Necker – qui avait de surcroît publié une défense de la reine en 1793 [2]. Il va au contraire s'acharner contre elle, si bien qu'elle ne verra plus qu'une issue : s'enfuir loin de la France dans l'espoir d'atteindre enfin un pays de liberté !

À la suite des mesures répressives de l'automne 1808, l'année suivante est peu sensationnelle pour Mme de Staël. Elle n'ose pénétrer en France et préfère recevoir ses amis dans son château. Elle en a pris l'habitude depuis l'été 1805, date à partir de laquelle se constitue ce qu'on appelle le Groupe de Coppet. Durant l'été et l'automne, elle se consacre ainsi au théâtre et à la conversation. La saison 1809 est relativement vivante. Ses meilleurs amis sont présents et ses convives plus nombreux que jamais. On joue *Le Vingt-quatre février* de l'Allemand Zacharias Werner, dont Schlegel interprète un des rôles principaux. Peut-être y a-t-il eu aussi une reprise de *Phèdre*, *Andromaque* ou *Iphigénie* de Racine ou des œuvres écrites par Mme de Staël elle-même. Mais surtout, Germaine travaille à son livre sur l'Allemagne.

---

1. *Dix années d'exil*, p. 43. **2.** *Réflexions sur le procès de la reine*, [août 1793] Paris, 1820. En 1810, elle s'en flatte du reste, ce qui ne changera pourtant rien à sa situation. Marie-Louise n'en est sans doute pas informée.

Le rendez-vous manqué

Dès lors, et bien qu'entourée, elle se sent seule, très seule. Benjamin vient tout juste de lui avouer qu'il s'était marié [1] ; il est perdu pour elle. Prosper est devenu préfet de Vendée et, s'il a provisoirement renoncé à Juliette, il hésite à engager son avenir. Il n'empêche. Tant que Germaine a des visites et des distractions, son sentiment de solitude s'estompe quelque peu. Mais à la fin de l'été, tout ce beau monde se disperse et retourne à Paris ou dans d'autres lieux animés. Elle reste seule et « retombe sur ce passé qui est la mort vivante [2] ». Elle se retrouve dans « une langueur incroyable ». Quelles perspectives d'avenir en effet dans cette Europe opprimée par un seul homme, qui la persécute et ne rêve que de l'anéantir !

Son ultime espoir, c'est que son nouveau livre sur l'Allemagne persuade Napoléon de sa valeur et de son génie, et surtout, de ce qu'elle est foncièrement inoffensive et irrépréhensible. Elle se refuse encore et toujours à percevoir dans la littérature quelque chose de politique et espère en un miracle, c'est-à-dire à une reconnaissance de la part de Napoléon. Mais ce qui n'a pas marché les deux ou trois fois précédentes peut-il aboutir cette fois-ci ? Elle le croit ou fait semblant d'y croire, mais elle est bien la seule, car ses amis doutent plus que jamais et n'osent le lui avouer de crainte de la peiner. Armée de ses certitudes et sous prétexte de surveiller l'impression de son livre avant de

---

1. Il n'ose pas du reste le faire lui-même et charge sa femme Charlotte de le dire à Germaine – qui, choquée, demande au « jeune » couple de ne pas l'annoncer publiquement jusqu'à son départ pour les États-Unis. **2.** *Choix de lettres*, p. 391. Lettre à Mme Récamier du 1er octobre 1809. Seule, elle ne l'est jamais dans le sens strict du terme. Il y a encore et toujours ses enfants et Schlegel ; parfois Sismondi ; sa cousine Albertine et d'autres amis suisses tels que les Pictet ; le Bernois Bonstetten, Lullin de Châteauvieux ou Mme Rilliet-Huber.

La petite guerre

s'embarquer pour les États-Unis, Germaine part en France au mois d'avril 1810. Elle en obtient la permission sous réserve de ne pas s'attarder et de partir tout aussitôt outre-Atlantique. Ainsi qu'elle l'avoue à son vieil ami Meister :

> Ce qu'il y a de certain, c'est que cette situation d'exil ne pouvait plus se prolonger. Elle avait déjà brisé l'amitié la plus sacrée ; elle me faisait vivre des sacrifices des autres et des miens... Mes fils doivent s'envoler ; ma fille se fixer dans un pays où elle pourra toujours vivre. Enfin, je vous dirai comme cet homme : je vous donne ma parole d'honneur que j'ai raison. C'est en présence de mon ange tutélaire, et du ciel, sa patrie, que j'ai pris le parti de quitter le continent, et rien qui ne fût noble et fier n'est entré dans ma résolution [1].

Si Napoléon la rappelle, elle reste ; sinon elle part « avec émotion, mais avec fermeté ». Elle formule les mêmes propos à l'endroit de ses amis Sismondi et Bonstetten. Ce dernier s'avère plus réaliste, quand il commente à son insu : « Elle s'imagine que son ouvrage influera sur son sort. Bon Dieu, qu'elle se fait d'illusion [2] » ! Cette illusion est récurrente chez elle, on l'a vu et on le voit pour la dernière fois. Car, fin 1810, elle est bien obligée d'admettre que la persécution ne s'arrêtera jamais ; qu'il n'y a rien qu'elle puisse faire pour recouvrer sa liberté, rien sinon se méjuger ; se trahir soi-même [3]. Rien, sinon fuir et échapper à cette emprise !

---

1. *Choix de lettres*, p. 395-396. **2.** *Cahiers staëliens*, n° 19, 1974, p. 11. **3.** Dans ses écrits postérieurs, elle prend clairement conscience que ce que Napoléon désire, c'est qu'elle s'abaisse ; qu'elle trahisse ce pour quoi elle vit ! *C.G.*, VI, p. 538.

« Votre livre n'est point français »

Face à elle et à tous ceux qui résistent, et nonobstant son prestigieux mariage, Napoléon est plus inflexible que jamais. En avril et juillet 1810, il renforce les mesures générales d'exil, qu'avait entre-temps adoucies Fouché ; il réorganise la Librairie et l'Imprimerie et les place sous la haute surveillance d'un directeur et de censeurs. À son avènement en 1799, il avait déjà supprimé les trois quarts des journaux parisiens. En nivôse an VIII, il ne restait plus que treize journaux politiques au lieu de soixante-quinze. Par la suite, Napoléon contraint les propriétaires de journaux à opérer des fusions, ce qui réduit plus encore leur nombre. Parfois, il en exproprie les propriétaires. Le résultat, c'est qu'en 1811, il n'y a plus que quatre titres politiques à Paris et un par département.

Les mesures de 1810 s'attaquent aussi aux livres et réglementent les publications d'ouvrages. La Direction de la Librairie et de l'Imprimerie examine de près ce qui peut ou non être publié tel quel ; ce qui peut être publié, mais doit être corrigé ; et ce qui ne peut en aucun cas être publié. Lors de cette réorganisation radicale de la Librairie et de l'Imprimerie, les imprimeurs eux-mêmes ne sont pas épargnés. En février 1811, sur les cent cinquante-sept

La petite guerre

imprimeurs que comptait Paris, soixante seulement sont autorisés à exercer.

Mais il y a pis. Au cours de l'année 1810, Fouché est destitué et remplacé par le général Savary, duc de Rovigo, qui est loin d'être aussi complaisant que son prédécesseur. Qui plus est, un bras de fer ne va pas tarder à opposer la Direction de la Librairie au nouveau ministre de la Police, dont quelques attributions empiètent sur celles de la Librairie. Le grand livre de Mme de Staël parvient à cette instance juste après le renforcement de la censure et de la surveillance [1].

Alors que les censeurs font leur travail et examinent scrupuleusement *De l'Allemagne*, Napoléon et son ministre s'emparent ainsi du livre. Les 23 et 24 septembre 1810, ils ont déjà décidé de faire surseoir à la publication et d'expulser Mme de Staël de France. Soit elle s'embarquera pour les États-Unis à partir d'un port sélectionné par Savary – de sorte à éviter qu'elle ne débarque en Angleterre ; soit elle rentrera à Coppet. En aucun cas, elle ne pourra demeurer en France, mais elle n'aura pas non plus la liberté de voyager en Italie ou dans aucun pays dominé par la France. Tout cela lui est interdit [2].

Au même moment, les censeurs se sont donc mis à l'œuvre et découvrent bien des fragments qui méritent d'être corrigés. Le 26 septembre, ils remettent leur rapport sans savoir que Napoléon et son ministre sont eux aussi bien avancés. Leurs critiques sont nombreuses sur le « mauvais esprit » de l'ouvrage. Il y est évidemment question de l'esprit

---

1. Jourdan, *Napoléon. Héros, Imperator, mécène*, p. 237-252. **2.** Pour tout ce qui suit, voir le dossier établi par Simone Balayé, « Madame de Staël et le gouvernement impérial en 1810. Le dossier de la suppression de *De l'Allemagne* », *Cahiers staëliens*, n° 19, 1974, p. 3-77.

frondeur de la dame, qui médirait de la France dans les pays étrangers ; de l'influence néfaste de Schlegel, cruel détracteur de la littérature française ; de la fausse image que donne Mme de Staël de l'Empire français, présenté comme « un régime qui tend à dérober la connaissance de l'esprit du siècle et fait méconnaître les principes libéraux du gouvernement de Sa Majesté ». Elle accorderait aux Allemands « la supériorité de l'instruction et de la pensée » et semble ainsi vouloir ignorer tout ce qu'a fait l'empereur en faveur des lettres et des arts [1] ; elle inviterait les étrangers « à résister à l'ascendant de nos manières, plus redoutable selon elle que celui de nos victoires ». Elle blâmerait le partage de la Pologne et plaiderait en faveur de son indépendance ; enfin, elle louerait beaucoup trop le caractère noble et exalté des Prussiens et les encouragerait à la résistance.

Sur la philosophie allemande, la censure juge les propos vagues et certains passages répréhensibles. Il est certain que tous n'étaient pas capables de comprendre Kant et sa commentatrice éclairée ! Et il y aurait par ailleurs des passages répréhensibles sur la liberté nationale qui, selon elle, serait inséparable de la liberté civile ou bien sur le christianisme, décrit par l'auteur comme un facteur d'inertie dans une société moderne. Les censeurs n'en concluent pas pour autant à la suppression de l'ouvrage – d'autant moins qu'en cas de sanction, ils craignent de le voir publié tel quel en Allemagne. Ils prônent donc des corrections et le

---

[1]. Napoléon se flattait d'œuvrer en faveur de la culture et des arts avec ses prix décennaux dont les premiers eurent lieu en 1810. Les querelles qui en résultèrent furent si graves que l'empereur décida de ne pas les mener à terme et de ne pas remettre de prix. Voir Jourdan, « Napoléon et les prix décennaux. Une ambition culturelle pour la gloire de la France », in *1810 – Le tournant de l'Empire*, éd. T. Lentz, Nouveau monde éditions, 2010, p. 193-209. Voir aussi Villemain, p. 30.

La petite guerre

retranchement des passages condamnés [1]. Au moment où les censeurs remettent leur rapport, Napoléon et son ministre ont déjà décidé que l'ouvrage serait saisi. La décision sur son sort définitif se décline en deux temps. Du 28 au 30 septembre, Napoléon prévoit encore une publication, mais dûment épurée. Les trois quarts des passages exaltant l'Angleterre devront ainsi être supprimés [2].

Pendant ce temps, Germaine, qui n'est au courant de rien et attend la réponse à ses requêtes, s'égare en route et trouve refuge au château de Conan. Son fils, qui revient de Paris où il a appris les mauvaises nouvelles, est à sa recherche et la retrouve in extremis. Aussitôt après, il se précipite au château de Fossé, où résidait sa mère, pour mettre ses papiers en sécurité. La police impériale souhaite en effet récupérer épreuves *et* manuscrits. Il ne doit plus rien subsister de *De l'Allemagne* ! Mais de pilonnage il n'est toujours pas question !

Il semblerait que la décision radicale de pilonner le livre ne soit prise qu'en réaction aux interventions diverses de proches et de moins proches en faveur de Mme de Staël. Celle-ci, comme à son habitude, a réquisitionné amis et connaissances pour parler en sa faveur. Elle a aussi écrit trois lettres à Napoléon qui ne lui sont heureusement pas toutes parvenues, mais Hortense de Beauharnais est venue expressément plaider sa cause. Regnaud de Saint-Jean d'Angély s'est-il lui aussi entremis ? Germaine lui avait écrit à ce sujet et lui avait envoyé son fils aîné. Et qui sait

---

1. Voir le dossier établi par Simone Balayé dans les *Cahiers staëliens*, n° 19, 1974. **2.** *Correspondance*, vol.10, p. 701. C'est dans cette lettre que Napoléon s'interroge soudain sur le titre de noblesse affiché par Mme de Staël : « A-t-elle le droit de s'appeler baronne ? Prenait-elle ce titre dans les ouvrages qu'elle a publiés jusqu'à cette heure ? »

combien d'autres sont intervenus en sa faveur ? Le préfet Corbigny, le censeur Esménard, voire Joséphine ? Sans oublier ses deux fils, Auguste et Albert ! Ces interventions agacent énormément Sa Majesté l'Empereur et Roi – qui, avouons-le, a bien d'autres soucis en tête. Et comme si toutes ces petites intrigues ne suffisaient pas, un certain Roux de Laborie est signalé à Savary comme faisant des lectures publiques de l'ouvrage incriminé dans plusieurs sociétés de Paris [1]. Comment s'est-il procuré le manuscrit ou les épreuves ? La police n'est-elle donc pas parvenue à tout saisir ? Elle ne veut pourtant en laisser subsister aucune trace.

Le fait est que le 3 octobre suivant, Savary avoue franchement à Auguste de Staël que l'ouvrage est interdit et qu'il est voué au pilon. Les réclamations n'y pourront rien changer. Le maître a tranché : « ce livre sera brûlé et nous aurions dû mettre son auteur à Vincennes [2] ». Désespéré, Auguste réalise que toutes ses démarches n'ont servi qu'à envenimer la situation.

À cette date, Mme de Staël amorce les préparatifs pour son départ qui a été retardé d'une semaine. Elle a appris qu'une des causes de la suppression de *De l'Allemagne* était due au silence qu'elle avait gardé sur l'empereur et à une espèce de péroraison qui se trouve à la fin du troisième volume, où « l'auteur est censé supposer que l'esprit de

---

[1]. Roux de Laborie ou Roux-Laborie était un des hommes à tout faire de Talleyrand. Que veulent donc dire ces lectures intempestives ? Pourquoi s'était-il procuré le manuscrit auprès de l'imprimeur ? Talleyrand s'en était-il mêlé ? [2]. Pour les détails sur cette affaire, Simone Balayé, « Madame de Staël et le gouvernement impérial en 1810 », *Cahiers staëliens*, n° 19, décembre 1974. Savary se fait ici le porte-parole de Napoléon.

La petite guerre

calcul et d'intérêt succède en France à l'esprit d'enthousiasme qui seul peut produire de grandes choses ». On comprend que le livre ait été vu comme politique par Napoléon, n'en déplaise aux protestations de Germaine ! On comprend aussi qu'une fois encore, elle a refusé de plier. Aucun éloge de Napoléon le Grand ne vient ternir sa prose. Son excuse : c'est que, dans les circonstances présentes, toute louange aurait paru intéressée et, partant, indigne de Sa Majesté. C'est aussi ce qu'elle écrit à la reine Hortense :

> Si l'on s'étonnait de ce que je n'ai pas osé nommer l'Empereur dans mon ouvrage, je dirais que dans la disgrâce où je suis, privée de ma fortune et de ma patrie, un éloge ne pouvait être qu'une supplique, et, par conséquent, un manque de respect [1].

Le bras de fer n'est pas près de cesser. Germaine persiste et signe. Ce même 3 octobre, Savary en personne communique à Mme de Staël la décision prise par Napoléon et précise :

> Il ne faut point rechercher la cause de l'ordre que je vous ai signifié dans le silence que vous avez gardé à l'égard de l'Empereur dans votre dernier ouvrage ; ce serait une erreur. Il ne pouvait pas y trouver la place qui fut digne de lui ; mais votre exil est une conséquence naturelle de la marche que vous suiviez constamment depuis plusieurs années. Il m'a paru que l'air de ce pays-ci ne vous convenait point, et nous n'en sommes pas encore réduits à chercher des modèles dans les peuples que vous admirez. Votre dernier ouvrage n'est point français ; c'est moi qui en ai arrêté l'impression. Vous savez, Madame, qu'il ne vous

---

1. *Choix de lettres*, p. 405.

Le rendez-vous manqué

avait été permis de sortir de Coppet que parce que vous aviez exprimé le désir de passer en Amérique. Si mon prédécesseur vous a laissé habiter le département du Loir-et-Cher, vous n'avez pas dû regarder cette tolérance comme une révocation des dispositions qui avaient été arrêtées à votre égard. Aujourd'hui vous m'obligez à les faire exécuter strictement et il ne faut vous en prendre qu'à vous-même [1].

Ces dispositions, c'est évidemment l'éloignement à cinquante lieues de Paris. Mais désormais s'y ajoute une interdiction formelle de séjourner en France et dans tout pays sous influence française, de même que l'accès aux ports de la Manche – ce qui finit par la dissuader de partir en Amérique. La liberté de Germaine se réduit à une peau de chagrin !

Napoléon espère sans nul doute qu'elle se réfugiera malgré tout aux États-Unis et qu'elle disparaîtra à jamais de sa vie et de ses préoccupations. Le 17 octobre, il invite à clore l'épisode : « Il ne faut plus parler de cet ouvrage ni de cette misérable femme, mais il faut surveiller cette coterie de Laborie et m'en rendre compte. »

---

[1]. *Choix de lettres*, p. 406.

Une situation intenable

Germaine aurait bien aimé plaider sa cause de vive voix, mais Napoléon refuse toute entrevue, toute audience. Dans la lettre du 28 septembre qu'elle décide malgré tout de ne pas lui envoyer, elle lui rappelait :

> Sire, Saint-Louis rendait lui-même la justice au moindre de ses sujets ; ne rejetez pas cet antique et noble exemple. Je me résignerai à mon expatriation, quelque cruelle qu'elle soit pour ma famille et pour moi, si Votre Majesté ne la prononce qu'après m'avoir entendue.

Dix ans qu'elle n'a plus revu ni rencontré Napoléon en personne ! Si elle le rencontrait, qui sait si le malentendu ne serait pas dissipé ? Ce sont les intermédiaires qui faussent le jeu ; ce sont ses ennemis qui influencent l'empereur [1] ! Si lui, il savait, sans doute changerait-il d'avis à son propos ! Aussi réitère-t-elle sa requête le 2 octobre, comme si un face-à-face pouvait tout changer. Et, surtout, elle en profite pour lui expliquer ce qu'implique l'exil :

---

1. C'est du reste l'interprétation de Savary lui-même : sa persécution aurait été due à « ses rivaux qui craignaient qu'elle les surpasse en talent » tandis que « d'anciens entrepreneurs en politique... redou-

Le rendez-vous manqué

La disgrâce de Votre Majesté jette sur les personnes qui en sont l'objet une telle défaveur en Europe, que je ne puis faire un pas sans en rencontrer les effets : les uns craignent de se compromettre en me voyant, les autres se croyant des Romains en triomphant de cette crainte, les plus simples rapports de la société deviennent des services qu'une âme fière ne peut supporter. Parmi mes amis, il en est qui se sont associés à mon sort avec une admirable générosité, mais j'ai vu les sentiments les plus intimes se briser contre la nécessité de vivre avec moi dans la solitude, et j'ai passé ma vie depuis huit ans entre la crainte de ne pas obtenir de sacrifices et la douleur d'en être l'objet [1].

À cette date, Napoléon ne s'en soucie en aucune façon. Il est à bout et ne veut plus être harcelé. L'exil est pour lui une punition douce, réservée aux opposants et importuns de qualité. Germaine n'a pas à se plaindre de son sort ! Les simples citoyens sont, eux, immédiatement emprisonnés [2]. À supposer qu'il ait vraiment reçu cette lettre sur les cruautés de l'exil, l'ironie du sort fait que, peut-être y songera-t-il en 1815-1821, quand lui-même se retrouvera isolé sur son rocher de Sainte-Hélène et qu'il souffrira des mêmes tourments !

Les mesures prises en 1810 contre madame de Staël sont donc beaucoup plus sévères que les précédentes. Elles sont encore exacerbées par les personnes qui les mettent en œuvre. Savary est autrement plus rigoureux que ne l'était Fouché. Le nouveau préfet du Léman, Benoit Capelle qui

---

taient les moindres rapports avec elle ». Sans doute pensait-il dans ce contexte à Talleyrand. *Mémoires du duc de Rovigo*, vol. 6, p. 140. **1.** *Choix de lettres*, p. 403-404. Il n'est pas certain qu'il ait reçu la lettre. **2.** Certains sont assignés à résidence dans un lieu arbitrairement sélectionné. Les autres emprisonnés à Vincennes, Bicêtre ou en province.

La petite guerre

remplace Claude-Ignace de Barante fin 1810 s'avère impitoyable et brutal. Comme Savary, il fait des excès de zèle. Entre-temps, la police intercepte les lettres qui sont adressées à Mme de Staël et celles qu'elle envoie. Prosper de Barante s'en rend donc compte en février 1811, quand il découvre que leur correspondance est ouverte et copiée. Celle-ci s'en ressentira, de sorte à hâter la fin de leur relation. De fait, Savary veut savoir avec qui elle correspond et qui lui rend visite, et, il accable de missives les policiers ou les préfets concernés. Il exige des informations sur ses visiteurs et l'objet des réunions chez elle. Quiconque sympathise avec Mme de Staël risque de perdre sa place. Ainsi en est-il allé pour le préfet du Loir-et-Cher, M. de Corbigny et le père de Prosper, tous deux jugés trop indulgents envers « l'intrigante » – et les intrigants en général.

Mais il y a pis. Schlegel lui-même est menacé en raison de l'influence néfaste qu'on lui suppose. Il serait antifrançais, ce qui confirme donc la prise de conscience de Napoléon des dangers du patriotisme allemand. Le 22 mai 1811, il lui est ordonné de quitter Coppet et de rentrer dans son pays. S'ensuit une véritable campagne de dénigrement dans la presse française contre les auteurs allemands. Ils pervertiraient les têtes et seraient un danger pour l'ordre social. Les chefs de ce mouvement seraient les frères Schlegel ; Gentz ; Jean de Müller et Fichte, mais Goethe et Wieland ne sont pas non plus épargnés.

« Le huitième cercle de l'enfer de Dante »

Réfugiée dans son château du lac Léman, Germaine est espionnée jour et nuit. Il y aurait même un mouchard à Coppet. En juin 1811, le préfet se fait le malin plaisir d'informer Savary que les visites à Mme de Staël se raréfient : « Tout le monde l'abandonne... si ça continue, on pourrait obtenir d'elle qu'elle écrive dans le sens qu'on voudrait [1]. »

Ce qui, avouons-le, est reconnaître le pouvoir et l'influence de la célèbre baronne, et, par conséquent, son importance. Joséphine aurait-elle raison ? Napoléon craindrait-il Germaine à ce point [2] ? N'est-ce pas avouer indirectement sa propre faiblesse ? Le gendre des Césars serait-il un colosse aux pieds d'argile ? À trop multiplier les persécutions, Napoléon risque en effet de valoriser son adversaire, voire de la survaloriser ! La presse européenne s'empare en effet de ces nouvelles pour dénigrer le « puissant des puissants » et rehausser Germaine au statut

---

1. Tout ce qui suit sur l'espionnage de Mme de Staël et les rapports de police, du préfet, etc. provient de : Simone Balayé et Norman King, « Madame de Staël et les polices françaises sous la Révolution et l'Empire », *Cahiers staëliens*, n° 44, 1992-1993, p. 3-135. **2.** Diesbach, p. 250.

La petite guerre

d'héroïne. En 1810, Mme de Staël acquiert une célébrité incontestable sur tout le continent et bien au-delà, parce qu'elle est devenue l'ennemi numéro un de l'empereur des Français [1]. En sa personne s'incarne l'esprit de résistance contre le tyran de l'Europe !

Aussi l'exil ne suffit-il plus ; il faut isoler Mme de Staël, et pour ce faire, non seulement barrer la route de Coppet à ses meilleurs amis, mais encore exiler les récalcitrants : Mme Récamier et Mathieu de Montmorency – qui sont en outre soupçonnés d'intriguer contre le régime – sont donc invités à quitter Paris, et, Coppet leur est désormais interdit ! Et gare à tous ceux qui défieraient les ordres ou ceux qui donneraient matière à inquiétude, tels les idéalistes allemands, dont on soupçonne un instant Mme de Staël d'être proche.

Mais plus nombreux sont ceux qui désertent Coppet de leur plein gré. Ils risquent trop gros. C'en est fini des soirées théâtrales ; des visiteurs étrangers ; des princes et des princesses qui se bousculaient aux portes du château. L'isolement va croissant. L'étau se resserre ! En décembre 1811, Mme de Staël ne peut s'empêcher d'en faire part à son ami Hochet :

> Je ne sais quelle prison artificielle ils ont trouvé le moyen de construire autour de moi. Ils m'ont fait peur de moi-même. Ils ont fait de l'existence pour moi un huitième cercle de l'enfer de Dante [2].

Pour Mme de Staël, la situation est intenable ; pire que jamais envisagée, d'autant que Constant et Prosper sont

---

1. Ses voyages et séjours à l'étranger y ont aussi grandement contribué.
2. *Choix de lettres*, p. 423. Les représentations théâtrales continuent cependant, mais l'assistance désormais est en majorité suisse.

définitivement perdus. Reste, il est vrai, le jeune Rocca. Il n'empêche ! Une épée de Damoclès semble suspendue au-dessus de sa tête... S'y ajoute la hantise de la prison, ce qui ne fait qu'exacerber ses angoisses. Son ami, Elzéar de Sabran vient ainsi d'être enfermé à Vincennes sous un prétexte futile. Enceinte de Rocca à cette date, elle est affaiblie et amaigrie. Les espions signalent au préfet qu'elle est souffrante et se félicitent de la savoir isolée :

> Mme de Staël n'a plus d'espérance ; n'a plus de cour. Un ventre énorme annonce une indisposition. Quelques méchants prétendent que c'est une hydropisie de neuf mois [1].

Même sarcasme malveillant le 20 avril 1812 : « Mme de Staël est depuis un mois à Coppet... les plus malins... disent que cette retraite d'un mois a été consacrée à mettre au jour une nouvelle œuvre pour la postérité. »

Les fonctionnaires impériaux sont tatillons et zélés, jusque dans leur prose qui se veut spirituelle, mais qui n'en est que plus odieuse. Le nouveau ministre de la Police a-t-il apprécié ce genre de missives ? Il semblerait que oui et qu'il se soit fait un malin plaisir à les communiquer à Napoléon. Ce qui ne plaide certes pour aucun des deux hommes !

La situation est si désespérante que les amis de Mme de Staël en viennent à craindre qu'elle ne subisse le même sort que Marie Stuart. Et Germaine de soupçonner « le puissant des puissants » de vouloir ni plus ni moins sa perte. Ne reste plus à ses côtés que ses enfants et John

---

[1]. Tout ce qui suit provient de S. Balayé et N. King, « Madame de Staël et les polices françaises... », *Cahiers staëliens*, n° 44, 1992-1993, p. 3-153.

La petite guerre

Rocca qui, bien que courageux et belliqueux, n'en est pas moins handicapé. Schlegel entre-temps a certes pu revenir en Suisse sous prétexte d'accompagner Mme de Staël aux États-Unis [1]. Car le bruit court qu'elle ne va pas tarder à s'embarquer et emmener ses proches. Mais entre-temps est née l'idée folle de s'enfuir très loin, dans l'autre direction, vers l'Orient, et de quitter à jamais la terre d'oppression qu'est devenue la France de Napoléon ! Le projet a été fort bien conçu et par plusieurs, car il était fort difficile de partir de Coppet qui était surveillé, et, surtout de franchir les frontières successives pour arriver au but ultime.

---

1. Fin 1811, Savary refuse même de lui fournir un passeport pour les États-Unis. Et on lui interdit l'Italie. Germaine a bien tenté d'avoir un passeport pour Riga, seul port indépendant de Napoléon, mais en vain. Son amie, la duchesse de Saxe-Weimar, parente de l'impératrice de Russie, refuse de l'aider en cette occasion par crainte de représailles. *C.G.*, VII, p. 436 ; p. 455.

Une étrange caravane

Pour franchir les frontières, le passeport est de mise en Europe. Afin de passer d'un État à un autre, on a besoin d'en avoir un. On peut s'en procurer à l'avance, mais ils ne sont valables qu'un an. Germaine en a un pour les États-Unis, mais il est périmé. Auguste et Albert en ont un aussi ; l'un pour la France et l'autre pour la Suède. Tous deux également périmés. Comment s'en procurer de valables sans éveiller les soupçons de l'administration impériale et sans révéler la destination véritable ? C'est Auguste qui va s'en charger et qui en fait établir sous de faux noms auprès de l'ambassadeur d'Autriche en Suisse. Il commente sa mission :

> C'était peu d'être parvenu à quitter Coppet, en trompant la surveillance du préfet de Genève ; il fallait encore obtenir des passeports pour traverser l'Autriche. Ma mère me chargea de cette démarche... C'était... un pas décisif ; les passeports une fois refusés, ma mère retombait dans une situation beaucoup plus cruelle ; ses projets étaient connus ; toute fuite devenait désormais impossible. Je ne crus pouvoir mieux faire que de m'adresser au ministre d'Autriche, avec cette confiance dans les sentiments de ses semblables qui est le premier

La petite guerre

mouvement de tout honnête homme. M. de Schraut n'hésita pas à m'accorder ces passeports tant désirés... [1]

En vérité, Mme de Staël souhaite se rendre en Angleterre, via la Suède, mais hésite sur la route à suivre. Passera-t-elle par la Russie ou bien par la Turquie ? Elle choisit la Russie, à une date où Napoléon lui-même se dirige dans cette direction. C'est un obstacle de plus. Il faudra éviter les armées françaises, et pour ce faire, savoir quel itinéraire elles suivent. Ce qui oblige l'étrange caravane à une extrême prudence. Le plus curieux, c'est que Germaine et ses acolytes ont une très bonne connaissance des cartes et parviennent à destination sans avoir rencontré de Français. Il est vrai qu'à son retour d'Autriche, Schlegel a préparé l'itinéraire et méticuleusement sélectionné les relais de poste.

Ce voyage paraît aujourd'hui encore incroyable : l'étrange caravane traverse la Suisse pour se réfugier en Autriche ; puis va vers la Moldavie, la Galicie, la Volhynie, avant de franchir la frontière russe le 14 juillet 1812 – date hautement symbolique ! Durant ce périple, les voyages précédents de 1804 et 1808 ont été d'un secours inestimable pour Germaine, car elle peut faire appel à ses connaissances ; loger chez un tel ou une telle ; se faire réconforter par d'autres et demander des services. C'est ainsi que faute de passeport pour son nouvel époux, elle se voit contrainte d'en demander un au ministre autrichien des Relations extérieures, Metternich [2], qui s'exécute.

Enfin l'étrange caravane arrive à Kiev ; de là, elle se dirige vers Moscou, car Napoléon se trouve alors sur la

---

1. Cité par M. Winock, p. 414. **2.** Mme de Staël avait rencontré Metternich à Berlin en 1804. Rocca se fait passer pour le secrétaire de la baronne.

Le rendez-vous manqué

route de Saint-Pétersbourg, qui est le but du voyage des fugitifs. Ce qui les oblige donc à faire un long détour pour y parvenir. Mme de Staël passera deux mois en Russie durant lesquels elle rencontre plusieurs fois le tsar Alexandre et discute avec lui du seul sujet qui lui tient à cœur : Napoléon ! Mais, avant ces entrevues, du 1er au 5 août, elle a visité Moscou, qui brûlera entre les 15 et 18 septembre 1812. Elle est une des dernières visiteuses à avoir pu admirer la ville dans toute sa splendeur.

Tandis que Germaine savoure les plaisirs de la société russe et sa liberté recouvrée, son farouche ennemi est à Smolensk et va livrer la bataille de la Moskova. L'incendie de Moscou a lieu juste après. Entre-temps, la fugitive est saine et sauve en Suède. Mais, grâce à son entremise, le prince royal de Suède, son ancien ami Bernadotte, a rencontré Alexandre à Abo en Finlande, où ils se mettent d'accord à la fin août pour conclure une alliance contre l'empereur des Français.

« Un véritable brandon politique »

Pendant ce temps, les fonctionnaires impériaux se demandent où peut bien être passée la célèbre baronne. Son départ effectif n'est découvert que le 2 juin. Surgit alors la question de savoir avec quels passeports ils sont partis. Capelle s'aperçoit qu'Olive Uginet, la femme de chambre de Mme de Staël a pris un passeport pour Berne, sur lequel elle a porté sa fille. Son mari Eugène, homme de confiance de Germaine, en a un pour Stockholm. Étaient-ils destinés à Mme de Staël et à son entourage ? Le préfet ignore que c'est Auguste qui s'en est chargé et que c'est l'ambassadeur d'Autriche en Suisse qui les a fournis. Les fonctionnaires impériaux ne savent pas non plus quelle direction ont pris les fugitifs. Capelle opte pour l'Autriche et l'Angleterre ; d'autres croient qu'ils vont aller en Suède. Le fait est que ceux qui se pensaient si malins et dénigraient à loisir la dame de Coppet ne riront pas les derniers. Ils ont été floués. Et le préfet de regretter : « c'est la première fois que Mme de Staël a mis dans un acte de sa vie adresse et mystère ». Mais il impute bêtement la fuite de Germaine « au scandale qu'a causé son accouchement et à la honte qu'elle en a éprouvée ».

Le rendez-vous manqué

Quand il reprend ses esprits et redevient réaliste, c'est pour exprimer la crainte que « sa présence ne soit d'une influence funeste sur le prince royal [1] ». Et il perd toute condescendance, lorsqu'il apprend l'ascendant qu'elle a sur le tsar. Il n'empêche. Le préfet de Napoléon a du mal à admettre la détermination féminine, fût-elle aussi manifeste que celle de Germaine de Staël.

> Dès le moment où j'ai su Mme de Staël en Suède, je n'ai pas douté des affinités préexistantes entre le prince royal et qu'elles ne devinssent très promptement des liens intimes et que le prince ne l'associât aux intrigues dont il paraît qu'il est dans le Nord un des principaux promoteurs. Non qu'elle ait assez d'énergie et de consistance pour jouer un rôle influent dans les projets qui exigeront ou de la conception ou de la suite, ou qui exposeraient à des dangers, mais parce que sa tête est un véritable brandon politique qu'on peut facilement allumer et diriger.

Telle était la prose de l'époque relative aux femmes, et, notamment à Mme de Staël. Qu'elle ait su échapper aux polices diverses et soit parvenue jusqu'en Russie à la barbe du « puissant des puissants » ne modifie en rien les stéréotypes des fonctionnaires. Mme de Staël n'en a évidemment rien su, et peu lui aurait importé du reste. L'essentiel, c'est qu'elle soit saine et sauve et qu'elle retrouve la liberté que Napoléon lui contestait depuis une dizaine d'années.

Capelle pressent pourtant que son rôle sera décisif dans les négociations entre Bernadotte et Alexandre, et il a

---

1. À savoir Bernadotte, qui deviendra roi de Suède en 1818. Choisi en 1810 par le parlement suédois comme prince héritier du roi Charles XIII, Bernadotte avait reçu la permission de Napoléon d'accepter cette proposition, mais ce dernier ne s'attendait certes pas à ce qu'il déserte le camp français.

La petite guerre

raison. Mme de Staël a contribué à la chute de Napoléon, avec d'autres, certes, mais elle y a contribué ! C'est à elle aussi que sont dus le retour du général Moreau de son exil américain et la décision de ce dernier d'entrer dans la coalition auprès de Bernadotte, dont il était proche, afin de se battre contre Napoléon – et non contre la France. Au moment où il écrit ses mémoires, Savary en est plus que jamais persuadé :

> L'idée de faire revenir Moreau a été suggérée à l'empereur Alexandre par Bernadotte à la conférence d'Abo... À son tour, Bernadotte n'avait pas trouvé cette idée tout seul et je crois que c'est Mme de Staël qui la lui donna à son passage en Suède... C'est elle qui passant à Saint-Pétersbourg se chargea d'amener Bernadotte à ce que désirait Alexandre... Elle a été le chaînon de l'entrevue d'Abo où Bernadotte s'est livré à l'empereur Alexandre [1].

Avec le recul, le ci-devant ministre de la police avoue donc sa foi en l'habileté de la dame. Il n'y a plus d'ironie ni de condescendance dans ces aveux. Il aurait même tendance à majorer l'importance qu'a eue Germaine pour la suite des événements. Et de regretter d'avoir poussé cette femme extraordinaire à de telles extrémités !

L'alliance russo-suédoise n'était pourtant pas gagnée d'avance, car, après la paix de Tilsit de 1807, la Russie s'était emparée de la Finlande au détriment de la Suède. Il fallait donc oublier cette pomme de discorde entre les deux pays pour se concentrer sur la coalition antinapoléonienne. Mme de Staël y a œuvré. Le fait est que fin août 1812, cette coalition nouvelle réunit Russie, Suède et Angleterre. Reste à persuader la Prusse et l'Autriche à renoncer à leur

---

1. *Mémoires du duc de Rovigo*, vol.6, p. 136 et p. 140.

Le rendez-vous manqué

alliance avec Napoléon [1]. Le désastre de Russie, de même que les insurrections diverses qui se succèdent en 1813 [2], vont inciter les alliés de la France à changer peu à peu de camp. Il va sans dire que Mme de Staël a fait tout ce qui était en son pouvoir pour les y encourager. De là la conviction ultime de Napoléon qu'elle lui a plus fait de mal en Europe qu'elle ne lui en aurait fait en France [3] !

---

1. La Prusse se rallie à la 6ᵉ coalition dès le 28 février 1813, mais l'Autriche se fait attendre. Elle ne rejoint la coalition que le 12 août 1813, tandis que le Danemark reste seul fidèle à Napoléon. **2.** La guerre d'Espagne se poursuit ; le Tyrol est toujours en insurrection ; la Hollande, annexée à la France en 1810, est en insurrection et chasse les Français au cours de l'année 1813, tandis que se déclenche une guerre de libération en Prusse. L'Europe est secouée de divers mouvements antifrançais. **3.** *Lucien Bonaparte et ses mémoires*, II, p. 263.

« Le cœur reste au passé »

Après huit mois passés à Stockholm, Germaine décide fin mai 1813 de rejoindre l'Angleterre et de s'établir à Londres. Le climat suédois ne lui convient pas, pas plus du reste que la société, beaucoup trop morose, à son goût. À Londres, elle est accueillie « comme une princesse », commente-t-elle. Trois cents visites en quatre jours... des dizaines d'invitations... « mais c'est une telle foule, une telle quantité de femmes, une si grande monotonie de société, que cela m'étourdit plus que cela ne m'amuse. Les Anglais qui n'ont pas voyagé sont de peu de ressource... enfin je suis triste et découragée... »

C'est alors qu'elle écrit à Schlegel qu'elle est « abîmée de spleen [1] ». Elle ne reste pourtant pas inactive, rencontre le prince régent et tous les hommes politiques britanniques de quelque renommée ; elle défend et promeut son poulain : Bernadotte [2] et publie enfin son opus *De l'Allemagne*

---

1. Sa tristesse est exacerbée par l'indifférence qu'elle croit déceler chez Schlegel. *Choix de lettres*, p. 463. **2.** Elle rencontre également le ministre des Relations extérieures, M. Canning ; le marquis de Wellesley, frère de Wellington ; Lord Castlereagh, secrétaire d'État aux Relations extérieures ; et bien d'autres sommités politiques où elle joue en somme le rôle d'ambassadrice de Suède.

– qui ne tarde pas à être traduit en anglais et en allemand. La première édition est épuisée en trois jours. C'est un succès ! Un triomphe, une ultime victoire contre le « puissant des puissants » !

Le séjour en Angleterre réactualise un autre combat : la suppression de la traite des noirs et l'abolition de l'esclavage. Dans ce combat, Germaine reçoit le soutien de Sismondi, qui, en 1814, publie sur le sujet, tandis qu'elle-même préface la traduction en français du livre de William Wilberforce, qui œuvre depuis des années en faveur de l'abolition de l'esclavage [1]. Elle encourage le tsar Alexandre à mettre la question à l'ordre du jour au congrès de Vienne. Et, de fait, le 8 février 1815, le congrès votera « l'abolition universelle et définitive de la traite des nègres » et exigera des pays européens qu'ils la rendent effective d'ici huit ans. Pour Mme de Staël, il s'agit là d'une « grande bataille pour l'humanité ».

L'Angleterre avait ouvert la voie en 1807, en renonçant à l'esclavage dans ses colonies – pour des raisons à la fois humanistes et stratégiques. Wilberforce encourage la France à suivre son exemple et à libérer l'Afrique de ses bourreaux. Il est donc soutenu en France par le Groupe de Coppet [2].

Depuis plus longtemps, la famille Necker – de Jacques Necker aux enfants de Germaine, sans oublier Sismondi et Constant – était sensible au problème et condamnait un commerce inhumain et une pratique qui ne l'était pas

---

1. Sismondi, *De l'intérêt de la France à l'égard de la traite des nègres*, Genève/Paris, 1814 ; Samuel Wilberforce, *Lettre à son Excellence Monseigneur Prince de Talleyrand Périgord au sujet de la traite des nègres*, Londres, 1814. **2.** Voir le numéro des *Cahiers staëliens*, n° 64, 2014, qui y est en grande partie consacré.

La petite guerre

moins. Dans deux œuvres de jeunesse, dont *Mirza ou la lettre d'un voyageur*, Germaine avait déjà attaqué « le joug affreux de l'esclavage ». En 1802, on l'a vue horrifiée par la politique de Bonaparte à Saint-Domingue et par la brutalité avec laquelle étaient traités les insurgés noirs, de même que Toussaint-Louverture, sordidement décédé en avril 1803 au fort de Joux. Son séjour en Angleterre et le congrès de Vienne l'incitent donc à s'impliquer de nouveau dans ce combat qui lui tient particulièrement à cœur. Germaine est tellement convaincue de son bien-fondé que, le 6 janvier 1816, elle appelle Thomas Jefferson à faire abolir l'esclavage dans le sud des États-Unis. S'il y parvenait : « il y aurait au moins dans le monde *un gouvernement aussi parfait que la raison humaine peut le concevoir* [1] ». On sait ce qu'il en est advenu.

Satisfaite de ce point de vue, puisqu'en février 1815, la traite est donc abolie par le Traité de Vienne, Mme de Staël n'en oublie pas pour autant les autres affaires politiques. Elle est de plus en plus persuadée que Bernadotte serait le candidat idéal pour remplacer Napoléon. Elle adopte ses couleurs et chante son nouveau héros sur tous les tons.

> Un courage intrépide vous distingue personnellement entre tous les braves ; mais ce courage est dirigé par une bonté non moins sublime : le sang des guerriers, les pleurs du pauvre, les inquiétudes mêmes du faible sont l'objet de votre humanité prévoyante. Vous craignez la souffrance de vos semblables, et le rang éminent où vous êtes placé ne pourra jamais effacer de votre cœur la sympathie. Un Français disait de vous, que vous réunissez la chevalerie du républicanisme à la chevalerie de la royauté. En effet, dans

---

1. *C.G.*, IX, p. 374.

quelque sens que la générosité puisse s'exercer, elle vous est toujours native [1].

Un tel homme doit être capable d'émanciper la France et de lui offrir les libertés et les institutions républicaines qui en sont inséparables. Bernadotte devient le héros que n'a pas voulu être celui qui promettait tant en 1797 : « le héros du bien comme l'autre était le glaive du diable [2] » ! À aucun moment, Germaine n'envisage un retour des Bourbons ; à aucun moment, elle n'envisage de renoncer aux acquis révolutionnaires ou républicains, foulés au pied par le « tyran corse ». Dans son combat pour promouvoir Bernadotte, elle ressent soudain le besoin d'appeler à la rescousse Benjamin Constant :

> Depuis deux mois, je n'ai rien eu de vous, depuis deux ans, je ne vous ai pas vu. Vous souvenez-vous quand vous prétendiez que nous ne serions pas séparés l'un de l'autre ? Je puis bien vous le dire, vous avez laissé échapper une belle carrière, sans parler de tout le reste.

Benjamin justement se demande encore et toujours où trouver la place qu'il croit mériter et qu'il cherche en vain. Les lettres de Germaine portent leurs fruits : il ne tarde pas à se faire présenter à Bernadotte et à l'assurer de son soutien et de sa loyauté. Son heure serait-elle enfin arrivée ? Car, depuis 1802 et la suppression du Tribunat, Benjamin se morfond et aspire à rentrer dans la carrière. Faute de gloire littéraire, il se verrait bien conseiller le prince royal de Suède et, pourquoi pas, lui fabriquer une constitution sur mesure. En attendant, il publie son *Esprit de conquête*

---

[1]. Préface de *l'Essai sur le suicide*, paru en 1813, cité par M. Winock, p. 433. [2]. *C.G.*, VIII, p. 167.

La petite guerre

et d'usurpation et rédige divers mémoires politiques. Germaine reçoit l'un d'entre eux, ce qui lui permet de dire ses quatre vérités à l'auteur :

> La liberté court autant le danger d'un côté comme de l'autre, mais avant tout, il est nécessaire que celui qui est hors de la nature humaine ne la gouverne plus. J'ai remis un mémoire qui m'a été envoyé par Schlegel au ministre ici ! Il était écrit comme tout ce qui me vient de vous. Je ne crois pas que ce style, cette fermeté, cette clarté de langage se retrouvent nulle part ailleurs. Vous étiez né pour le premier rang, si vous aviez connu la fidélité à soi-même et aux autres [1].

---

1. *Choix de lettres*, p. 470.

« Les cosaques dans la rue Racine »

Le 7 février 1814, Bernadotte décore Constant de l'Ordre de l'Étoile polaire en guise de remerciement. Tout au long des jours et des semaines suivantes, Benjamin voit le prince, dîne et discute avec lui, mais rien de concret ne paraît se décider. Il s'impatiente, et, le 11 mars, il comprend qu'il lui « faut sauter sur une autre branche [1] ». En ce mois de mars 1814, Napoléon n'est pas encore défait. Mais le 20, il se fait battre à Arcis-sur-Aube, alors que les alliés marchent sur Paris, ce qui sonne le glas de l'aventure. Toujours réfugiée à Londres, Mme de Staël ne sait plus très bien quoi penser et quoi espérer. Mais elle désapprouve les écrits de Constant qui confond trop souvent Napoléon et la France :

> Je hais cet homme, mais je blâme les événements qui me forcent à souhaiter ses succès. Voulez-vous qu'on foule aux pieds la France ? ... J'ai lu votre mémoire ; Dieu me garde de le montrer ! Je ne ferai rien contre la France ; je ne tournerai pas contre elle dans son malheur ni la réputation que je lui dois, ni le nom de mon père qu'elle a

---

[1]. L'autre branche sera le tsar Alexandre, encore moins accessible que Bernadotte et d'autant moins que Talleyrand va l'accaparer. Il faudra les Cent-Jours avant que Constant ne puisse jouer un rôle à sa mesure. Mais ce rôle se fera au profit de Napoléon. *Journaux intimes*, p. 633.

La petite guerre

aimé. Ces villages brûlés sont sur la route où les femmes se jetèrent à genoux pour le voir passer. Vous n'êtes pas français, Benjamin, vous n'avez pas dans ces lieux tous les souvenirs de votre enfance ; voilà d'où vient la différence entre vous et moi. Mais pouvez-vous vraiment désirer voir les cosaques dans la rue Racine ? [1]

À partir de là, Mme de Staël distingue constamment sa haine de Napoléon de son amour pour la France. Convaincre les alliés vainqueurs de cette distinction essentielle ne sera pas une mince affaire. Il faut pourtant leur faire comprendre que la France n'est pas l'Empire ; les Français n'ont pas tous souhaité sa politique belliqueuse et ne sont pas responsables des malheurs de l'Europe. Un homme seul et son système sont à montrer du doigt et à sanctionner. Et d'inciter Benjamin Constant et bien d'autres à tout faire pour que la France conserve son indépendance et son intégrité.

Tandis que les uns et les autres gesticulent ou ergotent sans avancer d'un pas, Talleyrand et les Bourbons, eux, ne perdent pas de temps. Au lendemain de l'abdication de Napoléon du 2 avril 1814, c'est Louis XVIII qui est proclamé, et non pas Bernadotte, qui a été pris de court ! C'est qu'il a hésité à fouler le sol français à la tête de troupes étrangères ; il ne s'est pas non plus précipité dans la capitale, comme l'a fait le comte d'Artois dès le 12 avril. Et surtout, il n'a pas pour soutien le fin stratège de la politique qu'est Talleyrand, lequel aurait « disposé de tout [2] ».

Pour Bernadotte, l'enjeu était de taille : fallait-il risquer de perdre la couronne de Suède pour une hypothétique couronne de France ? Très vite, il comprend qu'il a raté le

---

1. *Choix de lettres*, p. 475. **2.** Sur Talleyrand, Waresquiel, *Talleyrand*, p. 439 ff. *Choix de lettres*, p. 483.

coche et s'en retourne dans sa nouvelle patrie où l'attendent les premiers problèmes avec la Norvège, tout juste acquise, par la grâce de sa participation à la coalition. Mme de Staël en est fort dépitée. Pourtant, elle comprend très vite que la forme importe peu pourvu que les principes soient saufs [1]. Or, sous l'impulsion du tsar Alexandre, Louis XVIII a promis de donner aux Français une constitution fondée sur la représentation nationale et garante des libertés individuelles sur le modèle britannique. Mme de Staël en est éperdument reconnaissante au tsar :

> La constitution anglaise a été regardée de tout temps par tous les publicistes, Montesquieu, M. Necker, etc. comme le plus haut point de perfection auquel la société humaine pût atteindre. Votre Majesté en a proposé les bases à la France et, dans le moment où l'invasion étrangère faisait tout craindre, c'est un roi légitime et un gouvernement libre que vos armées victorieuses ont donnés : c'est un événement sans pareil dans l'histoire et qui n'est dû qu'à vous seul [2].

Germaine est aux anges, car qu'est-ce que cette constitution sinon le triomphe des opinions de Necker, son père adoré ? sinon le triomphe de ses idées à elle ? Et il a fallu pour cela que la France soit envahie et que son oppresseur soit déchu ! Reste à faire en sorte que les lois soient effectivement votées et respectées ! Reste à faire en sorte que la contrerévolution ne s'impose pas, ainsi que semblent y pousser des ultraroyalistes tant revanchards que retors ! Heureusement, Louis XVIII paraît modéré et conciliant, mais qu'en est-il de ses entours ? Qu'en est-il

---

1. Le 29 avril 1814, elle écrit à sa cousine : « qui m'eût dit que ce que j'ai désiré quinze ans m'arriverait sous une telle forme ? » *Choix de lettres*, p. 477. **2.** *Choix de lettres*, p. 476.

La petite guerre

de son favori, Blacas ? La confiance ne s'acquiert qu'avec l'usage et le temps. Or, qui dit que le roi aura le temps nécessaire ? Dans cette époque, riche en troubles et événements, en avancées et régressions, la temporalité s'est quelque peu détraquée.

Le Traité de Paris du 30 mai 1814 a accepté la capitulation de Napoléon et lui a généreusement accordé la souveraineté de l'île d'Elbe. Le tyran est renversé ; la France va pouvoir respirer, et Germaine rentrer dans son pays natal. Avant même le Traité, elle est de retour, à Clichy d'abord, puis rue de Grenelle, mais à peine arrivée, elle s'inquiète. Les esprits sont mécontents de l'occupation étrangère ; les partis ne sont toujours pas réconciliés ; un relent de guerre civile empoisonne l'atmosphère ; le roi, tout conciliant et réaliste qu'il est, parviendra-t-il dans ces conditions défavorables à pacifier les Français et à introduire une monarchie tempérée ?

Et puis, exiler Napoléon sur l'île d'Elbe, est-ce bien raisonnable ? N'est-ce pas trop près de la France et de l'Italie ? Qui dit que l'Ogre corse ne reviendra pas ébranler le nouvel édifice ? En juillet 1814, Mme de Staël doute pourtant de revoir jamais Bonaparte à Paris – « la nation est tellement contre lui », pense-t-elle alors. Autant de questions et de points qui la taraudent. Son analyse de la situation conclut plutôt à une guerre civile entre ceux qui sont pour le progrès et ceux qui cherchent à ranimer l'Ancien Régime, ce qui est déjà bien inquiétant [1].

Quant à la société, « elle est encore nulle ». Quelques débris seulement fréquentent son salon, mais il n'y aurait aucun ensemble.

---

[1]. *Choix de lettres*, p. 484.

Le rendez-vous manqué

Parmi les hôtes, qui se précipitent rue de Grenelle, pour discuter constitutions et libertés, Mme de Staël retrouve Benjamin Constant. Ce dernier qui vient régulièrement y dîner, est fort déçu des retrouvailles : « elle a changé, est maigre et pâle ». Elle a même changé du tout au tout, puisqu'elle serait « distraite, presque sèche, pensant à elle, écoutant peu les autres, ne tenant à rien, à sa fille même, que par devoir, à moi pas du tout [1] ». Cet éloignement supposé lui est confirmé, après qu'il lui a lu un de ses poèmes :

> On voit bien qu'elle ne m'aime plus. Car elle ne m'a presque pas loué. Elle ne loue que ce qui fait partie d'elle-même, l'homme qu'elle entretient par exemple [2]. C'est un gros poids de moins dans ma vie que de l'avoir revue. Il n'y a plus d'incertitude sur l'avenir, car il n'y a pas trace d'affection en elle [3].

---

1. Germaine ressent la même déception : « Pendant deux mois que j'ai passés à Paris, je n'ai pas trouvé de lui le plus léger signe d'amitié, et je n'ai pas conçu la possibilité d'être aussi insensible. » *Lettres de Mme de Staël à Mme Récamier*, p. 254. **2.** Rocca, évidemment. On pourrait déceler un certain dépit dans ces considérations. **3.** *Journaux intimes*, p. 638-640.

« L'argent seul dispose de votre vie »

Leur histoire est bel et bien terminée. Et s'ils continuent de s'écrire, c'est sur un ton peu amical. Plusieurs mois durant, Mme de Staël demande à Benjamin de lui rembourser la moitié de l'argent qu'elle et son père lui ont prêté, à la grande fureur du débiteur ! Il refuse et menace de rendre publique leur correspondance. Germaine en est si émue qu'elle en vient à le comparer au marquis de Sade :

> Vous me menacez de mes lettres. Ce dernier trait est digne de vous. Menacer une femme de lettres intimes qui peuvent compromettre elle et sa famille pour ne pas lui payer l'argent qu'on lui doit, c'est un trait qui manque à M. de Sade. Sans doute, si telle est votre intention, comme Albertine en souffrirait et que mon fils en serait irrité, quand il sera prouvé aux yeux de l'Europe que vous me devez 80 000 francs, dont 34 à mon père pour Hérivaux, 18 pour votre billet pour Vallombreuse, etc. etc., point d'intérêts depuis dix ans, je dirai qu'une femme ne peut pas s'exposer à la menace d'un homme de publier ses lettres et ce nouveau genre de moyen de s'enrichir sera connu, car avant vous personne n'eût osé le concevoir [1].

---

1. *C.G.*, IX, p. 199.

Le rendez-vous manqué

Pour la défense de Benjamin, il est certain que la longue inactivité à laquelle il a été contraint n'a pas amélioré ses finances. Et puis, il y a les dépenses qu'à la mort de son père, il est contraint de faire pour assurer une pension à sa belle-mère et à ses deux enfants, sans oublier la maison qu'il vient d'acheter et, surtout, ses dettes de jeu, mais ce sont bien les seules raisons qu'on peut invoquer pour expliquer ce refus hargneux de s'acquitter de ce qu'il doit à Germaine [1]. D'autant qu'il avait été convenu entre eux que Benjamin rembourserait la moitié de la somme [2].

> Je trouve votre conduite tellement atroce, que, sachant parfaitement que ni l'honneur, ni l'amitié, ni le désespoir que vous avez répandu sur ma vie, ni le mal que vous faites à ma fille, tout cela n'est rien pour vous et l'argent seul dispose de votre vie politique et privée [3].

Pour se payer ses distractions, Constant ne serait pourtant pas avare :

> On dirait que tout ce qui vous a connu doit souffrir et qu'il y a dans vous quelque chose d'une puissance perverse naturelle. Vous qui achetez des maisons, qui les payez de votre jeu, m'avez-vous dit, qui allez tous les soirs au salon des étrangers [4], vous ne savez pas faire un sacrifice à la fille

---

1. Dans son journal intime, il la traite de furie, de harpie, etc. parce qu'elle réclame son dû. Voir aussi *C.G.* IX, p. 155, note 5 et p. 188-89. **2.** Il est certain que Benjamin devait être déçu que Germaine revienne sur l'accord de 1810 (voir p. 171, note 1), mais il avait bel et bien accepté le nouvel arrangement. **3.** *C.G.*, IX, p. 200 (en date du 28 mai 1815) et p. 223-224 (12 juin 1815). La querelle se termine évidemment après l'abdication de Napoléon et le retour de Louis XVIII, dont elle attend son remboursement. Le 21 juillet 1815, sa lettre à Benjamin est plus amicale, mais elle se fait fort de lui dire ce qu'elle pense de lui et de ses actes. **4.** Le Salon ou le Cercle des étrangers était une des plus fameuses maisons de jeu de Paris.

La petite guerre

d'une personne qui vous a donné 80 000 francs qu'elle lui donnerait aujourd'hui si elle les avait.

Triste dénouement d'une histoire sentimentale mouvementée, qui les a tous deux si longuement rapprochés, passionnés et désespérés. Pour que cesse cette sordide querelle, il faudra que Louis XVIII rembourse la dette de la France à la fille de Necker. Alors Mme de Staël pourra enfin marier sa fille et apporter la dot qu'exigent les Broglie. C'est seulement en juillet 1815 que Constant apprend avec soulagement que Germaine « renonce à ses prétentions ». Mais le charme est définitivement rompu. Au cours des ans s'est dévoilé le véritable Benjamin. La conclusion est sans appel : « Dieu a voulu que vous eussiez tout dans vos mains et qu'une fée malfaisante vous fît tout rejeter [1] ».

Préoccupée par la Restauration et la constitution, Mme de Staël est donc aussi tourmentée par des problèmes personnels : le mariage de sa fille et le sempiternel problème des deux millions de Necker. Le 28 juillet 1814, elle a ainsi adressé une supplique à ce sujet à Louis XVIII, avant de prendre la route de Coppet. Cette fois-ci, en toute liberté !

Tout près de chez elle, à deux lieues de distance, s'est établi Joseph Bonaparte qu'elle a revu, et, surtout, qu'elle a averti d'un projet d'assassinat de Napoléon. Des royalistes fanatiques comptent se rendre à l'île d'Elbe pour le commettre. Joseph la remercie évidemment, et, aussitôt communique la nouvelle au proscrit. L'attentat sera déjoué. Mais cette proximité de Joseph, de même que ses contacts avec Lucien Bonaparte, de passage en Suisse, la font passer pour bonapartiste aux yeux d'ultras, qui entendent la discréditer auprès du roi. Son fils Auguste l'invite à plus de prudence :

---

1. *C.G.*, IX, p. 276.

Le rendez-vous manqué

> Dans ce moment-ci, l'opinion de Paris est extrêmement exaspérée contre la loi [sur la liberté de la presse, prônée par Germaine] et il n'y aurait rien de si facile que de te faire des tracasseries. Pour te donner une idée de l'absurdité de certaines malveillances, croirais-tu qu'on a voulu te faire un tort de la visite que tu as reçue, et qu'on a cherché à en faire le but de ton voyage en Suisse [1] ?

En dépit de ces rumeurs, la petite famille ne tarde pas à faire une fois de plus ses bagages pour se rendre à Paris, où Germaine compte passer l'hiver. Tout est plus calme en ce mois de septembre. La situation paraît s'améliorer. Le roi « se conduit véritablement en homme éclairé ». La monarchie tempérée pourrait fonctionner, surtout si les ministres deviennent un peu plus patriotes.

Dès son retour dans la capitale, Germaine s'inquiète à nouveau de la proximité du lieu d'exil de Napoléon. Elle n'est pas la seule, puisque, à l'instigation de Talleyrand, le bruit court que le congrès songe malgré tout à l'envoyer en Guadeloupe. Parallèlement, Mme de Staël réfléchit aux mesures qui peuvent améliorer la charte octroyée par le roi – qui a refusé le texte que lui proposait le Sénat, sous la houlette de l'incontournable Talleyrand [2]. Elle ne peut s'empêcher de s'en mêler et conseille à Bernadotte d'introduire en Suède diverses lois qui pourraient inciter la France à en adopter de similaires :

> Une bonne loi sur la presse, une meilleure organisation de la Diète, enfin tous les changements, toutes les améliorations qui peuvent faire voir à ce pays [la France] ce que

---

1. *C.G.*, IX, p. 65, note 2 : la visite de Joseph Bonaparte, évidemment.
2. Ce qui fait que ce n'est plus un pacte conclu entre un peuple et son roi, mais le don d'un roi qui n'engage pas son successeur, et qui ne l'engage pas non plus lui-même. Mme de Staël fulmine ainsi contre

c'est qu'un pays gouverné libéralement et dans le véritable esprit de la liberté anglaise. Voilà ce qui peut servir de modèle et de guide à ce pays [1].

Au bout de quelques semaines, la baronne de Staël déchante malgré tout. Certes, tout est calme, mais c'est « un Paris tout mélangé, tout bigarré. L'on n'y reconnaît l'état de personne, l'opinion de personne. On n'y parle que de choses insignifiantes ». Comme si l'habitude que l'on avait prise sous Bonaparte de se taire et de cacher ses opinions n'était pas encore abjurée. À moins que ce ne vienne de la présence nombreuse d'Anglais, non seulement des diplomates et des militaires, mais aussi des visiteurs qui se ruent vers la ville lumière, si longtemps interdite. Ils ne sont pas aimés et « rien ne ressemble moins à l'ancienne anglomanie que l'esprit public actuel ». Lord Wellington lui-même n'est pas vu d'un bon œil malgré sa bienveillance et son mérite personnel.

L'occupation de 1814 n'a pourtant pas l'ampleur de celle qui suivra Waterloo. Mais comme le pressentait Germaine, le sentiment national des Français s'est amplement éveillé et répandu depuis la défaite, l'abdication de l'empereur et l'entrée des étrangers dans Paris. C'est avant tout perceptible dans l'armée, auprès des soldats et des officiers. La comtesse de Boigne, une amie de Juliette Récamier et de Mme de Staël, en prend elle aussi rapidement conscience :

> Les partis se persuadent trop facilement qu'ils sont tout le monde. Nous [les royalistes] aurions pu nous convaincre l'avant-veille que nous n'étions qu'une fraction minime de la nation, et pourtant, nous allions de gaieté de cœur

---

les ministres qui tentent d'orienter la charte dans le sens de l'Ancien Régime. **1.** *C.G.*, IX, p. 97-98 et p. 100 pour ce qui suit.

Le rendez-vous manqué

affronter les sentiments honorables du pays et blesser cruellement ceux de l'armée. Cette aigle, qu'elle avait portée victorieuse dans toutes les capitales de l'Europe, nous semblions l'offrir en holocauste aux habitants de ces mêmes capitales, qui peut-être, ne nous honoraient guère de cette apparence de sentiments antinationaux... c'est bien à regret que je l'avoue, mais le parti royaliste est celui qui a le moins l'amour de la patrie pour elle-même... [1]

---

1. *Mémoires de la comtesse de Boigne*, Mercure de France, 1999, p. 331.

« Un retour prodigieux »

Le mythe d'un roi, rentré dans le fourgon des étrangers et imposé par eux, est déjà en train de naître. C'est ce mythe naissant que constate et déplore Mme de Staël. Ce sera pire encore après les Cent-Jours. Le calme relatif qui règne sur la France du printemps 1814 au début 1815, en effet, est bientôt rompu par l'incroyable nouvelle du débarquement de Napoléon à Golfe-Juan et sa traversée irrésistible de la France. La nouvelle est connue à Paris le 6 mars. Le 10, Germaine refait ses bagages et reprend la route de Coppet, dont elle apprécie de plus en plus le séjour, depuis qu'il ne lui est plus imposé. Part-elle par crainte de l'Ogre ? Ou bien pour éviter de voir ce qui va se passer ? Pour ne pas être confrontée aux voltefaces qui vont nécessairement avoir lieu ? Car c'est l'heure des transfuges, des girouettes, comme on disait à l'époque ! Et ces girouettes sont nombreuses au sommet de l'État [1].

Napoléon ne désirait point son départ. C'est ce qu'elle apprend bien vite par la bouche de Joseph et de Fouché, lequel a récupéré son ministère de la Police [2]. Car, si 1814

---

1. À ce sujet, Pierre Serna, *La République des girouettes, 1789-1815 et au-delà*, Champ Vallon, 2005. **2.** *Choix de lettres*, p. 493-494.

fut l'heure de gloire de Talleyrand, 1815 sera celle de son rival, Fouché ! Talleyrand, avec qui elle s'est réconciliée dès mai 1814, est en effet à Vienne où il défend les intérêts de la France. Leur correspondance reprend comme si de rien n'était. Le 25 avril 1815, un mois et quelques jours après la chevauchée fantastique de l'empereur en direction de Paris, Mme de Staël lui fait part de ses impressions. Sur l'île d'Elbe, évidemment, niaiserie sans pareille, sur laquelle il serait désormais inutile de revenir. Mais aussi sur la Restauration dont la première année a été positive, puisque le roi est parvenu à se faire aimer, mais qui l'aurait été bien davantage s'il n'y avait pas eu les étrangers : « comment peut-on le présenter comme médiateur quand il a l'air d'appeler ? » Comment parler de médiateur, alors qu'il s'enfuit à Gand, accompagné de sa cour et de ses fidèles ? Ce serait là le nœud du problème auquel Talleyrand doit s'attacher [1].

Pour ce qui la concerne en particulier, elle n'a pas l'embarras du choix. Napoléon a fait savoir à son frère Joseph qu'il lui était reconnaissant de ce qu'elle n'avait rien écrit contre lui pendant « son malheur » et qu'il souhaitait la voir à Paris. Il lui fait même écrire que : « dans la constitution qu'on propose, il y aura plus de liberté que vous n'en voudrez ». C'est à n'y pas croire ! La voilà rentrée en grâce !

Elle sait aussi que Benjamin est resté dans la capitale et qu'il a vu plusieurs fois « l'homme », ainsi qu'elle baptise désormais son ci-devant héros. Pourtant, si Germaine s'est abstenue d'écrire durant le séjour à l'île d'Elbe, Benjamin a lui publié un texte virulent contre le despotisme et l'usurpation. Le 19 mars, à la veille de l'entrée triomphale de

---

1. *C.G.*, IX, p. 176-177.

La petite guerre

l'Aigle dans Paris, il a même qualifié Napoléon d'Attila et de Gengis Khan. Qu'importe au revenant ! Tout cela n'est plus que broutille. Il a bien d'autres préoccupations : adapter l'Empire au goût du jour, lequel irait dans le sens de la liberté. De là son choix de Benjamin pour lui concocter une constitution vraiment libérale !

Et Benjamin qui rêvait depuis si longtemps de « marquer sa place » se laisse tenter. Le voilà qui travaille aux côtés de l'homme qu'il a autant critiqué que détesté ! Au même moment, Talleyrand aurait eu besoin de lui à Vienne et le fait appeler. Constant a choisi son camp. Ce sera celui de son meilleur ennemi. Germaine en est déçue. Décidément, Benjamin est incorrigible. Tout à son envie de briller et d'être quelque chose, il se jette dans la gueule du loup. Elle, elle est plus circonspecte et ne sous-estime en aucun cas l'empereur de retour. Et de rappeler à Talleyrand combien il est redoutable en raison de ses « inconcevables facultés ». Elle ne croit pas non plus en un Napoléon repenti, avide de donner aux Français toutes les libertés possibles et inimaginables.

« Tout l'art, toute la force du mauvais est en lui »

C'est de ces facultés qu'il convient de se défier, ce qui n'effleure qu'un instant Constant. Dans les *Considérations sur la Révolution française,* elle va plus loin encore :

> Ce jour où Bonaparte remit le pied sur le sol de France fut plus fécond en malheurs qu'aucune époque de l'histoire [1].

Et puis, quel « guignon » qu'il soit arrivé quatre jours avant sa liquidation ! Louis XVIII allait lui rembourser ses deux millions. Le retour de l'homme extraordinaire a tout gâché. Non que lui-même refuse de rendre son dû à la dame de Coppet, mais pour ce faire, il exige qu'elle vienne le solliciter en personne ! Et cela, Germaine n'en est plus capable ! Elle est de plus en plus persuadée que Napoléon ne se rapproche jamais de quelqu'un « sans exiger une bassesse ». Sans doute accepterait-elle de s'adresser à la chambre des députés, mais s'abaisser à solliciter le maître en personne, il n'en est pas question. Il y va de son honneur, de sa dignité. Tout ce dont elle rêvait depuis des

---

1. *Considérations sur la Révolution française,* p. 496.

années est désormais à sa portée. Son héros de jadis, elle peut enfin l'approcher, et elle refuse ! Sa porte lui est grand ouverte, et elle prend la poudre d'escampette ! Quitte à retarder indéfiniment sa liquidation ! Rien n'y fait. Elle n'a pas faibli devant les menaces. Elle ne faiblira pas devant les tentatives de séduction !

Contrairement à Benjamin qui se voit propulsé conseiller d'État et qui conseille Napoléon en personne ! Malgré ses succès et un salaire plus que confortable, il refuse donc d'acquitter sa dette à l'indignation de celle qui l'a aimé et soutenu si longtemps, et qui, abattue, en conclut que « l'argent seul dispose de votre vie politique et privée ». Quel homme que celui qui « est aujourd'hui dans une heureuse situation et ne cherche pas, malheureuses que nous sommes, à être utile à ma fille ! » À *ma* fille ou à *sa* fille ? Albertine est pourtant bien *leur* fille ! Au fil des pages de son journal intime, Benjamin avoue du reste combien il souffre de ne plus voir Albertine, mais de là à rembourser la moitié de ce qu'il doit à Germaine pour faciliter le mariage de la jeune fille, il y a un pas. Tel est Constant !

« Un ours muselé »

Entre deux querelles, Germaine a lu son projet de constitution et le juge satisfaisant – avec quelques réserves sur la mise en pratique. Mais elle en veut à Benjamin d'être tombé dans le piège et d'avoir une fois encore manifesté une mobilité de caractère qui le dépopularise et ridiculise aux yeux de l'opinion. Et, surtout, elle refuse de croire en un Napoléon libéral ; il chercherait seulement à donner le change. C'est « un ours muselé qu'on entend murmurer encore », dénonce-t-elle. Au premier succès, le despote renaîtra de ses cendres et foulera aux pieds les libertés et garanties qu'il a si généreusement accordées.

Et puis, pourquoi veut-il absolument l'attirer à Paris, alors qu'il la hait ? « Il me hait ; il hait en moi mon père, mes amis, nos opinions à tous, l'esprit de 1789, la charte, la liberté de la France [1] ». On ne saura jamais si Napoléon était ou non sincère et si l'empereur aurait pu devenir un véritable monarque constitutionnel. La suite de l'histoire n'a pas permis d'expérimenter plus de deux mois la « Benjamine », ainsi que fut baptisé le nouvel Acte constitutionnel, rédigé par Constant et revu par l'œil du maître.

---

1. Propos recueillis par Victor de Broglie, cités par M. Winock, p. 467.

La petite guerre

Le plébiscite à ce sujet a du reste été approuvé par tout juste vingt-et-un pour cent des Français – contre soixante-dix-neuf d'abstentions. C'est dire que l'empire libéral aurait été le fait d'une minorité de Français, ce qui ne veut pas dire non plus qu'il n'aurait pas fonctionné et été accepté à la longue. L'histoire ici encore nous laisse dans l'incertitude.

Mme de Staël, si elle refuse de se laisser séduire par les sirènes bonapartistes, n'en communique pas moins tout le bien qu'elle pense des réformes en cours, mais c'est à Joseph qu'elle s'adresse :

> Les articles additionnels sont tout ce qu'il faut pour la France, rien que ce qu'il faut, pas plus qu'il ne faut ; le retour de votre frère est prodigieux et dépasse toute imagination.

Le héros de sa jeunesse l'impressionne toujours autant qu'il la terrifie, maintenant qu'elle le connaît ou croit le connaître mieux que quiconque. Mieux encore que Joseph qui est par trop lyrique sur les changements à venir et ne tarit pas d'éloges sur son empereur de frère :

> Vos sentiments, vos opinions peuvent aujourd'hui se manifester librement ; elles sont celles de toute la nation et je me trompe fort si l'Empereur ne devient pas dans cette nouvelle phase de sa vie plus grand qu'il ne l'a été, plus grand qu'aucun autre prince dont les historiens ont le plus célébré les vertus et la modération. Si on l'attaque, on retrouvera Hercule, mais Hercule sur la terre d'Antée. Si on le laisse en paix, il fera le bonheur de la France et contribuera puissamment à celui de l'Europe. Vous ne pouvez être étrangère à rien de ce qui est grand et généreux… [1]

---

1. *Choix de lettres*, p. 493-494. Lettres de Joseph à Mme de Staël.

Le rendez-vous manqué

Et cerise sur le gâteau :

> Vous serez sans doute contente d'apprendre que j'ai entendu dire à l'Empereur, lorsqu'il a détruit la censure : Il n'y a pas jusqu'au dernier ouvrage de Mme de Staël que les censeurs ne m'aient fait prohiber ; je l'ai lu à l'île d'Elbe ; il n'y a pas une pensée qui dût se faire défendre. Je ne veux plus de censeurs : que l'on dise ce que l'on pense et que l'on pense ce qu'on voudra.

Si ce n'est pas là une campagne de séduction, cela y ressemble. Quitte à énoncer quelques fausses vérités, car des preuves subsistent que c'est bien Napoléon qui a fait pilonner *De l'Allemagne*. Mme de Staël n'a pas tort de se méfier de l'empereur *New Style*. Pour obtenir ce qu'il désire, il est prêt à tous les subterfuges et à toutes les contrevérités. Et il faut avoir la naïveté de Constant – ou de Sismondi, qui lui aussi succombe à la séduction d'un empereur repenti et libéral – pour croire qu'il s'est vraiment métamorphosé. Aux yeux de Germaine, seul « le jacobinisme militaire » serait pour lui une ressource. Le reste, c'est un miroir aux alouettes. Tout ce que Germaine lui concède en fin de compte, c'est qu'il sera pour elle « le gouvernement légitime s'il donne la liberté à la France ». Point barre !

Le congrès de Vienne n'a pas la grandeur d'âme de Mme de Staël ou l'ingénuité du cynique Constant. Le 13 mars 1815, avant même que Napoléon ne parvienne à Paris, il est déclaré hors la loi par les souverains et diplomates réunis [1]. Cette déclaration implique que la guerre va reprendre. En dépit des efforts de Napoléon pour

---

[1]. Le texte précis qualifie Napoléon d'ennemi et de perturbateur du monde, livré à la vindicte publique et « hors des relations civiles et sociales ». Ce qui revient à dire qu'il est mis hors la loi.

La petite guerre

renouer des alliances avec la Russie et l'Autriche, en dépit de ses promesses de paix et de pacification, les alliés s'en tiennent à leur proclamation. Ils n'acceptent pas le retour sur le trône du ci-devant empereur des Français.

« Quelle Hélène
pour une guerre de Troie ! »

De Coppet où elle examine la situation et imagine des solutions, Mme de Staël communique à ses correspondants sa crainte première : la guerre et ses conséquences pour la France. C'est aussi ce qui ressort de ses lettres d'avril-mai 1815 :

> Quoi qu'il arrive ce sera un vrai malheur, et tout cela à cause d'un seul homme, et quel homme ! Que de bonheur il y a trois mois ; à présent, c'est le désespoir. Quelle Hélène pour une guerre de Troie ! Cela ressemble à de la sorcellerie. Si tout n'est pas fini en septembre, j'irai en Grèce et à Jérusalem. Il faut s'arracher à ce monde de chagrin. En effet, c'est un bon prétexte pour un pèlerinage, et d'ailleurs la Terre Sainte vaut mieux qu'une terre française occupée [1].

Le 9 juin, c'est sur le même ton qu'elle écrit à Harrowby, président du conseil privé britannique, avec lequel elle s'est liée d'amitié lors de son séjour à Londres :

> Je n'ai pas besoin de vous dire, j'espère, que ni les promesses ni les menaces qui m'ont été faites pour me faire

---

1. *C.G.*, IX, p. 191.

venir à Paris n'ont pu m'y décider. Je n'ai point cru au changement d'un homme qui fait des manœuvres diverses selon le vent, mais qui tend toujours au même but… Voilà pour l'homme. Mais pour la France ! Souffrez que je ne désire pas tous vos succès. Que ferez-vous si vous arrivez encore une fois à Paris ? Que deviendrons-nous si vous partagez la France ? Dieu nous préserve d'une victoire de Bonaparte ! Mais si vous devenez maître de la France, quel avilissement pour cette nation, qui a commis tant de fautes qu'il lui faudrait des lauriers pour les cacher. Je désire le retour du roi de toute mon âme : non seulement le bonheur mais la liberté s'établissent sous son règne. Toutefois, s'il n'est pas rappelé par la France, que pouvez-vous pour lui ? Il a le malheur d'être avec les étrangers et d'humilier l'amour-propre national. Ceci est un nœud que la Providence seule peut délier. Je conçois fort bien comment vous vous êtes résolus à la guerre, mais je reviens au même souhait que j'osai vous prononcer en Angleterre : *victorious and killed* [1].

À plusieurs reprises, elle reprend cette idée que Napoléon doit être *victorieux, mais mort* ! Ce serait la seule issue pour sortir dignement de l'impasse et sauver l'honneur de la France ; pour rappeler le roi sans se méjuger et avoir le droit de parole face à la coalition. L'essentiel, une fois encore, c'est d'échapper à l'occupation des armées étrangères qui se sont fait haïr et d'éviter d'humilier la France, car « la seule vertu de cette nation est l'orgueil ». Pour l'instant, Germaine est confrontée à ce dilemme insoluble : « trahir son pays ou seconder un tyran », ce qui, avoue-t-elle, la condamne à l'inaction la plus absolue. Mais l'inaction de Mme de Staël est toute relative. La voilà qui inonde

---

1. *Choix de lettres*, p. 504-505.

Le rendez-vous manqué

de lettres quiconque peut intervenir en faveur de la France, et, surtout, elle prépare l'avenir.

Car la guerre a commencé, et l'empereur est battu le 18 juin, mais il est bel et bien vivant. Il n'a pourtant pas tenté de se protéger et des témoins affirment qu'il a plutôt cherché la mort au lieu de l'éviter. La coalition contre lui était gigantesque. Il n'avait aucune chance de l'emporter, n'en déplaise à son génie, lequel n'est plus ce qu'il était. Germaine le juge engourdi autant qu'alourdi. Dans l'homme adulte qui a joui de quinze années de règne, il ne reste plus rien du jeune héros d'Italie aux yeux brûlants et aux traits acérés.

Le 18 juin 1815, la destinée a frappé. L'homme rouge de Balzac, qui, tel un ange tutélaire, le protégeait durant les combats, s'est évanoui à jamais dans les tristes plaines de Waterloo [1]. Le pire des scénarios de Germaine est en train de se mettre en place. Pourra-t-elle le modifier ? En a-t-elle le pouvoir ? Elle, la femme de lettres !

---

[1]. Balzac, *Le Médecin de campagne*, Librairie générale d'édition, 1999, p. 239.

« Je vois tout en noir »

Ce qu'elle entreprend aussitôt, c'est ce qu'elle a toujours fait : écrire à tous ceux qui ont leur mot à dire ; avancer des arguments ; en appeler à la raison, à la modération ; aux principes. Cela suffira-t-il ? La situation de 1815 est différente de celle de 1814. L'année précédente, en effet, les alliés disaient combattre Napoléon, et non la France. L'occupation honnie avait été brève et peu douloureuse ; la sanction légère et la rancune contenue. Après Waterloo, les alliés sont beaucoup moins conciliants. Le désir de vengeance s'exprime au grand jour, tout comme la volonté d'en finir avec une nation insupportablement révolutionnaire. Les appels à la clémence et à la modération de Mme de Staël ont peu d'écho. Elle s'adresse de préférence à Wellington qu'elle estime en tant que porte-parole des idées libérales :

> Mylord, faites que l'on ait à dire que vous avez défendu la France dans ses revers. Vous et votre nation, vous n'avez jamais subi ses triomphes ; protégez-la contre les ressentiments de ceux qu'elle a jadis vaincus. Il ne faut pas humilier vingt-quatre millions d'hommes si l'on veut rendre la paix au monde. D'ailleurs, notre roi est vraiment un martyr dans sa situation actuelle et quelque esprit, quelque

sagesse, quelque bonté qu'il montre, s'il ne peut soulager la France, l'injuste France l'accusera. Il ne faut pas que votre ouvrage soit défait, mylord ; sa durée est un monument digne de vous et cette durée dépend de la prompte fin des maux de la France [1].

De même, elle encourage le tsar Alexandre à surveiller de près la mise en place du gouvernement représentatif, car là aussi plane une menace : celle du fanatisme ultra-royaliste, qui s'est déjà répandu dans les provinces du Midi, où s'amorce la terreur blanche. Des centaines de protestants se réfugient en Suisse pour échapper aux violences, tandis que sont massacrés des propriétaires de biens nationaux et des militaires bonapartistes ou républicains – les ultras ne font pas dans la nuance. À cette date, Germaine est plus que pessimiste.

> Je puis assurément me tromper, mais je vois tout en noir. On se laisse trop aller à ses impressions, peut-être naturelles, mais qui ont fait chavirer dix fois depuis vingt-cinq ans les espérances même de ceux qui s'y sont livrés... Dieu veuille que le roi et la charte s'établissent en paix. C'est, après mes enfants, ce qui m'occupe le plus [2].

Ce qui ne l'empêche pas de partager son opinion avec ses amis et connaissances. En décembre 1815, alors qu'elle est en Italie où elle va enfin marier sa fille, elle révèle à la comtesse d'Albany ce qu'elle pense vraiment de la situation :

> La France, la France ! dans quel état elle est ! Et quelle bizarre idée de lui donner un gouvernement qui a de bien nombreux ennemis, en ôtant à ce pauvre roi qu'on lui fait prendre tous les moyens de se faire aimer ! Car les

---

1. *Choix de lettres*, p. 508-509. **2.** *C.G.*, IX, p. 308.

La petite guerre

contributions et les troupes étrangères se confondent avec les Bourbons, quoiqu'ils en soient à beaucoup d'égards très affligés. J'ai dit, quand à Paris la nouvelle de cet affreux débarquement de Bonaparte est arrivée : « s'il triomphe, c'en est fait de toute liberté en France ; s'il est battu, c'en est fait de toute indépendance ». N'avais-je pas raison ? Et ce débarquement, à qui s'en prendre si ce n'est à ceux qui l'ont mis à l'île d'Elbe ? … Et pourquoi punir si sévèrement la France des fautes qu'on lui a fait commettre ? J'aurais plutôt conçu le ressentiment en 1814 qu'en 1815, mais alors on craignait le colosse abattu et après Waterloo, c'en était fait. Voilà ma pensée tout entière… [1]

Après Waterloo, en effet, le colosse est terrassé. Cette fois-ci, il est exilé à l'autre bout du monde. C'est bien connu. Exilé sur la petite île escarpée de Sainte-Hélène, d'où il est quasiment impossible de s'échapper.

Germaine a perdu son bourreau, mais entre-temps, elle a également perdu sa santé. À 49 ans, les angoisses que lui ont causées les persécutions successives et l'opium qu'elle a pris pour les supporter l'ont usée. S'y ajoutent les déceptions sentimentales elles aussi successives : elle est épuisée et l'enthousiasme de sa jeunesse l'a désertée. Il lui reste malgré tout assez d'énergie pour écrire ses mémoires d'exil et achever ses *Considérations sur la Révolution française*.

En dépit de sa santé et de celle de son jeune époux, qui souffre de la tuberculose, face à Benjamin, elle s'avoue heureuse, plus heureuse qu'elle ne l'a jamais été. Petit coup d'éperon en direction de l'inconstant ? Ou le pense-t-elle vraiment ? Cela se pourrait, car elle avoue des sentiments similaires à sa cousine Mme Necker de Saussure : « John

---

1. *Choix de lettres*, p. 515 et *C.G.*, IX, p. 362.

Le rendez-vous manqué

seul m'a donné... l'idée d'une affection véritable et toute ma force est en lui [1]. »

Et puis, elle a récupéré son héritage [2] – du moins en partie – et pu offrir à sa fille le titre de duchesse de Broglie ; elle prépare l'avenir de son fils [3] et s'occupe maternellement de John, son époux discret et peu disert, mais plus jaloux que quiconque ne l'a jamais été. Son amour-propre est sauf !

Le mariage de sa fille l'a vraiment préoccupée tout au long de l'année 1815. Il l'a même obsédée. C'est qu'outre le problème de la dot, il n'était pas dit que la famille Broglie accepte de s'allier aux Necker. Les grands-pères avaient été des ennemis politiques et ne venaient pas du même milieu ; et si la mère de Victor et son mari étaient compréhensifs, le reste de la famille n'était pas enchanté de se lier à une roturière, titrée certes depuis le mariage avec le baron de Staël, mais libérale et protestante, de surcroît.

Le prétendant n'était pas non plus aussi passionné qu'il aurait dû l'être, aux yeux de Mme de Staël. Sans dot, Albertine allait perdre Victor, qui portait donc un fort beau titre et à qui était promis le bel avenir de pair de

---

1. Gautier, *Mathieu de Montmorency et Mme de Staël*, p. 286. C.G., IX, p. 414. Pour Benjamin Constant, p. 384-385. Durant le séjour en Angleterre, elle était moins lyrique et se plaignait des scènes que lui faisait Rocca. **2.** En réalité, ce qui lui est remboursé revient à 1 140 000 livres. Elle perd donc 860 000 livres sans parler des intérêts de 5 % qui n'ont plus été payés depuis 1793. D'après les calculs de l'auteur de l'article, les Necker ont perdu dans l'affaire 3 millions de livres. Voir Ottenin d'Haussonville, « La liquidation du dépôt de Necker, 1778-1815 », *Cahiers staëliens*, n° 55, 2004, p. 205-206. **3.** Elle lègue alors à son fils ses biens situés en Amérique et le château de Coppet (déjà cédé en 1809). À sa mort, toutefois, ils devront partager avec John Rocca et leur fils, à qui est réservé un million de livres.

La petite guerre

France, mais qui n'avait aucune fortune ! À un certain moment, alors que le remboursement a peu de chances d'aboutir, il ne donne plus de nouvelles. De quoi inquiéter la mère dévouée qu'est Germaine ! Mais Broglie revient bientôt sur scène, et peu à peu, Mme de Staël commence à l'apprécier. Certes, il n'a pas l'enthousiasme et l'impétuosité qu'elle associe au grand amour, mais il est sérieux, il a de l'esprit, du talent et est ambitieux.

À constater l'inquiétude de Germaine au sujet du duc de Broglie, ce serait comme si elle craignait que son propre destin ne se répète et que sa fille ne fasse comme elle un mariage de raison ! Un mariage raté, ce serait pour Mme de Staël le signe d'un échec. Et elle n'aime pas perdre. Aussi cherche-t-elle à savoir dans quelle mesure Victor est oui ou non amoureux d'Albertine. Sa fille tient à lui, en tout cas, et lui, il semble malgré tout tenir à elle, puisqu'il confie à Auguste de Staël qu'il épousera Albertine si elle est dotée ; sinon, point de mariage du tout, et, avec personne.

« Cet homme est comme la lave »

Germaine semble donc renier son ancienne fascination pour Bonaparte, ce héros merveilleux qui franchissait les Alpes à la façon d'Hannibal ! À présent, celle qui sollicitait sans cesse des entrevues avec le Héros et qui autrefois forçait sa porte, refuse de rentrer à Paris et de l'approcher. C'est le monde à l'envers ! Abjure-t-elle pour autant toute admiration pour cet être extraordinaire ? N'écrit-elle pas à Joseph que « le vol de l'Aigle », ce retour prodigieux frappe l'imagination ? Dans ses *Considérations sur la Révolution française*, elle en vient même à reconnaître qu'il lui fallut résister « à l'espèce d'ébranlement que produisent sur l'imagination un génie extraordinaire et une destinée redoutable [1] ».

Ailleurs, elle parle de surnaturel ou d'irréalité ! Bonaparte continue de la faire rêver, mais en 1815, le rêve tourne au cauchemar. Pour Germaine, en effet, les Cent-Jours sont « les trois mois les plus malheureux de l'histoire de France après seulement dix mois de paix et d'espérance ». Pis. Le fait que Bonaparte reparaisse en France quatre jours avant le paiement de la créance qu'elle attend

---

1. *Considérations sur la Révolution française*, p. 435-436.

La petite guerre

depuis des années est pour elle le signe d'une fatalité ; la malchance la poursuit : « le bonheur ne tient pas sur moi ». Et de fulminer : « Cet homme est comme la lave, il s'est éteint mais a tout consumé [1] ».

Elle n'en finit pas de regretter le dernier épisode de l'aventure impériale qui va réduire à néant l'indépendance et l'intégrité de la France, dont dépendent à ses yeux le succès de la politique de Louis XVIII et le bonheur des Français. Mais parallèlement, elle ne peut s'empêcher de lire l'exceptionnelle destinée de Napoléon à la lumière de la mythologie grecque. En 1815, Napoléon a abdiqué en faveur de son fils et s'est mis à la disposition de la générosité britannique : tel Thémistocle, le général athénien se livrant à son pire ennemi ! Cet acte ne pouvait que frapper l'imagination débordante de Mme de Staël.

> Quel malheur que cette apparition de Bonaparte ! Mais ne trouvez-vous pas quelque chose de tragique, à la manière des Anciens, dans cet homme forcé de se livrer à la nation qu'il a attaquée pendant dix ans ? Sa lettre au Régent est belle. On prétend qu'il sera gardé dans un château d'Écosse, je veux aller y causer avec lui dans dix ans [2].

Tous deux n'auront pourtant pas l'occasion de se revoir et de converser ensemble. De ce point de vue, la journée particulière ne connaît ni rebondissement ni dénouement ultime. Ce sera bel et bien un rendez-vous manqué.

Le dialogue, ils le poursuivront par mémoires interposés. Chacun tentant d'imposer sa propre version de l'aventure ; son interprétation des différends qui les opposaient et des solutions qui auraient dû être adoptées. Chacun tentant

---

1. CG., IX, p. 240. Un peu plus tard, elle écrit : « Notre pauvre France, dans quel état ce monstre l'a mis ! » **2.** CG., IX, p. 261-262.

Le rendez-vous manqué

d'accréditer sa mémoire du passé en vue de ses attentes pour l'avenir. Il n'empêche. Tout en stigmatisant le mal qu'a fait la tyrannie de Napoléon à l'Europe, où l'esprit militaire a pris le pas sur le civil ; tout en se lamentant sur les maux engendrés en France par le retour de l'île d'Elbe, Mme de Staël reconnaît en quelques phrases l'ascendant irrésistible qu'exercent sur elle tant le héros triomphant que le héros déchu [1]. Qu'elle le veuille ou non, elle le voit encore et toujours comme un être extraordinaire – un être au-delà du bien et du mal. Sa haine ne l'aveugle jamais au point de nier cet ascendant et cette exceptionnalité. Qu'en est-il de Napoléon ? Saura-t-il enfin reconnaître son adversaire féminin, sa rivale en gloire ?

---

1. Voir aussi *Considérations sur la Révolution*, p. 503.

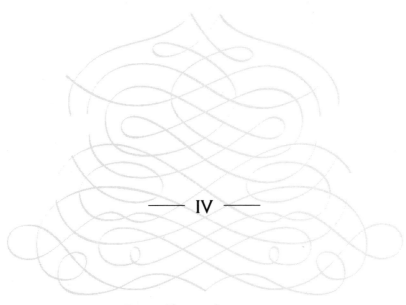

IV

Dernières joutes : la petite guerre continue...

À chacun sa version

Sainte-Hélène permet au héros déchu de façonner sa version de sa relation avec Mme de Staël. Les divers écrits publiés à sa mort par ceux qu'il est convenu de nommer ses évangélistes ou ses missionnaires proposent à cet égard des témoignages intéressants. Dans le camp adverse, Germaine a donc laissé deux ouvrages posthumes, autobiographiques et historiques qui résonnent comme un écho aux paroles recueillies entre 1816 et 1821 sur l'autre bord de l'Atlantique.

Napoléon a sans doute eu connaissance des *Considérations sur la Révolution française*, paru en 1818, mais il a certainement ignoré les *Dix années d'exil* qui ne seront publiées qu'en 1821 [1]. Quant à Mme de Staël, elle n'a lu aucun des témoignages de Sainte-Hélène, puisqu'elle meurt en juillet 1817 et que les premiers d'entre eux ne paraissent que dans les années 1820.

---

1. Il fallait environ six mois avant que livres et journaux ne parviennent à Sainte-Hélène – et encore fallait-il que le gouverneur accepte de les remettre aux captifs français ! Les proscrits recevront toutefois le *Manuscrit venu de Sainte-Hélène* paru en 1817 et l'attribueront à Mme de Staël et/ou à Benjamin Constant – alors qu'il

Le rendez-vous manqué

Chacun comptait donc laisser à la postérité sa propre version de l'histoire des vingt-cinq dernières années et souhaitait entrer dans l'Histoire sous des traits qu'il leur plaisait de réinventer et de peaufiner. Tous deux ne s'adressaient pas non plus directement l'un à l'autre, mais à l'opinion publique et aux générations futures : ils réglaient leurs comptes et se justifiaient pour le présent et l'avenir. Si dans les écrits posthumes de Germaine, Napoléon ou Bonaparte, ainsi qu'elle nomme le souverain déchu à partir de 1814, prend une place de choix, les mémoires de Sainte-Hélène touchent évidemment à bien plus de sujets. Napoléon s'y fabrique une identité sur mesure ; explique sa politique ; justifie ses actes ; reconnaît certaines de ses erreurs et œuvre à sa gloire éternelle. Il veut entrer et rester dans l'histoire sous les traits d'un bienfaiteur de l'humanité et d'un visionnaire éclairé – et non seulement sous ceux d'un roi de guerre [1]. Rien de tel dans les écrits de Mme de Staël, dont l'un est le récit autobiographique des persécutions endurées durant l'Empire et l'autre l'histoire de la vie politique de Necker, illustrée à l'aune des principaux événements de la Révolution française, avec en contrepoint l'exemple de la Grande-Bretagne qui les a tant inspirés, elle et son père. Ce dernier livre est aussi et surtout une étude sur les institutions politiques qui conviendraient à la France nouvelle. À aucun moment, Germaine ne nie en effet les grandes avancées qu'a permises la Révolution et insiste au contraire sur la nécessité de les conserver, de les apprivoiser, de les peaufiner. Qu'importe que ce soit sous l'égide d'un roi ou d'une république !

---

aurait été écrit par Lullin de Châteauvieux, un ami suisse de Germaine. **1.** À ce sujet mon livre, *Napoléon. Héros, Imperator, Mécène*, Flammarion, 2021, p. 38-56.

Dernières joutes : la petite guerre continue…

L'image qui ressort de Napoléon reste ici semblable à celle qu'elle a élaborée depuis les premiers heurts de 1802. Elle ne disconvient pas qu'il ait restauré l'ordre, réorganisé les administrations et les finances, apaisé les querelles intestines, mais cela s'est fait au détriment des libertés. Au rythme de ses succès, il a accru son pouvoir et a su le faire subrepticement, de sorte à ne pas susciter d'opposition générale ! Le résultat en fut une nation esclave, réduite à l'obéissance passive, où ne régnaient plus qu'intérêts personnels et simples calculs. Le règne de Napoléon était certes ponctué de prouesses, militaires notamment, qui frappaient l'imagination des Français, mais c'était un empire du silence. Un seul être avait le droit de parole : Napoléon. Du coup, la créativité se tut ! On n'osait plus écrire ; plus converser ; plus s'exprimer. Et ceux qui l'osaient, telle Mme de Staël, risquaient l'exil ou la prison. Dans ses *Dix années d'exil*, elle décrit fort bien les degrés croissants de la persécution, mise en place par un homme dont les partisans multipliaient les excès de zèle, afin de se faire bien voir de leurs supérieurs. L'humanité n'avait plus droit de cité. Seuls importaient les intérêts. Ou en d'autres termes : « Le bien et le mal sont à ses yeux des calculs heureux ou malheureux [1] ». Ailleurs, elle est plus précise encore :

> Bonaparte discerne promptement le mauvais côté de chacun, car c'est par leurs défauts qu'il soumet les hommes à son empire… Il avait fait de l'intérêt la divinité de ses partisans… [2]

Ce récit, entrepris à partir de 1810, diffère malgré tout des réactions spontanées de Germaine, telles qu'elles sont

---

1. *Dix années d'exil*, p. 35. **2.** *Dix années d'exil*, p. 5.

consignées dans sa *Correspondance* et qui sont mentionnées tout au long de ce livre. On y lit avant tout la détermination froide et cruelle de l'empereur de se débarrasser d'une femme qu'il abhorre et de lui ôter tout ce qui lui rend la vie agréable. Que lui importe sa mélancolie ou ses angoisses ! Elle n'a qu'à se conformer aux attentes du Maître. C'est dans ce livre qu'elle affirme que, dès 1801, il ne l'aimait pas. Et cette antipathie ne fit que s'accroître, au gré des ans, jusqu'à la contraindre à fuir son pays.

Elle oublie de dire qu'elle a d'abord tenté de le séduire et qu'elle a longtemps espéré qu'il l'apprécie : à chaque publication nouvelle, Bonaparte finirait par reconnaître en elle une âme sœur ; un génie de la pensée ; un esprit supérieur ! À partir de 1811, certes, elle ne s'aveugle plus sur ce qu'il en est vraiment : il la hait ! La surveillance qui se resserre tout autour d'elle n'est pas douteuse. On l'espionne ; on l'isole ; on lui interdit tout voyage. L'étau se resserre. Le despote la veut à terre !

Dans le camp adverse, le témoignage est moins péremptoire et moins amer. Il se veut objectif, mais n'en est pas moins réducteur et misogyne. C'est décidément un homme qui parle, un homme qui n'aime pas les femmes intelligentes et disertes ; qui abhorre les bas bleus et les « viragos », et méprise celles qui se jettent à sa tête. Mais comme le ci-devant empereur s'adresse par-delà ses scribes à la postérité, il ne peut s'exprimer trop franchement, en militaire. Selon son auditoire, il se fera plus ou moins élégant ou plus ou moins grivois. Devant Las Cases et Montholon, par exemple, il ne formule pas de propos indécents ou trop ouvertement sexistes, ce qu'il fait plus aisément quand il est face au simple général Gourgaud ou au général Bertrand.

Dernières joutes : la petite guerre continue...

Le fait est que, si Mme de Staël n'a pas obtenu gain de cause durant le règne et si le grand homme l'a délibérément ignorée et a refusé de la rencontrer après 1800, elle est fréquemment au centre de l'attention dans les discussions de Sainte-Hélène. En aurait-elle eu connaissance qu'elle aurait pu savourer une victoire aussi inattendue ! Le sort a voulu qu'elle décède trop tôt. Elle ne saura pas ce que disait d'elle celui qui subissait un sort plus cruel encore que celui auquel elle avait été soumise.

Car non seulement, Napoléon est exilé, mais à l'autre bout du monde, sur le rocher désertique de Sainte-Hélène. Le gouverneur de l'île multiplie les tracasseries ; lui ôte des compagnons d'infortune ; et lui impose des restrictions humiliantes, qu'elles soient matérielles ou intellectuelles [1]. Nul doute que Germaine aurait eu de la compassion pour le triste sort qui était réservé à son ancien héros ! Sa haine était toute relative et certainement pas féroce ; elle se serait essoufflée avec le temps. Elle-même avait jugé que dix ans lui étaient nécessaires avant qu'elle n'ait le désir de le revoir et de converser avec lui [2] !

---

1. Lui-même regrettait que le présent soit si triste et qu'il n'ait aucun avenir, sur le même ton que Germaine entre 1803 et 1812. Bertrand, *Cahiers de Sainte-Hélène*, vol.1, p. 193. **2.** Elle pensait qu'à son arrivée en Angleterre, il serait confiné dans un château écossais. Elle ne pouvait savoir qu'on l'exilerait à l'autre bout du monde. Sur Sainte-Hélène, il semblerait qu'elle n'ait laissé aucun témoignage.

« Elle eût aimé me culbuter ! »

À lire les mémoires de Sainte-Hélène, les références à Mme de Staël sont donc récurrentes. Et ce, dès l'arrivée en exil. Elles s'échelonnent de janvier 1816 à janvier 1821, l'année de la mort de Napoléon. La conversation sur Mme de Staël, Necker et Benjamin Constant, qui tous deux lui sont fréquemment associés, porte sur ses nombreuses lettres adressées à Bonaparte ; sur la fameuse rencontre chez Talleyrand et le dialogue entre les deux protagonistes ; les romans et écrits de la dame ; les tracasseries causées par sa coterie et les conflits qui les ont opposés. S'y ajoutent des révélations plus grivoises, confiées au général Bertrand. On y apprend tout d'abord que Mme de Staël lui écrivait des lettres délirantes quand il était encore en Italie :

> Dès que la victoire eut consacré le jeune général de l'armée d'Italie, Mme de Staël sans le connaître et par la seule sympathie de la gloire professa pour lui des sentiments d'enthousiasme dignes de sa *Corinne*. Elle lui écrivait, disait Napoléon, de longues et nombreuses épîtres pleines d'esprit, de feu, de métaphysique : c'était une erreur des institutions humaines, lui mandait-elle, qui avait pu lui donner pour femme la douce et tranquille

Dernières joutes : la petite guerre continue...

Mme Bonaparte ; c'était une âme de feu, comme la sienne, que la nature avait sans doute destinée à celle d'un héros tel que lui, etc. [1]

Malgré l'indifférence du héros en question, elle ne s'était pas découragée et était parvenue à se faire admettre rue de Chantereine. Si l'on en croit Napoléon, elle l'importunait au point de le poursuivre jusque dans les lieux intimes. Gêné, Bonaparte se serait excusé d'être à peine vêtu. Germaine aurait rétorqué que cela importait peu : « le génie n'a point de sexe ». Le général Gourgaud, moins policé que le comte de Las Cases reproduit la scène dans une version légèrement différente :

> L'Empereur a toujours été de glace pour Mme de Staël. Elle n'y comprenait rien. Ce n'était pas un homme comme les autres. Elle le prit presque par les culottes dans sa petite maison de la rue Chantereine. Elle le suivit comme il allait à la garde-robe. – Mais Madame, je vais à la garde-robe. – C'est égal, je suis une vieille femme [2].

La situation empire quand Necker publie ses *Dernières vues*, un ouvrage jugé dangereux, dans lequel l'auteur appelait le Premier consul *l'homme nécessaire*. Bonaparte proscrivit le livre qui, selon lui, ne pouvait être que nuisible dans le contexte de l'époque et en confia la réfutation au consul Lebrun. De là dateraient l'aigreur de la coterie Necker et les premières intrigues de Germaine, devenue depuis « une ardente et fort active ennemie ». Ce n'est qu'à partir du retour de l'île d'Elbe, qu'enthousiasmée par ce « merveilleux événement », elle lui aurait fait savoir que « ce dernier acte n'était pas d'un homme, qu'il plaçait dès

---

1. Las Cases, *Mémorial de Sainte-Hélène*, Flammarion, s.d., 2 vol., I, p. 357-359. **2.** Gourgaud, p. 102-103.

cet instant son auteur dans le ciel ». Elle proposait même au héros de retour de lui consacrer désormais sa plume et ses principes – à condition toutefois qu'il lui rembourse les deux millions de Necker.

> L'Empereur lui fit répondre que rien ne le flatterait plus que son suffrage, car il appréciait tout son talent ; mais qu'en vérité, il n'était pas assez riche pour le payer tout ce prix.

La vérité de Sainte-Hélène est une vérité fantasmée. Elle recèle quelques faits avérés, mais en rajoute ou en métamorphose bien des points, ce qui n'est pas du tout anodin. En réalité, il n'y a pas eu un revirement brusque de Mme de Staël en faveur de Napoléon. Bien au contraire. Sa correspondance prouve à loisir qu'elle se désole des conséquences dramatiques pour la France des Cent-Jours ; elle regrette le roi et sa politique de modération et prévoit les réactions que risque de déclencher une nouvelle guerre. Mais, et cela, elle ne le nie pas, elle est à nouveau fascinée par « le retour prodigieux » de son ci-devant héros.

Ce dernier, heureux d'être parvenu à séduire Benjamin Constant en 1815, aurait bien voulu obtenir de Germaine le même abandon, la même soumission. On a vu qu'elle n'avait pas daigné remettre un pied à Paris ! Joseph Bonaparte avait pourtant insisté ; Napoléon avait même fait savoir qu'il serait heureux de la revoir et qu'il lui rembourserait ses deux millions si elle venait en personne les solliciter. En vain. Elle avait refusé [1]. Et, on l'a vu aussi, elle en a voulu à Benjamin d'avoir cru en un Napoléon libéral.

---

1. Ce refus est encore souligné par Sismondi lui-même dans une lettre à la comtesse d'Albany : « elle a refusé toute action, toute parole qui fût un hommage à la puissance ». *Lettres inédites*, p. 34.

Dernières joutes : la petite guerre continue...

L'exilé tente en vérité de persuader la postérité de ses liens avec le groupe de Coppet et ceux qu'il est convenu d'appeler des libéraux. Car l'empereur de Sainte-Hélène n'est plus celui des années de gloire. Il se veut ouvert aux idées nouvelles. La situation est renversée du tout au tout ! Alors que Mme de Staël est redevenue une monarchiste constitutionnelle, voilà que Bonaparte se donne pour un républicain libéral ! Il n'empêche. Elle ne veut plus revoir celui qui l'a tant fait souffrir ! Celui qui va tout gâcher et ramener les étrangers dans sa chère France ! Le temps est révolu où, au moindre signe, elle serait accourue dans la capitale ! Tant pis pour les deux millions ! De cela, évidemment, nulle mention dans les écrits de Sainte-Hélène.

Le 13 août 1816, le proscrit n'est pourtant pas si lyrique sur la dame de Coppet. Lors du déjeuner auquel il invite Las Cases, il lit quelques chapitres de *Corinne*, et c'est pour soupirer :

> Mme de Staël s'était peinte si bien dans son héroïne, qu'elle était venue à bout de la lui [à Napoléon] faire prendre en grippe. « Je la vois, disait-il, je l'entends, je la sens, je veux la fuir, et je jette le livre... Toutefois, je persisterai, j'en veux voir la fin ; il me semble toujours qu'il n'était pas sans quelque intérêt... »

Napoléon revient alors sur les efforts qu'avait entrepris Germaine pour le séduire : « À l'en croire, c'était une monstruosité que l'union du génie à une petite insignifiante créole, indigne de l'apprécier et de l'entendre, etc. Le général ne répondit malheureusement que par une indifférence qui n'est jamais pardonnée par les femmes, et n'est guère pardonnable en effet, observait-il en riant [1]. »

---

[1]. Las Cases, *Mémorial*, II, p. 120.

Le rendez-vous manqué

Les mémorialistes et autres proches de Napoléon, tels que son secrétaire Méneval, vont en effet attribuer le déroulement tumultueux des relations entre les deux protagonistes à une soif de vengeance et à un ressentiment de Mme de Staël. Elle agirait comme elle agit par dépit amoureux ! Prenez la fameuse journée du 3 janvier 1798 :

> Mme de Staël... l'interpella au milieu d'un grand cercle, lui demandant quelle était à ses yeux la première femme du monde, morte ou vivante. « Celle qui fait le plus d'enfants », répondit Napoléon avec beaucoup de simplicité. Mme de Staël, d'abord un peu déconcertée, essaya de se remettre en lui observant qu'il avait la réputation d'aimer peu les femmes. « Pardonnez-moi, reprit Napoléon, j'aime beaucoup la mienne, Madame. » Le général de l'armée d'Italie eût pu sans doute mettre le comble à l'enthousiasme de la Corinne genevoise, disait l'Empereur, mais il redoutait ses infidélités politiques et son intempérance de célébrité ; peut-être eut-il tort. Toutefois, l'héroïne avait fait trop de poursuites, elle s'était vue trop rebutée pour ne pas devenir une chaude ennemie.

C'est dire que Germaine se voit réduite à sa nature féminine et qu'elle ne saurait agir et penser qu'en fonction de ses passions, de ses émotions. Exit l'analyse politique, la pensée philosophique ! Ne reste plus que la fureur vengeresse d'une femme blessée, car éconduite.

Sa vengeance se serait tout d'abord exprimée par l'opposition virulente que manifesta Benjamin Constant au Tribunat : « une superbe occasion d'invectives ». Et si encore elle s'était arrêtée là ! Mais quelque temps plus tard, lors du Concordat, elle aurait uni contre le gouvernement aristocrates et républicains et les aurait persuadés que d'ici peu « le tyran aura quarante mille prêtres à son service ». C'est

Dernières joutes : la petite guerre continue…

une des versions des Évangiles de Sainte-Hélène, l'autre est quelque peu différente, même si elle va dans le même sens. Le 9 janvier 1817, Gourgaud note que Germaine aurait mis en garde non point aristocrates et républicains contre la politique religieuse de Bonaparte, mais bel et bien les militaires :

> Mme de Staël avait réuni les principaux généraux et leur avait raconté qu'ils n'avaient plus que vingt-quatre heures à être quelque chose, que si on me laissait faire j'aurais bientôt 40 000 prêtres à mes ordres, que je me moquerais des généraux et les ferais marcher… [1]

Si l'anecdote comporte un fond de vérité : Germaine désapprouvait le Concordat et craignait une nouvelle emprise de l'Église sur la société, et elle ne se priva pas de communiquer sa désapprobation à ses amis et connaissances, il n'est pas prouvé qu'elle ait créé un véritable foyer d'opposition. Sans doute a-t-elle fait part de sa défiance à Bernadotte et Moreau, qui fréquentaient de temps à autre son salon ou qu'elle rencontrait chez Mme Récamier. Mais les généraux dissidents n'avaient pas besoin de Mme de Staël pour concocter des intrigues ou des conspirations. En 1802, plusieurs d'entre elles furent découvertes, composées uniquement de militaires.

Dans ses mémoires, Méneval est plus précis et non moins hostile, quand il rappelle que le Premier consul a souffert pendant trois ans des « continuelles hostilités » de Germaine :

> Elle avait méprisé pendant ces trois ans ses avertissements et ses avis… cette tolérance l'avait enhardie à le braver et à lui susciter partout des oppositions, pour le

---

1. Gourgaud, I, p. 275.

punir de ne pas l'appeler dans ses conseils... son salon était un club politique où les actes du gouvernement étaient censurés avec amertume et où l'on provoquait sans détour à la révolte contre l'autorité du chef de l'État... cette femme était une puissance qui contrariait l'œuvre de conciliation qu'il avait entreprise, et... ce fut enfin après trois années de patience que Napoléon se décida à l'éloigner de Paris [1].

La femme en question avait-elle vraiment une telle puissance ? Était-elle si dangereuse ? C'est bien ce que semblent suggérer ces quelques passages. Las de ses interventions intempestives, Bonaparte aurait voulu la faire taire. Et il n'y serait parvenu qu'en l'exilant. Cette sévérité peut sans doute se comprendre au début du Consulat, quand il réorganise l'État et ses institutions et que son pouvoir est encore incertain et provisoire. L'opposition politique risque d'ébranler la mise en place et le bon fonctionnement des réformes. Mais c'est plus difficile à accepter pour la période qui suit, du Consulat à vie au Sacre, où, devenu empereur des Français, plus rien ne paraît pouvoir arrêter Napoléon le Grand. Lui-même affirme qu'il parlementa avec eux – entendez Benjamin et Germaine – mais qu'il n'en obtint rien. Constant promettait de changer et recommençait de plus belle. Alors seulement, Bonaparte aurait décidé de les exiler [2] ! Qu'il ait parlementé avec eux, c'est peu probable, mais il est vrai que jusqu'à sa destitution de

---

1. Baron Claude-François de Méneval, *Mémoires pour servir à l'histoire de Napoléon*, Paris, 1894, vol. 2, p. 14. **2.** Général Montholon, *Récits de la captivité de l'Empereur Napoléon*, Paris, 1847, II, p. 21-22. En réalité, Benjamin Constant échappe à l'exil. Une fois renvoyé du Tribunat, il se tait – en souffre énormément mais tient bon. Il est pourtant surveillé et on a vu Napoléon le soupçonner dès le premier complot de Malet.

Dernières joutes : la petite guerre continue...

1802, Constant a accompli sérieusement son travail de tribun et désapprouvé les mesures nouvelles quand elles allaient contre la liberté et la justice. Mais, si c'est Constant qui s'opposait, pourquoi avoir puni Mme de Staël ? Et pourquoi pas Constant, qui n'a même pas été exilé ?

Napoléon doit en effet multiplier les exemples d'opposition au gouvernement ou les blessures d'amour-propre de la dame, parce qu'il lui faut justifier les ordres d'exil qui touchent Mme de Staël de 1803 à 1812 et les persécutions dont elle était l'objet, et qui ne sauraient s'expliquer par une simple antipathie physique ou une rivalité personnelle. L'empereur déchu ne tient donc pas à préciser sur quels points précis il se trouvait en conflit avec la dame de Coppet. Il risquerait de détruire l'image d'empereur libéral qu'il affiche de lui-même depuis les Cent-Jours.

« Une hermaphrodite »

Cette histoire tourmente Napoléon à tel point qu'il revient là-dessus en avril 1819. Entre-temps, la communauté s'est rétrécie. Las Cases est parti fin 1816 ; Gourgaud l'a suivi deux ans plus tard. Napoléon se confie désormais à Montholon et, surtout, au général Bertrand. Ce 8 avril 1819, il reprend le récit déjà plusieurs fois conté de sa rencontre et de sa relation avec l'auteur de *Corinne* :

> J'ai toujours été de glace avec Mme de Staël. Elle a dû me juger très froid. Ses lettres, ses invitations, ses agaceries ont été sans effet. Elle n'y comprit rien... Elle disait que l'impératrice Joséphine était une sotte qui n'était pas digne d'être ma femme, qu'il n'y avait qu'elle, Mme de Staël, qui me convint. Elle était folle de moi... L'impératrice Joséphine et Mme de Staël étaient effectivement les deux antipodes. L'une était femme depuis la plante des pieds jusqu'au bout des cheveux ; l'autre ne l'était pas même par le c... Comme disait M. de Narbonne, elle l'a long de 2 ou 3 pouces. C'est un homme ! [1]

---

[1]. Bertrand, II, p. 329. Ce genre de médisances était plus ancien et date des royalistes de 1789-1792, qui n'allaient tout de même pas jusqu'à en donner des preuves physiques.

Dernières joutes : la petite guerre continue...

De là à conclure qu'elle était hermaphrodite, il y a un pas que Napoléon se presse de franchir. Il n'en est pas à une ignominie près. Combien de fois ne l'a-t-il pas traitée de virago, de catin ou de corbeau ? Désormais ce sera hermaphrodite. L'anecdote est abjecte et sans doute fausse. Un grand seigneur, même libertin tel que Narbonne, pouvait-il colporter de tels propos sur une femme qui l'avait tant aimé et secouru ? Une femme dont il avait eu deux fils ? On peut en douter [1]. On peut également douter du poids de cette anecdote pour l'argumentation de Napoléon. À quoi servirait donc cette allégation, sinon à insister sur la virilité de Germaine, afin de mieux la disqualifier ? La déféminiser de sorte à la faire passer pour une aberration, un monstre ? L'exilé ne la dénigre-t-il pas suffisamment en insistant sur ses assiduités intempestives ; ses manœuvres maladroites ; ses indiscrétions ou ses passions outrées ? Point n'était besoin d'ajouter au portrait une malformation physique, qui plus est, génitale.

Dans les années 1800, Bonaparte affirmait déjà que Mme de Staël était laide ; trop laide pour qu'il ait aucune envie de la courtiser ou de lui pardonner ses impertinences. À ses frères, il avouait ainsi qu'il eût été plus compréhensif et plus aimable si son interlocutrice avait été plus belle : « J'en conviens. Une plus jolie femme m'eût inspiré plus d'indulgence pour cette inconvenante interpellation [2] ». Il était donc sensible au physique des femmes, tout comme

---

1. Gouverneur Morris signale toutefois que Talleyrand et Narbonne s'échangeaient la correspondance de leurs maîtresses... mais tous deux étaient des amis intimes, alors que Napoléon et Narbonne ne furent proches qu'en 1812, lorsque Narbonne fut aide de camp de l'empereur – un an avant qu'il ne décède d'une chute de cheval en novembre 1813. **2.** Théodore Iung, *Lucien Bonaparte et ses mémoires*, Paris, 1882, II, p. 204-246.

Le rendez-vous manqué

Germaine l'était du reste à celui des hommes. Mais de là à invoquer ou à inventer un ragot sexiste pour convaincre de son opinion, voilà qui est bien peu glorieux.

Comme si tout cela ne suffisait pas, l'exilé se fait fort de convaincre son auditoire et ses futurs lecteurs des passions désordonnées de la baronne rebelle. Pour ce, il cite des propos de Benjamin Constant, qui lui aurait affirmé que : « Mme de Staël perdait la tête quand ses passions s'en mêlaient et, bien souvent, elle lui avait écrit ou dit : si vous ne faites pas ce que je veux, je tuerai Albertine [1]. » Curieusement, la version est légèrement différente quand il s'adresse à Gourgaud le 13 juin 1817 : « Benjamin Constant m'a montré de ses lettres ; elles étaient plus que passionnées. Elle menaçait de tuer son fils, si Benjamin ne faisait pas ce qu'elle désirait. »

Ni dans la correspondance de Germaine ni dans les écrits intimes de Benjamin Constant, n'apparaissent de tels propos. Mme de Staël menace certes, et, fréquemment, mais c'est de sa propre mort qu'il s'agit. Benjamin le confirme plus d'une fois, tout comme sa crainte qu'elle ne mette la menace à exécution.

D'une part, Napoléon réduit donc Germaine à un statut de femme hystérique, en proie à des passions chaotiques et irrationnelles ; d'autre part, il la virilise, sans crainte de se contredire ! Peu lui importe cette inconséquence, l'essentiel, c'est que la dame en ressorte décrédibilisée.

C'est dire que sous couvert de confidences, Napoléon tente discrètement de noircir un peu plus le portrait de sa rivale en gloire. En vérité, il agit de même avec ses autres rivaux ou concurrents. Bernadotte et Moreau, notamment. Que ce soit ses généraux les plus brillants qui, dans son

---

[1]. Montholon, II, p. 23.

Dernières joutes : la petite guerre continue...

interminable monologue, commettent erreurs sur erreurs ou ses meilleurs ministres qui ne suivent pas ses instructions à la lettre ou trahissent ses ordres et courent à leur perte ! Seul, le maître sait ce qu'il en est ; seul, il eût pu parachever son grand œuvre ; seul, il comprenait dans quel sens marchait l'Histoire.

Une solliciteuse

Pourquoi tant se préoccuper de Mme de Staël, si elle était quantité négligeable ? S'il la méprisait et la trouvait laide ? C'est là une question qu'on ne peut s'empêcher de poser. Pourquoi avouer à Bertrand, qu'elle eût aimé « le culbuter » ? Un héros au passé si glorieux, qui a accédé aux plus hautes destinées qui soient de mémoire d'homme, pourquoi se soucierait-il à ce point d'un « laideron hystérique » qui n'écrivait que du « galimatias [1] » ? Pourquoi sinon que ce prétendu laideron avait l'esprit le plus redoutable ; parce que c'était « une femme de beaucoup d'esprit, qui écrit comme elle parle » – lui disait Talleyrand [2]. Qu'on le veuille ou non, il fallait donc compter avec elle. Or, malgré son esprit, son talent et ses indéniables qualités, Napoléon Bonaparte ne la supportait pas.

Ce qu'il ne saurait avouer à la postérité, c'est qu'il ne supportait pas la supériorité chez autrui, supériorité qui lui apparaissait comme un déni de la sienne. Il en était jaloux, en somme. Qu'elle s'incarne en une femme, c'était encore pire ! C'est aussi ce que suggère Mme de Rémusat dans ses

---

1. C'est ainsi qu'il nomme un des écrits ou une des lettres de Germaine. **2.** Bertrand, II, p. 330-331.

Dernières joutes : la petite guerre continue...

mémoires : « La haine qu'il lui portait était bien un peu fondée sur *cette sorte de jalousie que lui inspiraient toutes les supériorités dont il ne pouvait se rendre maître...* [1] » Aussi tient-il avant tout à la déprécier, à la dévaloriser, mais indirectement : en faisant ressortir ses défauts ; en accentuant ses passions ; en amplifiant son impétuosité ; en soulignant ses anomalies tant physiques que morales ou en insistant sur son ambivalence. Il cherche ainsi à la présenter en solliciteuse :

> Mme de Staël, dans sa disgrâce, combattait d'une main et sollicitait de l'autre... N'importe. Le consul fut constamment inflexible. Toutefois, Mme de Staël renouvelait de temps à autre ses tentatives. Sous l'Empire, elle voulut être dame de palais ; il y avait sans doute à dire oui ou non ; mais le moyen qu'on pût tenir Mme de Staël tranquille dans un palais ! [2]

Il y a quelque vérité dans ces propos. Germaine a longtemps tenté de rentrer en grâce, afin de réintégrer son appartement et de retrouver son salon parisien. Pour ce faire, elle acceptait de se faire discrète et de ne rien dire publiquement qui puisse irriter Bonaparte. Tels étaient ses ultimes sacrifices. Quant à l'idée de devenir dame de palais, il faut avoir l'audace de l'exilé de Sainte-Hélène pour avancer une telle contrevérité [3]. Ce qu'il réitère du reste au sujet du père de Germaine.

Lors de la visite à Coppet de 1800, Necker, « un lourd régent de collège bien boursouflé » aurait suggéré au Premier consul de le rappeler aux Finances. Ce qui voudrait

---

1. *Mémoires de Mme de Rémusat*, Paris, s.d., 3 vol., II, p. 401. **2.** Las Cases, II, p. 190. **3.** Les remarques sont légion dans sa correspondance, où elle ridiculise ce palais de parvenus et les grandes familles de France, qui s'avilissent au service de bourgeois corses. Et ce n'est point par dépit !

Le rendez-vous manqué

dire qu'au moment où le père de Germaine commençait à rédiger ses *Dernières vues*, il n'aurait rien moins ambitionné que de « reparaître avec [son] secours sur la scène du monde ». Pauvre monsieur Necker ! En 1816, il n'était plus là pour contester ce mensonge. Mensonge, qui ici encore tend à prouver que c'est par dépit et ressentiment que Mme de Staël a agi comme elle l'a fait [1].

La liste pourrait être plus longue. Celle-ci suffit amplement pour témoigner de l'impact qu'eut Germaine de Staël sur l'homme le plus extraordinaire des temps modernes [2]. Une énième fois, il ressasse cette histoire, quand il reconnaît qu'exilée, elle lui a fait plus de mal en Europe qu'elle ne lui en aurait fait en France [3] :

> Sa demeure à Coppet était devenue un véritable arsenal contre moi ; on venait s'y faire armer chevalier ; elle s'occupait à me susciter des ennemis, et me combattait elle-même. C'était tout à la fois Armide et Clorinde...

Mais il tait délibérément les raisons pour lesquelles Mme de Staël protestait ou s'opposait. Ce n'était ni par dépit amoureux ni par ressentiment personnel. Ce qu'elle combattait, c'était le despotisme croissant qui caractérisait le régime napoléonien ; ce qu'elle déplorait, c'était la perte des libertés. Ce qu'elle défendait, c'était ses convictions politiques et ses principes. De cela, il n'est évidemment pas question à Sainte-Hélène.

---

1. Chateaubriand note lui aussi les mensonges et sophismes qui ponctuent les mémoires de Sainte-Hélène. Notamment à propos du duc d'Enghien. *Mémoires d'Outre-Tombe*, p. 521-524. **2.** Il semblerait que Fouché ait dit la même chose à propos de Mme de Staël : « la femme la plus extraordinaire de son siècle ». Fouché, *Mémoires*, Flammarion, 1945, p. 281. **3.** C'est à ses frères qu'il aurait avoué cette conviction. *Lucien Bonaparte et ses mémoires*, II, p. 263.

Dernières joutes : la petite guerre continue...

Pour conclure sa tirade sur Germaine, le proscrit reconnaît malgré tout :

> Et puis, en somme, il est vrai de dire ce que personne ne saurait nier, qu'après tout, Mme de Staël est une femme d'un très grand talent, fort distinguée, de beaucoup d'esprit ; elle restera... Plus d'une fois, autour de moi, et dans l'espoir de me ramener, on a essayé de me faire entendre qu'elle était un adversaire redoutable, et pourrait devenir une alliée utile. Il est sûr que, si elle m'eût adopté, au lieu de me dénigrer, ainsi qu'elle l'a fait, j'y eusse pu gagner sans doute ; car sa position et son talent la faisaient régir les coteries ; et l'on connaît toute leur influence à Paris [1].

Regrets tardifs qu'il oubliera bien vite. En avril 1819, il en est encore à fulminer contre les dangers que Mme de Staël faisait courir à son gouvernement [2]. Il est vrai que Napoléon s'inquiète à cette date de ce qui se dit sur lui à Paris, où une foule d'écrivains déclament contre l'Empire et accablent d'injures le tyran corse. De son rocher aride, il guette libelles et publications qui seront matière à bien des discussions de Longwood. Il en va de sa gloire et de sa postérité ! Il se veut pourtant serein : « je suis destiné à être leur pâture ; mais je redoute peu d'être leur victime. Ils mordront sur du granit... Je survivrai [3] ».

---

1. Las Cases, II, 453-453. On notera que c'est Mme de Staël qui aurait dû sacrifier ses principes pour être « une alliée utile » ! **2.** Bertrand, II, p. 329-330 : « Mme de Staël était très dangereuse, parce qu'elle réunissait dans son salon tous les extrêmes... elle les mettait en présence, elle les réunissait tous contre moi. Elle attaquait de tous côtés. » **3.** Bertrand, II, p. 330.

« Mais à revoir Paris
je ne dois plus prétendre [1] »

Ces écrits et discussions de Sainte-Hélène ont un double but : celui de façonner l'image sous laquelle Napoléon entend passer à la postérité, et, celui de tuer le temps pour ne pas être tué par lui [2]. Tuer le temps, parce qu'il pourrait dire ce que disait Germaine de son exil : le temps coule goutte à goutte à Sainte-Hélène ! Le maître mot alors est « ennui ». Comme Mme de Staël, Napoléon souffre au plus profond de son être. Plus qu'elle encore, il est sujet à des vexations incessantes ; des trahisons insupportables ; des chagrins insoutenables. Le spleen le guette ! De là la nécessité de parler, de raconter, de créer un récit afin de survivre et de se recréer lui-même ; de là le ressassement infini des moindres anecdotes, où les victoires, les exploits et les grands travaux prennent évidemment une place de choix, mais pas toute la place ! Les mémorialistes ou missionnaires que sont Las Cases, Montholon, Gourgaud et

---

1. J.-P. Kauffmann, *La chambre noire de Longwood*, Ed. de la Table ronde/Gallimard, 1997, p. 328. Citation de *Zaïre* de Voltaire que marmonnait à longueur de journée Napoléon à Sainte-Hélène et qu'avait également entonnée Mme de Staël durant son exil ! **2.** Voir la belle analyse de Kauffmann dans le livre susnommé.

Dernières joutes : la petite guerre continue...

Bertrand, voire ses valets de chambre, Marchand et Ali, recueillent toute phrase échappée de la bouche du nouveau martyr. Les récits alterneront donc avec les anecdotes croustillantes. Le grand homme inaccessible se fait humain. Il livre sa dernière bataille, et ce n'est pas la moindre !

Mme de Staël a vécu la même situation, quoique celle-ci ait été bien moins dure à Coppet. Elle aussi a trouvé dans l'écriture une échappatoire au malheur, à la tristesse, à la mélancolie, au désespoir. Cela a donc donné naissance aux deux écrits qui sont la version opposée de ceux des mémorialistes de Sainte-Hélène. Ils se présentent en somme comme le second volet du diptyque [1]. Diptyque que serait le dialogue posthume entre ces deux géants du début du XIXe siècle. Mais chez Mme de Staël, aucun prétexte fallacieux ! Aucun acolyte malveillant ! Aucune circonstance particulière ! La responsabilité de l'aventure est tout entière entre les mains du tyran, du despote, du monstre qui s'est emparé de la France et l'a réduite à ce qu'elle est en 1816 : un pays ruiné, endeuillé, occupé *et* diminué !

Elle en profite certes pour nuancer le portrait qu'elle dresse de son rival et minimiser la séduction qu'il exerça sur elle. Il est décrit désormais sous des traits qu'elle ne décelait pas encore en 1797-1798 :

> C'était plus ou moins qu'un homme. Sa tournure, son esprit, son langage sont empreints d'une nature étrangère, avantage de plus pour subjuguer les Français...

---

1. Stendhal ne s'y est pas mépris. Sa *Vie de Napoléon* est tout entière dirigée contre les *Considérations sur la Révolution française* de Mme de Staël.

Le rendez-vous manqué

Rien de plus différent que ce portrait tardif à ce qu'elle ressentait face à lui lors de leurs premières rencontres. Et pourtant... déjà, il l'intimidait et la troublait [1]. Quoi qu'il en soit, elle écrit ces deux livres pour montrer ce qu'elle a souffert durant l'Empire et le mal qu'a fait Napoléon à la France et à l'héritage révolutionnaire. Elle ne s'en cache pas et rejoint sur ce point bien des contemporains. À cette date, elle n'est ni la plus virulente ni la plus injuste parmi les ennemis de l'empereur déchu. Il n'y a qu'à penser aux diatribes de Benjamin Constant et de Chateaubriand contre l'Ogre corse [2].

Elle, c'est autre chose qui l'intéresse : le sort de la France ! Dès le retour de l'île d'Elbe, elle s'interroge et analyse scrupuleusement la situation, ainsi qu'en témoigne Victor de Broglie :

> Mme de Staël ne s'y méprit pas un instant. Dès le premier mot, elle vit le bout des choses : l'armée en révolte, le pays résigné, le royalisme en déroute, et l'empereur aux Tuileries... Les bonapartistes... pressaient Mme de Staël de ne pas s'éloigner, de rester, de se déclarer pour l'empereur, lui promettant monts et merveilles.

Elle n'en eut cure, plia bagage et se retira à Coppet.

De cela le prisonnier de Longwood ne se souvient pas non plus. Sa mémoire sélective ne lui dicte plus que ce qui embellit son règne ; ce qui peut le faire passer, lui et personne d'autre, pour un visionnaire ; ce qui le fera rentrer et rester dans l'Histoire. Avouons qu'il a eu bon gré mal gré gain de cause. Le succès du *Mémorial de Sainte-Hélène*

---

1. Songez au témoignage de Lucien Bonaparte de 1802-1803 déjà cité. **2.** Pour plus de références, voir Jean Tulard, *L'Anti-Napoléon*, Julliard, 1965.

Dernières joutes : la petite guerre continue...

en témoigne tout comme celui des mémoires de ses compagnons d'infortune et les milliers d'écrits et de festivités qui célèbrent régulièrement l'épopée.

Conclusion
Deux rivaux en gloire !

> « *La confiance du mérite qui se juge et s'égalise à la domination suprême, cette sorte de familiarité de l'intelligence qui se place au niveau du maître de l'Europe pour traiter avec lui de couronne à couronne, ne parurent à Bonaparte que l'arrogance d'un amour-propre déréglé. Il se croyait bravé par tout ce qui avait quelque grandeur indépendante ; la bassesse lui semblait fidélité, la fierté révolte ; il ignorait que le vrai talent ne reconnaît de Napoléon que dans le génie* [1]*…* »

La journée si particulière du 3 janvier 1798 annonce la relation ambiguë et conflictuelle que vont entretenir les deux protagonistes tout au long des années suivantes. Bonaparte s'y est senti attaqué, ou pour le moins défié. Lors des entrevues précédentes, il avait su échapper à toute interpellation personnelle de la fille de Necker et avait affiché cette froide indifférence qu'il affectait envers les interlocuteurs, qui lui déplaisaient ou dont il se méfiait. Il connaissait la réputation sulfureuse de la célèbre baronne,

---
[1]. *Mémoires d'Outre-Tombe*, Librairie générale, Paris, 1973, p. 1115. Chateaubriand évoque ici Mme de Staël.

Deux rivaux en gloire !

de même que la belle et glorieuse carrière de son père. Ce sont là les aléas de la célébrité ! Être connu pour le meilleur et pour le pire. Comme tant d'autres, il ne supportait pas non plus cette singulière famille : « son père, sa mère et elle, tous trois à genoux, en constante adoration les uns des autres, s'enfumant d'un encens réciproque pour la meilleure édification et mystification du public [1] ».

Germaine n'avait pas que des amis. Ses ennemis étaient légion, on s'en souvient. D'après Savary, ils contribuèrent à noircir son image auprès de Bonaparte, n'en déplaise à ses frères qu'elle avait su séduire et qui prenaient bien souvent sa défense. Si encore, elle lui avait rendu hommage dans ses écrits. Mais elle refusait toute action, toute parole qui allait dans ce sens ! Du moins, en public, car dans ses lettres privées au grand homme, elle était beaucoup plus aimable ! C'est qu'elle aussi chérissait sa gloire et voulait entrer dans l'histoire. Aussi, pas question pour elle de faire servilement sa cour ou de rendre un « hommage public à la puissance » !

D'une gloire à l'autre

Sous diverses facettes, les deux protagonistes se ressemblaient en définitive. Tout d'abord, dans leur soif de gloire et de renommée. Si Napoléon visait avant tout la gloire militaire, Germaine aspirait à une gloire littéraire. Gloire des actions contre gloire des écrits, précise-t-elle dans son essai *De l'influence des passions*. La première est plus rapide, plus dominatrice, plus politique. C'est elle qui décide du sort des siècles et des empires. La seconde est plus lente à

---

1. Las Cases, II, p. 187.

venir ; c'est le temps qui la sanctionne [1] ; et c'est grâce à elle que se perfectionne l'humanité. Germaine aspirait à cette gloire-là.

De son côté, Napoléon était assez intelligent pour comprendre qu'au XVIIIe siècle, la gloire militaire était insuffisante pour éclipser les grands hommes des siècles passés. Il désirait être reconnu pour tous ses travaux : non seulement guerriers, mais civils, juridiques et culturels. Il se voulait et se donnait pour un grand homme complet, qui troquait tantôt l'épée contre la plume ; le canon contre l'équerre ; la poudre contre le compas ! Le *Mémorial* de Las Cases en témoigne, quand il énumère les grands travaux accomplis sous le règne ou bien le Code civil, dont Napoléon était particulièrement fier. Très vite, il a compris que, dans les temps modernes, un guerrier ne saurait parvenir par la seule force ; désormais, « les baïonnettes se baissent devant l'homme qui parle au nom du ciel et devant l'homme qui s'impose par sa science [2] ». On comprend mieux pourquoi il se flattait d'être membre de l'Institut, classe des mathématiques.

Mme de Staël a donc espéré acquérir une gloire littéraire, mais paradoxalement, sa renommée est sans doute plus politique que littéraire. Son opposition durable à Napoléon, son combat pour l'indépendance des nations et la liberté des peuples, sa juste compréhension de l'éveil des nationalismes, sa soif insatiable de liberté et de justice, sa révolte contre le sort des femmes et sa défense de leurs droits, sans oublier sa lutte contre l'esclavage, tout cela l'a immortalisée bien plus que ses qualités strictement littéraires. Sans le vouloir ou le savoir *a priori*, elle a accédé à

---

1. Mme de Staël, *De l'influence des passions sur le bonheur des individus et des nations*, Payot & Rivages, 2000, p. 55-74. **2.** Jourdan, *Napoléon. Héros, Imperator, mécène*, p. 67.

Deux rivaux en gloire !

la gloire active plus qu'à la gloire des écrits. Et parmi ces écrits, on lit de nos jours ses ouvrages historiques ou ses essais, et beaucoup moins ses romans ! Il en va de même en un sens de Benjamin Constant, dont les funérailles du 12 décembre 1830 furent grandioses – et, s'il n'avait tenu qu'à ses admirateurs, il aurait même été inhumé au Panthéon. Ce ne furent pas à strictement parler ses écrits littéraires, mais son action politique, en tant que député et journaliste, qui contribuèrent à sa gloire posthume. Ses essais théoriques sur les constitutions et les principes politiques n'ont été appréciés à leur juste mesure que plus tard, et, pour certains, n'ont été publiés qu'au XXe siècle [1]. Et même si son unique roman, *Adolphe*, publié en 1816 seulement, a connu un succès durable – bien plus durable que ceux de Mme de Staël.

Affinités et dissemblances

Sur d'autres points moins évidents, Mme de Staël et Napoléon ne sont pas si éloignés l'un de l'autre. Tous deux sont des comédiens nés. Si Bonaparte joue bien souvent au méchant colérique, Germaine excelle dans le rôle de martyre. L'un cherche à terroriser et à soumettre ; l'autre à séduire et à émouvoir.

À en croire Sismondi et divers témoignages contemporains, Germaine partageait même plusieurs défauts de son meilleur ennemi. Comme lui, elle pouvait être « intolérante de toute opposition, insultante dans la dispute, et

---

1. Ses œuvres et sa correspondance complètes sont encore en cours de publication. Quant au livre de toute une vie, son ouvrage sur les religions, il est quasiment inconnu. Voir notamment T. Todorov, *Benjamin Constant. La passion démocratique*, Hachette, 1998, p. 18.

très disposée à dire aux gens des choses piquantes, sans colère et seulement pour jouir de sa supériorité ». Elle savait aussi être « haineuse et méprisante dans ses jugements » et, lorsqu'on parlait de la réputation d'un autre, elle avait soin « de ramener la sienne avec un empressement tout à fait maladroit [1] ». Jalouse elle aussi de sa réputation ? de sa supériorité ? Ce n'est pas impossible. Serait-elle alors autant dépitée qu'inquiète de la suprématie qu'acquiert Bonaparte dès 1799 : de cet homme qui, selon elle, devait « rendre l'espèce humaine anonyme, en accaparant la célébrité pour lui seul [2] » ?

Le fait est qu'elle supportait difficilement de perdre « son éclat » – sa célébrité – ou d'être dédaignée par « le puissant des puissants » – alors qu'elle était célébrée partout ailleurs [3]. Quelle revanche donc, quand, en 1815, c'est lui qui la recherche et elle qui l'évite : « C'est lui qui est gracieux, et moi malade et sauvage [4] » ! Mais ce ressentiment-là est tout autre chose qu'un simple dépit amoureux ! Il est plus politique que personnel.

Se seraient-ils alors trop ressemblés pour s'aimer ? On peut en tout cas avancer qu'ils sont proches de caractère et de tempérament, mais que leur sensibilité et leurs principes sont aux antipodes. Tous deux en effet sont persuadés de

---

1. J.-C.L. de Sismondi, *Lettres inédites à Madame la comtesse d'Albany*, Paris, 1863, p. 34-35. Dans un portrait inédit, Benjamin Constant ajoute que son sentiment de supériorité lui avait inspiré le culte d'elle-même, ce qui ne la rendait pas pour autant égoïste, « car elle ne croit pas l'être... ». *Lettres de B. Constant à Mme Récamier*, p. XII-XIII. **2.** *C.G.*, VI, p. 246. **3.** Ce qui ne modifie en aucun cas la portée de ses analyses contre la dictature et le despotisme, elles-mêmes fondées rationnellement. **4.** Voir *C.G.*, IX, p. 193 ; 197 ; 201 ; 205 ; 218. Voir les lettres soulignant qu'elle et sa famille dédaignent les invitations de Napoléon et de son entourage.

Deux rivaux en gloire !

leur supériorité et ont un caractère dominateur et un amour-propre bien affirmé. Tous deux professent le culte de soi. Mais là où Germaine se voue un culte inclusif, chez Napoléon, ce culte est exclusif. Chez l'une, le panthéon l'inclut, elle, son père et ses amis ; chez l'autre, ce panthéon n'est habité que par un seul homme. Et quel homme !

Tous deux sont persuadés d'avoir toujours raison et reconnaissent difficilement leurs erreurs et leurs torts. Tous deux se voient comme des visionnaires, lisant tout à la fois dans l'avenir et les hommes. Eux seuls sont capables d'envisager les solutions qui s'imposent, mais, et c'est là qu'ils diffèrent, pour Napoléon, seule son omnipuissance peut mener au but recherché [1], tandis que pour Germaine, c'est seule la liberté qui permettra de faire le bonheur de tous. Mme de Staël aspire au bonheur des hommes, Napoléon à la toute-puissance. L'une défend le désordre de l'imagination et de l'enthousiasme ; l'autre veut rétablir l'ordre de l'autorité et de la soumission. Le but recherché est donc diamétralement opposé. Qu'en est-il des moyens ? Pour atteindre son but, Napoléon dédaigne toute sensiblerie ou sensibilité ; et on sait combien il fut peu économe du sang des peuples ! Peu lui importent les moyens, pourvu qu'il atteigne le but ! Germaine, à l'inverse, refuse toute violence et toute brutalité. Pour elle, les moyens doivent être subordonnés aux fins. Si Napoléon peut passer pour un disciple de Machiavel – affinité déjà notée à son époque – Germaine pourrait s'abriter sous l'égide de Rousseau. Ce

---

1. Quel serait ce but ? Sinon l'omnipuissance de la France en Europe et dans le monde, la monarchie universelle sous la houlette impériale – diront les contemporains. Ou tout simplement une tautologie du genre : l'omnipuissance pour l'omnipuissance ! Mme de Staël écrira que son but unique, c'était « l'accroissement de la puissance » – et la gloire un moyen pour y parvenir. *Dix années d'exil*, 2017, p. 49.

n'est pas pour rien que son premier ouvrage important était une étude de Jean-Jacques, de sa pensée et de ses écrits.

Il est vrai par ailleurs que, dans sa jeunesse, Bonaparte était lui aussi un fervent lecteur du citoyen de Genève, mais, au rythme de ses succès, ce dernier fut bien vite détrôné par le penseur politique florentin. Il en va de même de la sensibilité. Autrefois admirateur d'Ossian, auteur lui-même d'écrits romanesques et sentimentaux, puis amoureux fou de sa femme, une fois devenu le Héros d'Italie et le Vainqueur de l'Égypte, il concentre toute son énergie à accéder et à se maintenir au pouvoir et répudie toute forme de sensibilité. Pour le chef de guerre qu'il est devenu, cette sensibilité aurait constitué un obstacle de poids.

Un seul témoignage, pictural et imaginaire, d'humanité nous est parvenu sous le pinceau de Gros : dans le tableau de la bataille d'Eylau, le héros est croqué sous des traits mélancoliques : comme s'il condamnait la guerre et pleurait les morts... mais, il y a loin d'un tableau à la réalité. En vérité, Napoléon parle de plus en plus de ses soldats comme d'une quantité négligeable. Il aurait tant et tant d'hommes à appeler sous les drapeaux : 100 000 ; 200 000 ; 500 000, etc. Autant d'hommes susceptibles de devenir de la chair à canon. Aussi ne faut-il pas s'étonner que le Premier Empire soit l'épisode le plus sanglant de l'histoire de France, avant la Première Guerre mondiale. Il a sacrifié deux fois plus de Français – et d'Européens – que les guerres révolutionnaires. Traduit en chiffres, cela veut dire que sur les 1 400 000 victimes des années 1792-1815, 65 % sont mortes sous l'Empire [1].

---

[1]. Sur ces estimations, Annie Jourdan, *Nouvelle histoire de la Révolution*, p. 493.

Deux rivaux en gloire !

Mme de Staël détestait la guerre et ses outrances. Comme bien des Français de son temps, elle aspirait à la paix – et même si elle critiquait de plus en plus les paix conclues par Napoléon, en ce qu'elles n'avaient pour objectif que de soutirer de l'argent aux vaincus et de financer la guerre à venir. Autre différence de poids : Germaine plaidait en faveur d'une Europe des nations – nations libres et indépendantes, là où Napoléon rêvait d'une subordination des États européens à l'Empire français et aspirait ni plus ni moins à la monarchie universelle.

Pour ce qui est des principes, on pourrait opposer l'égalité prônée par Napoléon à la liberté, défendue par Germaine. En vérité, l'empereur n'avait pas de principes bien arrêtés, si ce n'est la soumission de tous à son autorité. Certes, il y eut une certaine égalité sous l'Empire, mais les hochets (légion d'honneur, sénatoreries, titres de noblesse, faveurs et dons financiers) qu'introduisit l'empereur, tendaient à la réduire à une peau de chagrin. Généraux, sénateurs, ministres et hauts fonctionnaires étaient devenus de nouveaux privilégiés et auraient dû peu à peu fusionner avec la noblesse ancienne – afin de poser les fondements de la quatrième dynastie. Quant à la liberté, on a vu ce qu'il en restait. L'empire du silence avait muselé toute voix, même celles qui n'étaient pas forcément dans l'opposition.

Sur le plan constitutionnel, madame de Staël et Napoléon défendaient tous deux le gouvernement représentatif. Mais par là, la dame de Coppet entendait un gouvernement constitué à partir d'élections libres et populaires. Là où Napoléon se voyait lui-même comme l'incarnation du peuple français. Il aurait été légitimé à la fois par le suffrage populaire (le plébiscite), le droit (les constitutions de l'Empire) et la grâce de Dieu (le sacre par Pie VII). Lui seul serait le représentant suprême des Français, parce que, disait-il, « la France est en moi ». Point besoin de députés ou de tribuns qui ne pouvaient qu'entraver cette communion entre le chef et son peuple – et même s'il conserva les corps intermédiaires, tout en les privant progressivement de leur pouvoir. Germaine, qui a observé de très près la montée au pouvoir de cet « homme extraordinaire », a très bien vu et très tôt combien ce pouvoir serait despotique, combien il possédait « l'art d'éblouir les masses et de corrompre les individus ». C'est parce qu'il avait compris cette animosité irrépressible que Napoléon s'acharna sur cette femme hors pair.

Tout cela ne veut pas dire que Mme de Staël ait été démocrate au sens actuel du terme. Elle souhaitait tout au plus une monarchie ou une république constitutionnelle, fondée sur des lois et des garanties, qui protègent les libertés de chacun. Comme les idéologues du Directoire, elle pensait qu'à la longue, quand l'éducation aurait fait son œuvre, tous les Français pourraient devenir des citoyens actifs. Pour l'instant, il n'en était pas question. D'autant moins que l'éducation proposée sous l'Empire ne lui paraissait en aucun cas favorable à la perfectibilité de l'esprit humain. Soit elle était sous l'emprise de l'Église catholique et de l'aberrant catéchisme impérial ; soit sous celle du militaire. Mieux encore que Germaine, Benjamin Constant évoque les conséquences de cet enseignement : « Génération toute guerrière, toute avide de dangers, toute privée de sentiments, d'affections, d'opinions et d'idées. C'est l'abrutissement en serre chaude [1] ». Il n'y avait pas là de quoi faire des Français de futurs citoyens !

---

1. *Journaux intimes*, p. 313. Voir aussi J.-P. Bertaud, *Quand les enfants parlaient de gloire. L'armée au cœur de la France de Napoléon*, Flammarion, 2006. Quant à l'égalité, Germaine et Benjamin défendaient seulement une égalité politique ou civique.

Deux rivaux en gloire !

Le ressort de la jalousie

Bonaparte et Mme de Staël avaient un autre point en commun. Ils étaient conscients de leur supériorité. Mais, tandis que Germaine aurait souhaité communiquer plus intimement avec son « homologue » dans l'espoir de l'inspirer et de l'éclairer, lui ne songeait qu'à se débarrasser d'une femme qui aurait pu lui faire de l'ombre. À la suite de Chateaubriand, Mme de Rémusat corrobore cette analyse quand elle attribue la haine que portait Napoléon à Mme de Staël à une jalousie telle que « ses discours étaient souvent d'une amertume qui la grandissait malgré lui, en le rapetissant lui-même... [1] » Il y a du vrai dans cette analyse !

Autre affinité entre eux, si représentative de l'esprit du siècle : ils incarnent chacun deux facettes du romantisme. Spleen, exaltation et passion pour Mme de Staël ; volonté, énergie et dépassement de soi pour Napoléon – ce qui ne laissait certes pas Germaine indifférente et explique la fascination qu'exerça sur elle son *alter ego*. Activité et démesure, deux autres mots-clés du romantisme [2], les animaient tous deux.

Il y a fort à parier que Germaine en était consciente, ce qui explique sa conviction initiale que le héros italique et elle se complétaient merveilleusement bien et étaient faits pour s'entendre. Napoléon avait d'autres idées sur le sujet. Lui ne souhaitait pas partager sa gloire avec quiconque, et certainement pas avec une « impératrice de la pensée » !

Entre elle et lui, le bras de fer devait se terminer par la défaite de l'un et la victoire de l'autre ! Mais si Germaine

---

1. Mme de Rémusat, *Mémoires*, Paris, s.d., 3 vol., II, p. 401. **2.** Activité et spleen ne sont pas incompatibles. Le spleen incite le protagoniste à se lancer dans l'action pour refouler justement cette mélancolie. On l'a amplement vu tout au long de ces pages.

Le rendez-vous manqué

a finalement gain de cause en 1815, le vol de l'Aigle lui a gâché sa victoire [1]. Qui plus est, elle ne peut en jouir bien longtemps. Deux ans plus tard, elle est décédée. Le sort voulut que ce fût le jour du 14 juillet ! De quoi frapper son fils : « Quelle âme ne serait pas saisie d'une émotion religieuse, en méditant sur ces rapprochements mystérieux qu'offre la destinée humaine [2] ».

Napoléon lui survit près de quatre ans : quatre ans de nostalgie, de solitude, de tristesse, de maladie aussi. S'il n'est toujours pas enclin à encenser son ennemie, il tente de s'immortaliser sous les traits d'un empereur libéral et républicain. Ce faisant, il reconnaît implicitement que les convictions de sa rivale l'ont emporté ! Ne l'avait-il pas prédit en somme, quand, à l'automne 1808, il marmonnait : « À la longue, le sabre est toujours battu par l'esprit [3] » ?

---

1. On a vu combien elle a souffert de voir la France occupée, démembrée et spoliée. **2.** *Dix années d'exil*, 1966, p. 263. Note 100. Rappelons que son entrée en Russie et, partant, sa « libération » eurent également lieu un 14 juillet. **3.** Sainte-Beuve, *Portraits contemporains*, II, p. 245 (en date de septembre 1808 dans un entretien avec Fontanes). Voir aussi *Lucien Bonaparte et ses Mémoires*, II, p. 204. L'ironie du sort veut aussi qu'ils soient tous deux morts, usés, à l'âge de 51 ans !

Annexes

Bibliographie

Œuvres de Mme de Staël et correspondance

Staël, Germaine de, *Correspondance générale*, 9 vol., établie par Béatrice W. Jasinski (vol. 1-7) ; Othenin d'Haussonville (vol. 8) ; Stéphanie Genand et Jean-Daniel Candaux (vol. 9), divers éditeurs : Jean-Jacques Pauvert, Champion, Slatkine, 1962-2017.

Staël, Germaine de, *De l'influence des passions*, Préface de Chantal Thomas, Rivages poche, 2000.

Corinne ou l'Italie, Folio, Gallimard, 1985. Édition Simone Balayé.

De l'Allemagne, GF, Flammarion, 2 vol., 1968. Édition Simone Balayé.

Considérations sur la Révolution française, Tallandier, 1983. Introduction et annotations de Jacques Godechot.

Dix années d'exil, Union générale d'Éditions, 1966. Introduction Simone Balayé.

Dix années d'exil. Manuscrits déguisés, Portaparole, 2017. Introduction Daria Galateria.

Lettres à Narbonne, Gallimard, 1960. Introduction Georges Solovieff.

Lettres à Ribbing, Gallimard, 1960. Introduction Simone Balayé.

Lettres de Mme de Staël à Madame Récamier, Domat, 1952. Introduction Emmanuel Beau de Loménie.

Lettres inédites de Mme de Staël à Henri Meister, Hachette, 1903.

Madame de Staël & Don Pedro de Souza, *Correspondance*, Gallimard, 1979. Introduction Béatrix d'Andlau.

Madame de Staël, ses amis, ses correspondants, *Choix de lettres (1778-1817)*, Klincksieck, 1970.

Le rendez-vous manqué

« Mon journal », *Cahiers staëliens*, n° 28, 1980, p. 55-79.
Haussonville, Gabriel-Paul-Othenin d', *Madame de Staël et M. Necker d'après leur correspondance inédite*, Calmann-Lévy, 1925.

Œuvres de Benjamin Constant et correspondance

Constant, Benjamin, *Journaux intimes*, Folio, Gallimard, 2017.
Lettres de Benjamin Constant à sa famille, Albert Savine, 1888.
Lettres de Benjamin Constant à sa famille, Stock, 1932.
Journal intime de Benjamin Constant et lettres à sa famille et à ses amis, Paul Ollendorf, 1895.
Œuvres complètes, III, 1. Écrits littéraires, Niemeyer, 1995.
« Lettres de Benjamin Constant à Prosper de Barante », *Revue des Deux Mondes*, n° 34, 1906.
Lettres à un ami. Cent onze lettres inédites à Claude Hochet, Neufchâtel, 1949. Introduction Jean Mistler.
Lettres de Julie Talma à Benjamin Constant, Plon, 1933. Introduction de la baronne Constant de Rebecque.
Lettres de Benjamin Constant à Mme Récamier, Paris, 1863.
Correspondance de Benjamin Constant et d'Anna Lindsay, Plon, 1933. Introduction de la baronne Constant de Rebecque.
Mélanges de littérature et de politique, vol. 1, Paris, 1829.
Fragments d'un ouvrage abandonné sur la possibilité d'une constitution républicaine dans un grand pays, éd. Henri Grange, Aubier, 1991.

Biographies de Mme de Staël

Balayé, Simone, *Madame de Staël : Lumières et liberté*, Klincksieck, 1979.
Blennerhassett, Charlotte Julia, *Madame de Staël et son temps*, 3 vol., Louis Westhausser, 1890.
Bredin, Jean-Denis, *Une singulière famille : Jacques Necker, Suzanne Necker et Germaine de Staël*, Fayard, 1999.
Cambronne, Laurence de, *Madame de Staël, la femme qui faisait trembler Napoléon*, Allary Éditions, 2015.
Diesbach, Ghislain de, *Madame de Staël*, Perrin, 1983.
Doucet, Sophie, *Madame de Staël*, Folio Gallimard, 2018.
Kohler, Pierre, *Madame de Staël et la Suisse*, Payot, 1916.
Winock, Michel, *Madame de Staël*, Fayard, 2017. La meilleure biographie à tout point de vue.

Bibliographie

Ouvrages sur Benjamin Constant

Burnand, Léonard, *Benjamin Constant*, Perrin, 2022.
Grange, Henri, *Benjamin Constant. Amoureux et républicain*, Les Belles Lettres, 2004.
Jasinski, Béatrice W., *L'engagement de Benjamin Constant. Amour et politique (1794-1796)*, Minard, 1971.
Todorov, Tzvetan, *Benjamin Constant. La passion démocratique*, Hachette littératures, 1997.

Mémoires et témoignages des contemporains

Abrantès, Laure Junot, duchesse d', *Mémoires de la duchesse d'Abrantès ou Souvenirs historiques sur Napoléon*, 10 vol., Paris, 1831-1835.
Histoire des Salons de Paris, 6 vol., Paris, 1837-1838.
Arnault, Antoine Vincent, *Souvenirs d'un sexagénaire*, 4 vol., Paris, 1833.
Boigne, comtesse de, *Mémoires de la comtesse de Boigne*, Mercure de France, 1999.
Bonaparte, Lucien, *Lucien Bonaparte et ses mémoires*, éd. Iung, Théodore, 3 vol., Paris, 1882-1883.
Bourrienne, Louis-Antoine de, *Mémoires de M. de Bourrienne sur Napoléon, le Directoire, le Consulat, l'Empire et la Restauration*, 10 vol., Ladvocat, 1829.
Broglie, Victor de, *Souvenirs (1785-1870)*, 3 vol., Calmann-Lévy, 1886.
Cazenove d'Arlens, Constance de, *Journal de Mme Cazenove d'Arlens. Deux mois à Paris et à Lyon sous le Consulat*, Picard, 1903.
Chateaubriand, René de, *Mémoires d'Outre-Tombe*, Librairie générale française, 1973.
Fabre de l'Aude, Jean-Pierre, *Histoire secrète du Directoire*, 4 vol., Paris, 1852.
Fouché, Joseph, *Mémoires*, Flammarion, 1945.
Goethe, Wolfgang, *Écrits bibliographiques 1789-1815*, Bartillat, 2001.
Gouverneur Morris, *Le journal de Gouverneur Morris pendant la Révolution française*, 3 vol., Droz, 2018-2022.
Humboldt, Wilhelm von, *Journal parisien, 1797-1799*, Actes Sud, 2001.

Le rendez-vous manqué

Lacretelle, Charles de, *Dix années d'épreuves pendant la Révolution*, Tallandier, 2011.
Madame de Chastenay, *Mémoires (1771-1815)*, Perrin, 1987.
Méneval, Claude-François de, *Mémoires pour servir à l'histoire de Napoléon*, 3 vol., Paris, 1894.
Rémusat, Mme de, *Mémoires de Madame de Rémusat*, 3 vol., Calmann-Lévy, s.d.
Savary, Anne Jean Marie René, *Mémoires du duc de Rovigo pour servir à l'histoire de l'empereur Napoléon*, 8 vol., Bossange, 1828.
Villemain, Abel François, *Napoléon et l'Europe*, éd. Jérome et Jean Tharaud, Stock, 1947. Tiré de Villemain, *Souvenirs contemporains d'histoire et de littérature*, 2 vol., Paris, 1854-1855.

Études historiques

Andlau, comtesse d', « Mathieu de Montmorency : Réflexions sur Mme de Staël », *Cahiers staëliens*, n° 14, 1972, p. 4-17.
Balayé, Simone, « Ennemis et contradicteurs de Mme de Staël », *Cahiers staëliens*, n° 53, 2002, p. 23-52.
Balayé, Simone et King, Norman, « Madame de Staël et les polices françaises », *Cahiers staëliens*, n° 44, 1992-1993, p. 9-135.
Balayé, Simone, « Madame de Staël et le gouvernement impérial en 1810. Le dossier de la suppression de *De l'Allemagne* », *Cahiers staëliens*, n° 19, 1974, p. 3-77.
Denis, Maurice, *Prosper de Barante. Homme politique, diplomate et historien*, Champion, 2000.
Gautier, Paul, *Madame de Staël et Napoléon*, Plon, 1903.
Gautier, Paul, *Mathieu de Montmorency et Madame de Staël d'après les lettres inédites de M. de Montmorency avec Mme Necker de Saussure*, Plon, 1916.
Genand, Stéphanie, « Les vertus de l'abdication. Dépassionner la relation entre Germaine de Staël et Napoléon », *Napoleonica la Revue*, 2017, n° 30, p. 3-18.
Guillemin, Henri, *Madame de Staël et Napoléon ou Germaine et le caïd ingrat*, Le Seuil, 1987.
Haussonville Ottenin d', « La liquidation du dépôt de Necker, 1778-1815 », *Cahiers staëliens*, n° 55, 2004, p. 153-206.
Hill, Constance, *Juniper Hall. A Rendez-vous of Certain Illustrious Personages during the French Revolution*, Londres & New York, 1902.

Bibliographie

Laurent, Marcel, *Prosper de Barante et Madame de Staël*, Clermont-Ferrand, 1972.

Luppé, Robert de, « Lettres inédites de Sismondi sur la mort de Mme de Staël », *Cahiers staëliens*, n° 8, 1969.

Noël, Léon, « Madame de Staël et Talleyrand », *Cahiers staëliens*, n° 24, 1978, p. 4-21.

Perchellet J.-P., « Une griffe au cœur : Prosper de Barante, Mme Récamier et Mme de Staël », *Cahiers staëliens*, n° 51, 2000, p. 125-148.

Sainte-Beuve, *Œuvres*, 2 vol., La Pléiade, Gallimard, 1960.

Sismondi, Simonde, *Lettres inédites à Mme la comtesse d'Albany et alii*, Paris, 1863.

Études historiques sur la période

Bertaud, Jean-Paul, *Quand les enfants parlaient de gloire. L'armée au cœur de la France de Napoléon*, Flammarion, 2006.

Decours, Catherine, *Juliette Récamier*, Perrin, 2013.

Gaubert, Henri, *Conspirateurs au temps de Napoléon*, Flammarion, 1962.

Jourdan, Annie, *La Révolution française. Une histoire à repenser*, Champs Flammarion, 2021.

— *Napoléon. Héros, Imperator, Mécène*, Flammarion, 2021.

— *L'empire de Napoléon*, Champs Flammarion, 2006.

— « The Age of Revolutions : Napoleon Bonaparte » *in* : *The Cambridge History of Napoleonic Wars*, éds. Michael Broers & Philip Dwyer, 3 vol., Cambridge, 2022, I, p. 88-107.

Kauffmann, Jean-Pierre, *La chambre noire de Longwood*, Éd. de la Table ronde/ Gallimard, 1997.

Lentz, Thierry, *Nouvelle histoire du Premier Empire*, Fayard, 4 vols., 2002-2010.

Serna, Pierre, *La République des girouettes, 1789-1815 et au-delà*, Champ Vallon, 2005.

Wagener, Françoise, *Madame Récamier*, Flammarion, 1986.

Waresquiel, Emmanuel de, *Talleyrand, le prince immobile*, Fayard, 2003.

Waresquiel, Emmanuel de, *Fouché. Les silences de la pieuvre*, Tallandier/Fayard, 2014.

Le rendez-vous manqué

Correspondance de Napoléon et écrits de Sainte-Hélène

Correspondance générale de Napoléon Ier, Fayard/Fondation Napoléon, 15 vols., 2004-2018.
Cambacérès, *Lettres inédites à Napoléon*, 2 vol., Klincksieck, 1973.
Général Bertrand, *Cahiers de Sainte-Hélène*, 3 vol., Albin Michel, 1959.
Gourgaud, Gaspard, *Journal de Sainte-Hélène*, 2 vol., Flammarion, 1947.
Las Cases, Marie Joseph Emmanuel, comte de, *Mémorial de Sainte-Hélène*, 2 vol., Flammarion, s.d.
Le Mémorial de Sainte-Hélène. Le manuscrit retrouvé, Perrin, Tempus, 2021.
Montholon, Charles Tristan, comte de, *Récits de la captivité de l'empereur Napoléon*, 2 vol., Paulin, 1847.

Ressources digitales

Je renvoie à gallica.fr pour la plupart des ouvrages de Mme de Staël, ceux de son père et de ses contemporains. On y trouvera également la version digitalisée des *Cahiers staëliens*.
Pour les ouvrages étrangers, notamment en anglais, voir archive.org – qui propose par ailleurs nombre d'ouvrages en français et des éditions différentes, indispensables quand celles utilisées sont imparfaites ou illisibles. Une source électronique incontournable.

Remerciements

Il me reste à remercier tous ceux et celles grâce à qui j'ai pu accomplir ce travail malgré le confinement dû à l'épidémie de Covid.

Ma reconnaissance va en premier à Simone Balayé, pionnière des études staëliennes du XXe siècle, dont les écrits sont inestimables ; à Béatrice Jasinski, qui a publié et merveilleusement bien annoté 6 volumes de la *Correspondance générale* de Mme de Staël et avec Othenin d'Haussonville le 7e volume ; enfin, à Stéphanie Genand et Jean-Daniel Candaux pour les volumes 8 et 9.

Mes remerciements aussi à la Bibliothèque nationale de France qui a mis à la disposition du public l'ensemble des *Cahiers Staëliens*, dont la lecture est indispensable à quiconque s'intéresse à Mme de Staël. Reste à espérer qu'il en aille de même d'ici peu pour les *Annales Benjamin Constant*.

Pour terminer, je remercie très sincèrement Emmanuel de Waresquiel non seulement pour sa lecture attentive du manuscrit et ses conseils avisés, mais aussi pour ses deux grands livres que sont les biographies de Talleyrand et de Fouché.

Un grand merci également à Mary Leroy, mon éditrice pour m'avoir permis de découvrir la grande dame que fut Germaine de Staël.

La collection
Au fil de l'Histoire

Götz ALY, *Les Anormaux.*
Vincent AZOULAY et Paulin ISMARD, *Athènes 403. Une histoire chorale.*
Frank BAJOHR, *Korruption ! Au cœur du sytème nazi.*
Jérôme BASCHET, *Corps et Âmes. Une histoire de la personne au Moyen Âge.*
Alessandro BARBERO, *La Bataille des trois empires. Lépante, 1571.*
– *Divin Moyen Âge. Histoire de Salimbene de Parme et autres destins édifiants.*
Michael BARRY, *Le Royaume de l'insolence. L'Afghanistan (1504-2011).*
Jean-Paul BERTAUD, *Les Royalistes et Napoléon.*
– *L'Abdication. 21 au 23 juin 1815.*
Tim BOUVERIE, *Apaiser Hitler.*
Jerry BROTTON, *Une histoire du monde en 12 cartes.*
Simonetta CERRINI, *Le Dernier Jugement des Templiers.*
Olivier CHALINE, *L'Année des quatre dauphins.*
– *La Mer et la France. Quand les Bourbons voulaient dominer les océans.*
– *Le Règne de Louis XIV.*
– *Apprendre la mer. Au temps de la voile en France XVIIe-XVIIIe siècle.*
Christopher CLARK, *Les Somnambules.*
Jean-Marie CONSTANT, *C'était la Fronde.*
Benedetta CRAVERI, *Les Derniers Libertins.*
– *Madame du Deffand et son monde.*
Liliane CRÉTÉ, *Les Tudors.*
Jean-Claude DAUMAS, *La Révolution matérielle. Une histoire de la consommation (France, XIXe-XXIe siècle).*
Daniel DESSERT, *Les Montmorency. Mille ans au service des rois de France.*
Ray M. DOUGLAS, *Les Expulsés.*
Jean-Marc DREYFUS, *L'Impossible Réparation.*
Christopher DUGGAN, *Ils y ont cru. Une histoire intime de l'Italie de Mussolini.*
Richard EVANS, *Le Troisième Reich* (3 volumes).
Juliette GLIKMAN, *La Belle Histoire des Tuileries.*
Samuel GUEX, *Au pays du matin calme. Nouvelle histoire de la Corée.*
Emmanuel GUY, *Ce que l'art préhistorique dit de nos origines.*
Victor Davis HANSON, *La Guerre du Péloponnèse.*

Gilles HAVARD, *L'Amérique fantôme. Les aventuriers francophones du Nouveau Monde.*
Sudhir HAZAREESINGH, *Ce pays qui aime les idées. Histoire d'une passion française.*
Lauric HENNETON, *Histoire religieuse des États-Unis.*
Françoise HILDESHEIMER, *La Double Mort du roi Louis XIII.*
– *Rendez à César. L'Église et le pouvoir (IVe-XVIIIe siècle).*
Paulin ISMARD, *L'Événement Socrate.*
Julian JACKSON, *La France sous l'Occupation.*
Eric JAGER, *Le Dernier Duel.*
Dan JONES, *Les Plantagenêts.*
Annie JOURDAN, *Nouvelle histoire de la révolution.*
– *Napoléon. Héros, imperator, mécène.*
Ian KERSHAW, *La Chance du diable. Le récit de l'opération Walkyrie.*
Richard OVERY, *Sous les bombes. Nouvelle histoire de la guerre aérienne (1939-1945).*
Paul PAYAN, *Entre Rome et Avignon. Une histoire du Grand Schisme (1378-1417).*
Jonathan PHILLIPS, *Une histoire moderne des croisades.*
Marie-Pierre REY, *L'Effroyable Tragédie. Une nouvelle histoire de la campagne de Russie.*
– *1814, un tsar à Paris.*
Graham ROBB, *Sur les sentiers ignorés du monde celte.*
Constance SERENI et Pierre-François SOUYRI, *Kamikazes.*
Edith SHEFFER, *Les Enfants d'Asperger. Le dossier noir des origines de l'autisme.*
Pierre-François SOUYRI, *Les guerriers dans la rizière. La longue histoire des samouraïs.*
Bertrand VAN RUYMBEKE, *L'Amérique avant les États-Unis. Une histoire de l'Amérique anglaise (1497-1776).*
Bart VAN LOO, *Les Téméraires. Quand la Bourgogne défiait l'Europe.*
Pierre-François SOUYRI, *Les guerriers dans la rizière. La longue histoire des samouraïs.*
Bénédicte VERGEZ-CHAIGNON, *Colette en guerre, 1939-1945.*
Laurent VIDAL, *Ils ont rêvé d'un autre monde.*
Guy WALTERS, *La Traque du mal.*

TABLE

Préface 7

Introduction. Le rendez-vous manqué 11
I. « L'amour est l'histoire de la vie des femmes » 35
II. La religion de l'amitié 147
III. La petite guerre 189
IV. Dernières joutes : la petite guerre continue 343

Conclusion. Deux rivaux en gloire ! 370

Annexes 381

Cet ouvrage a été mis en pages par

Achevé d'imprimer en janvier 2023
dans les ateliers de Normandie Roto Impression s.a.s.
61250 Lonrai
N° d'impression : 2206652
N° d'édition : 438944-0
Dépôt légal : février 2023

Imprimé en France